U0819584

期货交易者教育系列丛书

# 玉米期货

中国期货业协会　编

中国财经出版传媒集团
中国财政经济出版社
北京

**图书在版编目（CIP）数据**

玉米期货／中国期货业协会编． --北京：中国财政经济出版社，2024.1（2024.12重印）
（期货交易者教育系列丛书）
ISBN 978-7-5223-2467-8

Ⅰ.①玉…　Ⅱ.①中…　Ⅲ.①玉米-期货交易-基本知识　Ⅳ.①F830.9

中国国家版本馆CIP数据核字（2023）第166762号

责任编辑：贾延平　　责任校对：胡永立
封面设计：王　颖　　责任印制：党　辉

**玉米期货**
**YUMI QIHUO**

中国财政经济出版社 出版
**URL**：http：//www.cfeph.cn
E-mail：cfeph@cfeph.cn

社址：北京市海淀区阜成路甲28号　邮政编码：100142
营销中心电话：010-88191522
天猫网店：中国财政经济出版社旗舰店
网址：https：//zgczjjcbs.tmall.com
中煤（北京）印务有限公司印刷　各地新华书店经销
成品尺寸：170mm×230mm　16开　23.75印张　362 000字
2024年1月第1版　2024年12月北京第2次印刷
定价：59.00元
ISBN 978-7-5223-2467-8
（图书出现印装问题，本社负责调换，电话：010-88190548）
本社质量投诉电话：010-88190744
**打击盗版举报热线：010-88191661　QQ：2242791300**

# 《期货交易者教育系列丛书》编委会

# 前　言

我国期货市场经过30多年发展，经历了从无到有、从小到大、从乱到治，走出了一条独具特色的道路，取得了令人瞩目的成就。30多年来，期货市场的规则体系不断完善，品种创新有序推进，风险管理工具进一步丰富，对外开放进程明显加快。期货市场的规模稳步扩大，市场交易者结构逐步优化，资产管理和风险管理等创新业务探索取得初步成效。期货市场整体运行质量和效率不断提高，发现价格、管理风险和配置资源的基础功能得到发挥，在服务实体经济、促进产业升级、助力乡村振兴和维护国家经济金融安全等方面发挥着越来越重要的作用。

随着我国期货市场规模的不断发展壮大，新的市场参与者特别是个人交易者呈持续上升趋势。交易者是期货市场的重要主体，期货市场的发展离不开交易者的积极参与。中小投资者是我国现阶段资本市场的主要参与群体，但处于信息弱势地位，抗风险能力和自我保护能力较弱，合法权益容易受到侵害。维护中小投资者合法权益是证券期货监管工作的重中之重，关系广大人民群众的切身利益，是资本市场持续健康发展的基础。因此，当前我国期货市场正处于快速发展时期，做好期货交易者教育工作意义深远。

2013年，《国务院办公厅关于进一步加强资本市场中小投资者合法权益保护工作的意见》（以下简称《意见》）发布，指出要强化中小投资者教育，加大普及证券期货知识力度。将投资者教育逐步纳入国民教育体系，有条件的地区可以先行试点。充分发挥媒体的舆论引导和宣传教育功能。证券期货经营机构应当承担各项产品和服务的投资者教育义务，保障费用支出和人员配备，将投资者教育纳入各业务环节。提高投资者风险防范意识。自律组织应当强化投资者教育功能，健全会员投资者教育服务自律规则。中小投资者应当树立理性投资意识，依法行使权利和履行义务，养成良好投资习惯，不听信传言，不盲目跟风，提高风险防范意识和自我保护能力。2019 年 3 月，中国证监会、教育部联合印发了《关于加强证券期货知识普及教育的合作备忘录》（以下简称《合作备忘录》），旨在学校教育中大力普及证券期货知识，推动全社会树立理性投资意识，提升国民投资理财素质，维护社会和谐稳定。2022 年 8 月 1 日，《期货和衍生品法》正式施行，确立期货交易者权益保护制度。

随着《意见》的深入贯彻和落实，我国中小投资者保护工作取得了积极成效，围绕期货交易者教育工作，期货市场的监管部门、自律组织与中介机构都深入进行了大量形式多样、内容丰富、卓有成效的工作。由中国期货业协会组织编写的本套《期货交易者教育系列丛书》，就是协会按照行政监管部门统一部署，贯彻落实期货交易者教育工作的重要措施之一，也是协会积极响应《关于加强证券期货知识普及教育的合作备忘录》要求，推动期货知识进校园、进课堂、纳入国民教育体系的切入点。本丛书是为期货交易者编写的一套普及性读物，以广大普通交易者为服务对象，兼顾了专业机构的需求，采取简单明了的问答体例，在语言上力争做到深入浅出、通俗易懂、可读性强。衷心地希望本丛书的出版能够为期货交易者了解期货市场、树立风险意识、理性参与期货交易提供有益的帮助。

在此，我们对所有在本丛书编写和出版过程中付出辛勤劳动的朋友表示衷心感谢。由于编写时间紧迫，书中错误和疏漏在所难免，恳请读者批评指正。

**中国期货业协会**

2024 年 1 月

# 目　录

# 第一章

# 认识玉米和玉米期货

**本章要点**

本章对玉米现货以及产业衍生品市场的概况做了简单的介绍。现货方面，主要对玉米的应用价值、用途以及我国玉米产业现状进行了简要的概述，对玉米产业链进行了简要的梳理和总结，以使不了解玉米这个品种的投资者能尽快对玉米及其产业有个总体认识。衍生品方面，本章简要介绍了国内外玉米产业相关衍生品工具的市场概况，着重介绍了玉米期货以及期权对产业的实际意义，以帮助投资者认识玉米期货以及期权，进而为参与玉米期货以及期权交易做好必要的准备。

## 一、玉米对我们来说重要吗?

说起玉米，我们应该都比较熟悉，我们习惯叫它苞米、包谷、棒子，属一年生禾本科草本植物。

玉米的种类较多，根据玉米籽粒形态、胚乳的结构以及颖壳的有无，玉米可分为硬粒型、马齿型、半马齿型、粉质型、甜质型等。根据玉米的粒色和粒质，玉米又可以分为黄玉米、白玉米、糯玉米等。

玉米原产于墨西哥或中美洲，栽培历史已有4500年至5000年。1492年，哥伦布在古巴发现了玉米；1494年，他把玉米带回西班牙后，逐渐传至世界各地。中国玉米栽培已有500年历史，从外国传入中国的时间估计在1511年前。

在全球三大谷物中，玉米分布广、产量高，总产量和平均单产均居世界首位。全球玉米播种面积仅次于小麦，位居第二，每年全球种植玉米超过2亿公顷，总产量约12亿吨，约占全球粮食总量的40%，主要分布在美国、中国、巴西、欧盟和阿根廷。这四个国家和地区的总产量占全球玉米总产量的75%以上，其中，美国占30%以上，中国占20%左右。玉米是我国第一大粮食作物，种植面积和总产量均居世界第二位。玉米的播种面积以北美洲最多，其次为亚洲、拉丁美洲、欧洲等。玉米占世界粗粮产量的75%以上，占我国粗粮产量的90%。玉米在中国粮食作物中的比重见图1－1。

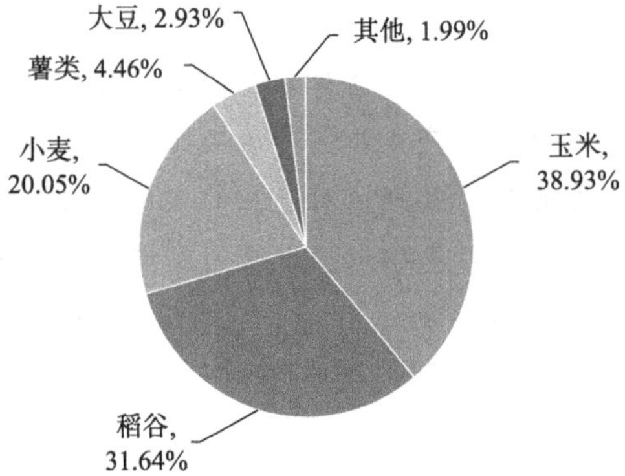


**图1－1 玉米在中国粮食作物中的比重**

资料来源：国家统计局。

玉米营养丰富，玉米籽粒中含有70%～75%的淀粉，10%左右的蛋白质，4%～5%的脂肪，2%左右的多种维生素。

玉米用途广泛，除了食用以外，玉米还是制造复合饲料的最主要原料（一般占65%～70%），有“饲料大王”的美称。此外，玉米还是深加工产业的主要原料，像淀粉、酒精等都是以玉米作为原料生产出来的。据统计，以玉米为原料制成的加工产品多达3000种以上。

玉米浑身是宝，被广泛应用于食品、饲料、造纸、纺织、医药等多个行业，成为与人类关系最为密切的粮食品种之一。

## 二、玉米的应用价值有哪些？

前面我们提到，玉米用途广泛，玉米有如此多的用途，与玉米具有诸多的应用价值是分不开的。那么，玉米具有哪些应用价值呢？下面我们来简要介绍一下。

### （一）营养价值

玉米是谷物类食粮主体，也是中国主要的能量饲料。玉米的适口性好，没有使用限制。其营养特性如下：

1. 可利用能量高

玉米的代谢能为14.06兆焦耳/千克，高者可达15.06兆焦耳/千克，是谷实类饲料中最高的。这主要是因为玉米中粗纤维很少，仅占2%，而无氮浸出物高达72%，且消化率可达90%，另外，玉米的粗脂肪含量高，在3.5%至4.5%之间。据研究测定，每100克玉米含热量106千卡，纤维素2.9克，蛋白质4.0克，脂肪1.2克，碳水化合物22.8克，另含矿物质元素和维生素等。玉米中含有较多的粗纤维，比精米、精面高4～10倍。玉米中还含有大量镁，镁可加强肠壁蠕动，促进机体废物的排泄。玉米上述的成分与功能，对减肥非常有利。玉米成熟时的花穗玉米须，有利尿作用，也对减肥有利。

2. 亚油酸含量较高

玉米的亚油酸含量达到2%，是谷实类饲料中含量最高者。如果玉米在日粮中的配比达50%以上，仅玉米即可满足猪、鸡对亚油酸的需要量（1%）。

3. 蛋白质含量偏低，且品质欠佳

玉米的蛋白质含量约为8.6%，且氨基酸不平衡，赖氨酸、色氨酸和蛋氨酸的含量不足。

4. 矿物质

矿物质约80%存在胚部，钙含量很少，约0.02%；磷含量约占0.25%，其中约有63%的磷以植酸磷的形式存在，单胃动物对其利用率很低。其他矿物元素的含量也较低。

5. 维生素

脂溶性维生素中维生素E较多，约为20毫克/千克。黄玉米中含有较多的胡萝卜素，几乎没有维生素D和维生素K。水溶性维生素中含硫胺素较多，核黄素和烟酸的含量较少，且烟酸以结合型存在。

6. 叶黄素

黄玉米含叶黄素平均为22毫克/千克，这是黄玉米的特点之一，它对蛋黄、胫、爪等部位着色有重要意义。

### （二）饲用价值

1. 鸡饲料

玉米是鸡最重要的饲料原料，其能量值高，最适于肉用仔鸡的肥育，而且黄玉米对蛋黄、爪、皮肤等有良好的着色效果。在鸡的配合饲料中，玉米的用量高达50%~70%。

2. 猪饲料

玉米养猪的效果也很好，但要避免过量使用，以防热能太高而使背膘厚度增加。因为玉米中缺少赖氨酸，所以任何体重的猪日粮中均应添加赖氨酸。

3. 反刍动物饲料

玉米适口性好，能量高，可大量用于牛的混合精料中，但最好与其他体积大的糠麸类饲料并用，以防积食和膨胀。

### （三）药用价值

玉米味甘性平，具有调中开胃，益肺宁心，清湿热，利肝胆，延缓衰老等功能。

现代研究证实，玉米中含有丰富的不饱和脂肪酸，尤其是亚油酸的含量高达60%以上，它和玉米胚芽中的维生素E协同作用，可降低血液胆固醇浓度，并防止其沉积于血管壁。因此，玉米对冠心病、动脉粥样硬化、高脂血症及高血压等都有一定的预防和治疗作用。维生素E还可促进人体细胞分裂，延缓衰老。玉米中还含有一种长寿因子——谷胱甘肽，它在硒的参与下，生成谷胱甘肽氧化酶，具有恢复青春、延缓衰老的功能。玉米中含有的硒和镁有防癌抗癌作用，硒能加速体内过氧化物的分解，使恶性肿瘤得不到分子氧的供应而受到抑制。镁一方面能抑制癌细胞的发展，另一方面能促使体内废物排出体外，这对防癌也有重要意义。玉米含有的谷氨酸有一定健脑功能。

## 三、玉米的主要用途及使用现状如何？

前面我们讲到，玉米用途广泛，且与我们的生产生活关系密切，玉米的主要用途包括食用、饲用、深加工使用。下面我们详细说明我国玉米在这几个方面的使用现状。玉米的主要用途见图1-2。

### （一）食用消费维持稳定

在许多国家和地区，玉米是人们餐桌上的主要食品，就是在发达国家，玉米仍然是人们的补充消费食品。有的国家始终把玉米作为主要食物来对待，如墨西哥等国家。这一方面源自饮食习惯，另一方面源自玉米中含有丰富的人体所需物质，如镁、铁等。更重要的是在过去的困难时期，玉米能解决温饱问题。玉米被加工成粗粮后作为食品，其占全球人口食品消费的比例

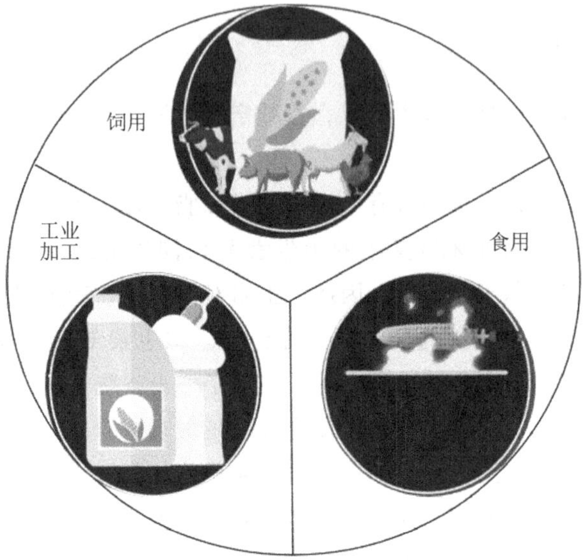


**图 1－2　玉米的主要用途**

资料来源：大连商品交易所。

逐年下降，目前平均水平降至不足 10%，但是，就局部而言，玉米作为粮食，其所占比例相差悬殊。在玉米食品行列中，有一支“力量”在悄悄地壮大，那就是鲜食玉米。鲜食玉米营养丰富，易消化吸收，口感好，很多菜肴中都用到它，所以越来越被人们重视。比如甜玉米产业，目前许多发达国家都把鲜食玉米产业列为重点产业，视其为黄金食品、长寿食品。发展中国家对鲜食玉米的重视程度也在提高。玉米作为食品，从过去的主食角色逐渐向现代的蔬菜角色转变，而且转变速度十分迅速、快捷。因为鲜食玉米具有好吃、营养、多样化的特点，所以人们日益推广鲜食玉米产业。

### （二）饲用消费缓慢增长

玉米籽粒是良好的饲料，可直接喂养牲畜和家禽，特别适合做生猪、肉牛、奶牛、肉鸡的饲料用。通过过腹转化，玉米又以营养价值更高、附加值更高的肉、蛋、奶等多种产品形式重新出现在人们的面前。为人类提供重要“服务”。

玉米秸秆，也是优良饲料，能量很高，新鲜玉米秸秆经过青贮喂养牲畜，效果很好，可以代替一部分玉米籽粒，作为反刍动物的饲料来源。此外，玉米在深加工过程中所形成的副产品，也是上好的饲料资源，如在生产淀粉、啤酒、糊精、工业乙醇、糖等过程中生产出的副产品，像酒糟、胚、渣、浆液等都是牛、猪的好饲料。这些副产品，在美国饲料配料中占5%以上。

据统计，每年全球约有2/3的玉米被用作饲料，我国是65%左右，而美国的比例为45%左右。玉米是畜牧业赖以生存的重要基础，有饲料之王之美称。

### （三）工业加工前景广泛

玉米籽粒是重要的工业原料，初加工、深加工后可生产两三百种产品，初加工产品和副加工产品可作为基础原料被进一步加工利用，在食品、化工、石油、发酵、医药、纺织、造纸等工业生产中制造出种类繁多的产品。目前，美国玉米加工产品有3500多个品种，我国的加工水平和技术相对比较落后，国内的玉米加工产品只有200多个品种，发展前景十分广阔。我国玉米加工产品主要有以下几种。

1. 玉米淀粉

玉米淀粉在淀粉生产中占重要位置，玉米淀粉除直接用于食品、造纸、纺织、医药等领域外，绝大多数用于深加工。

2. 淀粉糖

淀粉糖是以玉米淀粉为原料的高级产品，有较高的经济价值和食用价值，被广泛应用在食品、医药、化工、发酵等行业中。玉米淀粉制取的淀粉糖包括葡萄糖、果糖、麦芽糖等。玉米淀粉深加工制成的玉米糖浆容易被人体吸收利用，是制作糖果、糕点、饮料和罐头的优良甜味剂。山梨醇是淀粉糖的衍生物，主要用于生产维生素C，近年来国内需求旺盛。

3. 变性淀粉

变性淀粉是近几年新发展起来的产品，用途广泛，国外已开发出3000多个品种，而中国只开发出50多个品种。它广泛应用于造纸、纺织、食品、饲料、医药、日化、石油等行业，使用量最大的是造纸、食品和纺织品行业，前景很好。

4. 酒精

玉米为发酵工业提供了丰富而经济的碳水化合物，通过酶解生成的葡萄糖，是发酵工业的良好原料。以玉米为原料生产的酒精价格低廉且环保，而且酒精燃料不会引起汽车发动机的不良反应，市场潜力巨大。乙醇汽油的使用及普及，不仅可以缓解因石油资源短缺而造成的经济压力，还可以消化陈粮，为解决粮食相对过剩问题开辟一条新路。

就玉米的利用史而言，其大体经历了作为人类口粮、牲畜饲料和工业生产原料三个阶段。玉米是三大粮食品种之一，为解决人类的温饱问题起到很大作用，口粮消费占玉米总消费的比重大约在 6%。饲料消费是玉米最重要的消费渠道，约占消费总量的 75%。工业消费作为玉米消费的重要增长点，约占消费总量的 35%。玉米工业消费以玉米淀粉、玉米酒精、味精、赖氨酸四类产品为主，其中，玉米淀粉和玉米酒精的占比接近 85%。以玉米为原料生产淀粉，可得到化学成分最佳、成本最低的产品，附加值超过玉米原值几十倍，广泛用于造纸、食品、纺织、医药等行业。以玉米为原料生产的酒精是一种清洁的“绿色”燃料，在缓解能源短缺压力、改善生态环境、维护国家安全等方面发挥着重要作用。

人口红利推动了玉米饲用消费的增长。随着全世界畜牧业的大发展，饲料工业得以迅速发展，全世界饲料用玉米需求呈现增长趋势。另外，能源革命推动了玉米工业消费的增长。随着世界各国对生物能源的重视度越来越高，生物燃料市场将迎来发展机遇。玉米作为原料之一，其工业消费必将随之快速增长。

从全球玉米消费趋势看，十年来，无论是工业消费还是饲用消费都呈现稳步增长态势，与全球畜牧业和生物能源的快速发展相关。不过，近两年这两个产业发展进入稳定期，整体增速有所放缓。全球玉米的消费变化趋势见图 1－3。

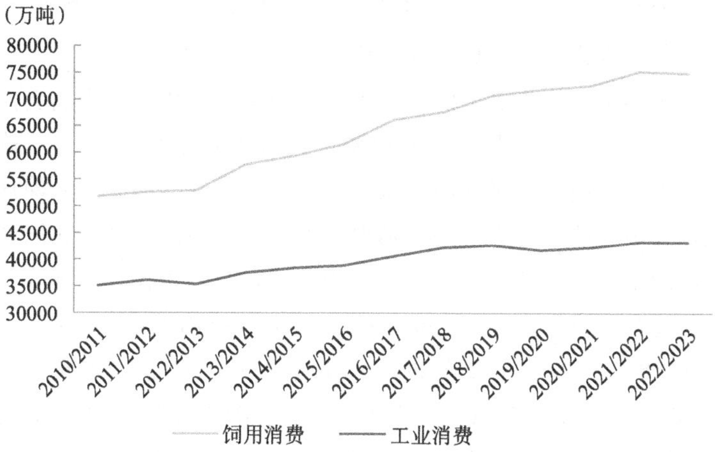


**图1－3　全球玉米的消费趋势变化**

资料来源：美国农业部。

## 四、我国玉米产业现状如何？

2015年以前，我国玉米种植面积以及库存呈现逐年增长态势，背后的推动因素包括两个方面：一是下游需求持续增长；二是临储政策实施。2008年，全球金融危机导致玉米等农产品价格大幅下跌，为保护农民利益，国家启动大范围的临时收储（即临储）政策，玉米临储政策也是从这个时候开始成为市场主导因子，直到2016年收储制度改革，玉米临储政策的影响才逐步下降。2008—2015年，玉米临储政策确实提高了玉米产量，保护了农民利益，稳定了市场价格，但同时暴露出新的问题，粮食种植结构失衡、临储库存不断走高、产销区价格倒挂、加工成本高企，玉米产业发展进入停滞状态。此种背景下，玉米供给侧结构性改革顺势而生。“十三五”期间，中央一号文件多次提到玉米供给侧结构性改革，期间全国玉米种植面积以及库存都呈现下降态势。2020年，玉米种植面积调减目标以及临储去库存目标达成，临储库存基本消耗殆尽，既意味着临储政策对玉米的影响画上了句号，也意味着玉米进入了市场化新时代。

我国是世界上仅次于美国的第二大玉米消费国。作为玉米消费大国，我国的玉米消费主要用于饲料和工业消费，两者占到了90%以上。随着城乡居民生活水平的提高，玉米淀粉、酿造、医药、燃料乙醇等玉米深加工行业得到了快速发展。改革开放以来，随着工业经济的不断发展，我国的玉米消费结构也出现了一定的变化，具体体现为：口粮消费占比逐步下降，饲料以及工业消费逐步上升。20世纪80年代，玉米口粮消费量为2588万吨，90年代下降至1870万吨，2022年进一步下降至980万吨。20世纪80年代，玉米饲料消费量为3269万吨，90年代上升至6380万吨，2022年进一步上升至1.88亿吨。20世纪80年代，工业消费量为205万吨左右，21世纪初上升至1250万吨，2022年进一步上升至8100万吨。2022年我国玉米消费结构见图1－4。

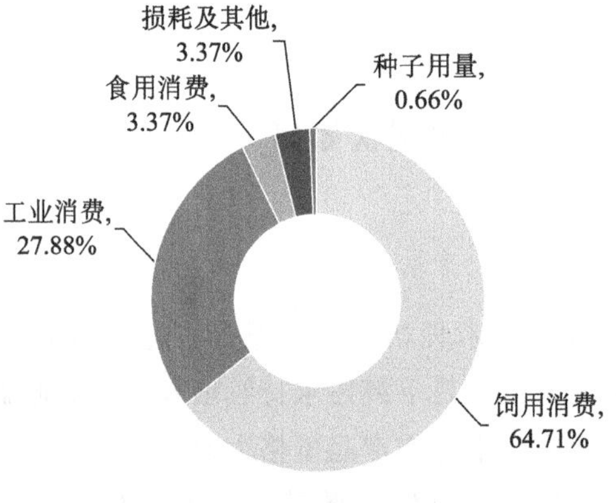


**图1－4　2022年我国玉米消费结构**

资料来源：农业农村部。

饲用消费是我国玉米最主要的消费渠道。农业农村部的信息显示，2022/2023年度全国玉米的饲用消费量为1.88亿吨，占玉米总消费的65%。饲料行业起步于20世纪80年代，《1984—2000年全国饲料工业发展纲要（试行草案）》的实施，拉开了我国饲料工业发展的序幕。随后，在我国经济高速发展的背景下，人民生活水平不断提高，人们对肉蛋奶的需求持续增长，使饲料产业迎来了快速发展期，饲料产量呈现快速攀升的态势。国家统计局数据显示，2021 年我国饲料总产量为 3.2 亿吨，相比 2000 年的 3740 万吨增长了 743%。玉米作为能量饲料的主要来源，其消费量不断走高。截至目前，我国饲料产业体系建设已经完成，饲料行业进入标准化发展时代。同时，我国人口增速放缓，居民对肉蛋奶的需求进入稳定期，相对应的是，我国饲料产量以及玉米饲用消费量也进入稳定发展期。

工业消费是我国玉米第二大消费渠道。农业农村部的信息显示，2022/2023 年度全国玉米工业消费量为 8100 万吨，占玉米总消费的 28%。我国玉米加工业产品主要有淀粉系列、酒精、味精、氨基酸、化工醇等 200 多个品种，其中，淀粉系列产品和酒精类产品的占比分别为 55% 和 26%。我国玉米深加工产业起步于 20 世纪 50 年代，初期发展比较缓慢，主要以初级产品（商品淀粉）为主。20 世纪 90 年代后期，由于国内玉米库存的大量积压，吉林等一些玉米主产省份开始重新认识玉米深加工产业，提出了用工业化思维谋划玉米产业经济的新思路，利用区域资源优势加快了玉米深加工产业发展的步伐。“十五”期间，随着新规划的企业和扩建项目相继落成投产，玉米深加工产业进入快速发展期。不过，深加工产业快速发展背后，玉米产业供需偏紧的矛盾也有所凸显，“十一五”和“十二五”期间，玉米深加工产业进入政策限制发展时期，玉米深加工消费量进入稳定阶段。“十三五”期间，临储去库存再一次给玉米深加工产业带来发展机遇，玉米深加工产能快速增长，玉米消费量也跟随增长。目前，临储去库存已经结束，我国玉米产业紧平衡的矛盾依然存在，将继续制约我国玉米深加工产业的发展，我国玉米工业消费预期进入稳定发展期。

## 五、我国玉米产业链结构是怎样的？

玉米的用途广泛，与玉米相关的生产、加工企业众多，已形成比较完善的产业链结构。

玉米产业链的结构示意图见图 1－5。

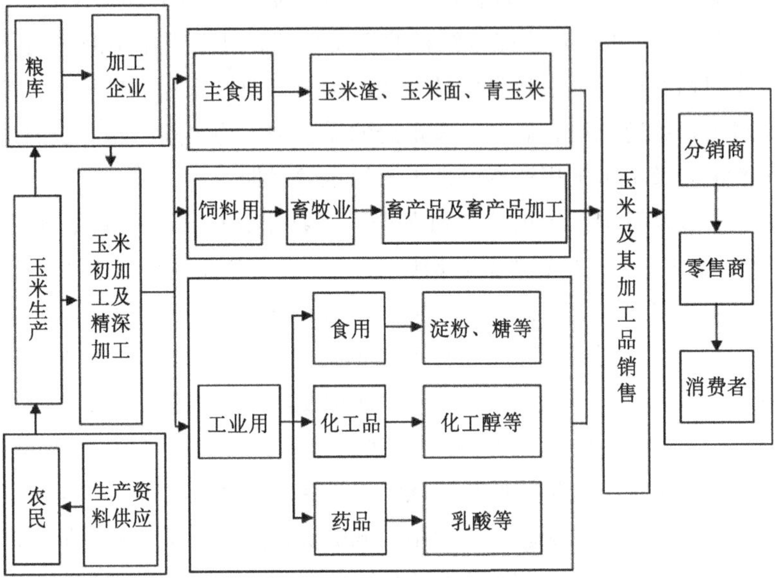


**图 1－5　玉米产业链简况**

资料来源：《农业经济问题》。

玉米产业链的本质是一个具有与玉米存在内在联系的企业群结构，它是一个相对宏观的概念，存在二维属性：结构属性和价值属性。产业链中存在大量上下游关系和相互价值的交换，上游环节向下游环节输送产品或服务，下游环节向上游环节反馈信息。

就结构属性而言，通过图 1－5，我们能够比较清晰地看到整个玉米产业链基本流程与上下游的联系程度，总体上分为三大部分：生产种植的原料链、初加工与深加工的加工链、销售各加工产品的销售链。

在玉米的产业链中，第一部分——玉米的生产是玉米产业经济的起点，因为玉米原料是整个产业链的基础支柱，是中下游企业的基本原料来源。玉米一般由农民种植获得，也有少部分玉米原料通过进口获得。

在玉米产业链的中游部分，玉米加工及深加工企业是主要角色，主要包括饲料企业、食品加工厂、深加工企业，分别以玉米为原料，加工成饲料、食品、化工品以及药品。

玉米产业链的下游部分则是对玉米及其产品进行销售，主要由玉米加工产品的贸易商及消费者构成，贸易商包括分销商和零售商，最终将玉米加工产品销售给消费者，实现玉米应用价值。

就价值属性而言，玉米产业链的价值属性是以“产业链结构种植—生产—初步加工—深加工—贸易”为基础，其中的每个环节中都有相应的产品产出，并且，前一个环节的产品为后一个生产环节提供了相应的原料来源。这样，每个生产环节都会产生价值增值。

玉米的种植与生产位于玉米产业链最上游的基础地位，其供给能力将直接影响下游经济活动的正常展开，以及产业价值链的增值，进而影响整个玉米产业链的增值效应。所以说，玉米在玉米产业链中起到显著的传递作用。如果玉米稀缺的话，那么位于上游的玉米生产者将会获得大部分行业利润，而产业链中游的加工企业就只能赚取一定额度的加工费用，下游贸易企业由于生产的品种繁多，各个产品的毛利润率不同，所以利润也会不同。

## 六、玉米期货的历史和产业衍生品现状是怎样的？

玉米是世界三大粮食农产品之一，年产量 12 亿吨左右，国际的年贸易量达 1.8 亿吨。它是世界上最早的期货交易品种，也是最重要、最成熟的交易品种之一。玉米期货起源于美国。早在 1848 年，美国中部地区种植玉米的农民为了防止秋收后面临的价格风险，就在春季播种时提前卖出玉米，由此形成了现代玉米期货交易的雏形。1865 年，玉米又转化成为世界上第一张标准化期货合约在美国芝加哥期货交易所（CBOT）进行交易。150 多年来，玉米期货历经风雨，目前已经成为各国农产品期货交易所的主要上市品种。在 CBOT 之后，世界玉米主产国和主要消费国的期货交易所均相继上市交易玉米期货。同时，伴随着玉米产业以及期货市场的发展，多个国家也陆续上市了玉米产业链相关品种以及期权衍生品。CBOT 于 1985 年上市玉米期权，这是其推出的第二个期权品种，是历史上最早在交易所交易的农产品期权之一，也是美国商品期权市场有序发展以来第一批列入政府试点的期权品种。据不完全统计，目前，世界范围内共有9个国家的15家交易所上市玉米期货合约及相关衍生品，我国玉米期货于2004年9月22日在大连商品交易所（以下简称大商所）上市交易，玉米期货期权合约则在2019年1月28日正式挂牌交易。此外，玉米期货作为玉米产业的先导品种，在促进产业发展的同时，也带动了产业衍生品体系的发展。其中，多个国家推出了下游养殖相关的畜产品期货品种，我国还推出了下游深加工产业相关的玉米淀粉期货。具体来看，芝加哥期货交易所推出了活牛期货、饲牛期货、瘦肉猪期货以及三级牛奶期货，大连商品交易所推出了鸡蛋期货、玉米淀粉期货、生猪期货（见表1－1）。

**表1－1　　国际市场玉米产业相关期货衍生品情况**

| 序号 | 国家/地区 | 交易所名称 | 玉米品种 | | 下游品种 |
|---|---|---|---|---|---|
| | | | 期货 | 期权 | 期货 |
| 1 | 美国 | CME集团 | 玉米 | 玉米 | 活牛、饲牛、瘦肉猪、三级牛奶 |
| | | 中美洲交易所 | 玉米 | 玉米 | |
| | | 明尼阿波里斯交易所 | 玉米指数 | 玉米指数 | |
| 2 | 中国 | 大连商品交易所 | 黄玉米（2004年9月始） | 玉米 | 鸡蛋、玉米淀粉、生猪 |
| 3 | 日本 | 关西商业交易所 | 黄玉米 | | |
| | | 东京谷物交易所 | 玉米（1994年4月初） | 玉米 | |
| | | 神户商业交易所 | 玉米75种期货指数 | | |
| 4 | 阿根廷 | 罗萨里奥期货交易所 | 玉米、玉米指数 | 玉米、玉米指数 | |
| | | 布宜诺斯艾利斯期货交易所 | 玉米 | | |
| | | 布宜诺斯艾利斯谷物交易所 | 玉米 | 玉米 | |
| 5 | 巴西 | 巴西期货交易所 | | | 活牛 |

续表

| 序号 | 国家/地区 | 交易所名称 | 玉米品种 | | 下游品种 |
|---|---|---|---|---|---|
| | | | 期货 | 期权 | 期货 |
| 6 | 欧洲 | 泛欧交易所 | 玉米 | | |
| | | 欧洲期货交易所 | | | 生猪指数、仔猪指数 |
| 7 | 匈牙利 | 布达佩斯商品交易所 | 玉米 | | |
| 8 | 南非 | 南非期货交易所 | 白玉米、黄玉米 | 白玉米、黄玉米 | |
| 9 | 英国 | 利物浦交易所 | 玉米 | | |
| 10 | 印度 | 全国期货和衍生品交易所 | 玉米 | 玉米 | |
| 11 | 韩国 | 韩国交易所 | | | 瘦肉猪 |
| 12 | 土耳其 | 土耳其交易所 | | | 活牛 |

资料来源：大连商品交易所；根据公开资料整理。

20 世纪 70 年代中期之前，玉米是世界上成交量最大的期货合约，后因金融期货崛起，农产品期货不再占有世界期货市场的主导地位，玉米也失去了在世界期货市场的领先位置。进入 21 世纪，随着我国期货市场的快速发展，农产品期货活跃度快速上升，叠加“十三五”玉米相关政策的放开，我国玉米产业进入相对市场化发展阶段，玉米期货成交量增长明显。目前，国内玉米期货成交量已经超过了 CBOT 玉米期货的成交量。2020 年，世界排名前 20 位的农产品期货合约中，大连商品交易所和芝加哥期货交易所的玉米期货合约成交量分别为 1.77 亿手和 8975 万手，分别列在第三位和第十一位。国外贸易商已习惯根据玉米期货价格加上基差来确定现货贸易合同价格，主产国政府也将玉米期货价格作为制定相关政策的重要参考依据。

畜产品期货由于自身局限性，起步晚于玉米期货，直到 20 世纪 60 年代才发展起来。其中，芝加哥商品交易所（CME）集团的 3 个品种成交较为活跃，对全球市场影响较大。2013 年 11 月 8 日，大连商品交易所推出了鸡蛋期货，拉开了我国畜产品期货发展的序幕。随后，大商所持续跟进产业发展需求，积极创新市场服务，不断改进交割、风控制度，很好地发挥了鸡蛋期货的功能，鸡蛋期货的活跃度不断提升。此外，2021 年 1 月 8 日，大连商品交易所推出了生猪期货，进一步完善了我国畜产品期货体系，也有利于玉米产业衍生品体系的发展。目前，生猪期货运行良好，活跃度也呈现相对上升的态势。

玉米淀粉期货受制于产业的局限性，广泛度不及玉米以及畜产品期货。2014 年 12 月 19 日，玉米淀粉期货在大连商品交易所挂牌上市。上市以来，产业参与积极性较高，法人客户成交和持仓呈现逐年增加的趋势。此外，大商所积极贴近市场，不断完善交割、风控制度，增强期现货价格的关联性，进一步推动玉米淀粉期货功能的发挥。目前，玉米淀粉期货成交量以及活跃度都表现较好。

### （一）期货、期货交易是怎样产生的

期货与现货相对。期货是现在进行买卖，但是在将来进行交收或交割的标的物，这个标的物可以是某种商品，例如黄金、原油、农产品，也可以是金融工具，还可以是金融指标。交收期货的日期可以是 1 个星期之后、1 个月之后、3 个月之后，甚至 1 年之后。买卖期货的合同或者协议叫作期货合约。买卖期货合约的场所叫作期货交易所。

一般认为，期货交易最早产生于美国。1848 年，美国芝加哥期货交易所（CBOT）的成立，标志着期货交易的开始。期货交易的产生，不是偶然的，是在现货及远期合约交易发展的基础上，基于广大商品生产者、贸易商和加工商的广泛商业实践而产生的。1833 年，芝加哥已成为美国国内外贸易的一个中心。南北战争之后，芝加哥由于其优越的地理位置而发展成为一个交通枢纽。到了 19 世纪中叶，芝加哥已发展成为重要的农产品集散地和加工中心，大量的农产品在芝加哥进行买卖，人们沿袭古老的交易方式，在大街上面对面、讨价还价地进行交易。这种方式使价格波动异常剧烈：在收获季节，农场主都运粮到芝加哥，市场供过于求，导致价格暴跌，使农场主常常连运费都收不回来，而到了第二年春天谷物匮乏，加工商和消费者难以买到谷物，价格飞涨。为了解决这个问题，谷物生产地的经销商应运而生。当地经销商设立了商行，修建起仓库，收购农场主的谷物，等到谷物湿度达到规定标准后再出售运出。当地经销商通过现货及远期合约交易的方式收购农场主的谷物，先储存起来，然后分批上市。当地经销商在贸易实践中存在

两个问题：第一，他们需要向银行贷款以便从农场主手中购买谷物储存，在储存过程中要承担巨大的谷物过冬的价格风险；第二，价格波动有可能使当地经销商无利可图，甚至连成本都收不回来。而解决这两个问题的最好办法是“未买先卖”，即以远期合约的方式与芝加哥的贸易商和加工商联系，以转移经销商的价格风险并获得贷款。这样，远期合约交易便成为一种普遍的交易方式。

然而，芝加哥的贸易商和加工商同样也面临当地经销商所面临的问题，所以，他们只愿意按照比他们估计的交割时的远期价格还要低的价格支付给当地经销商，以避免交割期价格下跌的风险。由于芝加哥贸易商和加工商的买价太低，到芝加哥去商谈远期合约的当地经销商为了自身利益，不得不去寻找更广泛的买家，为他们的谷物讨个好价。另外，一些非谷物商认为该过程有利可图，就先买进远期合约，到交割期临近时再卖出，从中盈利。这样，购买远期合约的贸易商渐渐增加，改善了当地经销商的收入，当地经销商支付给农场主的贷款也有所增加。

1848 年 3 月 13 日，第一个近代期货交易所——芝加哥期货交易所（CBOT）成立。芝加哥期货交易所成立之初，还不是一个真正现代意义上的期货交易所，而是一个集中进行现货交易和远期合约转让的场所。

在发展过程中，期货交易出现了两次革命：一是合约的标准化；二是结算制度的建立。1865 年，芝加哥期货交易所实现了合约标准化，推出了第一批标准期货合约。合约标准化包括合约中品质、数量、交货时间、交货地点以及付款条件等的标准化。标准化的期货合约反映了最普遍的商业惯例，使市场参与者能够非常方便地转让期货合约。同时，使生产经营者能够通过对冲平仓来解除自己的履约责任，也使市场制造者能够方便地参与交易，大大提高了期货交易的市场流动性。芝加哥期货交易所在合约标准化的同时，还规定了须按合约总价值的 10% 缴纳交易保证金。

随着期货交易的发展，结算出现了较大的困难。芝加哥期货交易所起初采用的结算方法是环形结算法，但这种结算方法既繁琐又困难。1891 年，明尼亚波里谷物交易所第一个成立了结算所，随后，芝加哥期货交易所也成立了结算所。直到现代结算所的成立，真正意义上的期货交易才算产生，期货市场才算完整地建立起来。因此，现代期货交易的产生和现代期货市场的诞生，是商品经济发展的必然结果，是社会生产力发展和生产社会化的内在要求。

### （二）期权和期权交易是怎样产生的

期权，从字面上来看，“期”是未来的意思，“权”是权利的意思。期权（Option）就是指一种能在未来某个特定时间以特定价格买入或卖出一定数量的某种特定商品的权利。期权实际上是一种权利，是一种选择权，期权的持有者可以在该项期权规定的时间内选择买或不买、卖或不卖，他可以实施该权利，也可以放弃该权利，而期权的卖出者则必须承担期权合约规定的义务。

期权交易在12世纪到15世纪只是雏形，且很多交易都是海港城市贸易商对海上贸易风险的管理。从16世纪开始，期权的交易开始迅速从海上贸易的意外风险管理扩展到商品市场的风险管理上。1501年，安特卫普（Antwerp）被葡萄牙国王选作香料交易的集结地。一个旺盛的商品交易中心开始在欧洲大陆成长。当时，安特卫普的贸易商一般会通过预付款交易的方式去进口香料，即货物一旦到港，便可凭合约去取货物。由于信息闭塞、供应极度混乱、交通不畅，香料的商品价格经常在货物的运输途中就“上蹿下跳”。市场环境的变化经常让贸易商、银行家们措手不及。同时，这类合约变得非常具有投机性。安特卫普的商品交易市场充满了投机气息。为了迎合贸易商的风险规避需求，各种衍生合约应运而生，其中，有一种合约叫作“溢价交易合约”。“溢价交易合约”是一种“条件远期合约”，贸易商通过支付一定的溢价金额便会拥有一个货物到港、结算时取消这份远期合约的权利。当货物到港、合约结算时，如果安特卫普的商品交易所的香料价格大于合同价格，贸易商会继续执行这份合同；反之便取消这份合同。从期权的角度来看，“溢价交易合约”的买方相当于购买了一份看涨期权，标的物是远期合同，权利金便是溢价额。这种运用期权合同进行市场价格风险管理的方法，从安特卫普商品交易所迅速向周边城市传开。除此之外，有记载的较早的利用期权进行风险管理的事件是发生在17世纪荷兰的“郁金香事件”。

1973年，芝加哥期货交易所（CBOT）的会员正式组建了芝加哥期权交易所（CBOE），并推出了第一只股票看涨期权合约，正式开启了近代场内期权的交易。同年，费舍尔·布莱克（Fisher Black）、迈伦·斯科尔斯（Myron Scholes）、罗伯特·莫顿（Robert Merton）推出的 BSM 模型为期权定价提供了明确的数学理论依据，为期权交易的繁荣提供了显著的助推效应。随后，美国各交易所相继推出了期权交易业务，合约标的品种也逐渐增多，包括商品、指数、外汇、利率等。

相较于海外期权数十年的成熟发展，我国境内期权市场尚处于起步阶段。2011 年，我国境内银行间市场开始参与外汇期权交易；2013 年，我国首只场外期权诞生；2015 年，黄金实物期权和上证 50ETF 期权相继推出。这些成果标志着我国期权市场的逐步成型，特别是上证 50ETF 期权，是我国境内首只场内期权品种，这不仅宣告了中国期权时代的到来，也意味着我国已拥有全套主流金融衍生品。2017 年 3 月至 4 月，豆粕期权、白糖期权分别在大连商品交易所、郑州商品交易所（以下简称郑商所）上市，填补了国内商品期货期权市场的空白，也给期货市场服务实体经济开辟了一条新的道路，提供了新的衍生工具。截至 2021 年底，我国已经上市 30 个期货期权品种。

## 七、我国玉米期货上市的背景是什么？发展状况如何？

玉米期货曾在中国期货市场上市，但于 1995 年被停止交易之后，直到 2004 年也没有恢复。1999 年，吉林省和辽宁省大连市政府联合向国务院提交了《关于恢复玉米期货交易的请示》。此后，大连商品交易所坚持不懈地进行了 5 年的玉米期货研究。

吉林省是我国玉米生产的大省，玉米期货可以带动吉林省玉米产业和玉米经济的更大发展，推动吉林老工业基地的振兴。规范、稳步发展和完善玉米期货市场，不仅有助于粮食流通企业降低经营风险，提高国家粮食安全水平，还能够为农民调整种植结构和增收奠定基础。

### （一）1995 年玉米期货为何被停止交易

1994 年 10 月，中国证监会发文暂停大米期货交易，大量投资者迅速转向玉米期货。由于当时玉米现货供应十分紧张，加之中美知识产权谈判破裂，中方取消了自美国进口大量玉米的计划，这使国内玉米供不应求的状况日益严重。

在此情况下，多头投资者持续扩大其成交量与持仓量，把期货价格推得很高，C511 合约在 5 月 15 日创下了玉米期货交易史上的天价 2114 元/吨，与当时的现货价差达 600 元/吨。

同时，长春联合交易所管理混乱，在玉米期货交易中多次发生严重违规事件，大量交割违约，且出现了大量的假仓单，引发了重大的经济纠纷，在社会上造成了恶劣影响，引起了管理层的担忧。

1995 年 5 月 13 日，国务院召开会议，采取了一系列措施来规范期货市场。一方面，政府大量从美国进口玉米，以平抑南方不断上涨的玉米现货价格；另一方面，要求各期货交易所必须在 40 个交易日内，将玉米期货交易保证金逐步提高到 20% 以上。这才使大连玉米期货的涨势得以遏止，C511 以后的玉米期货合约基本处于停滞状态。

玉米期货 C511 事件，给我们留下了深刻的教训，显示出我国玉米期货交易初期出现的一系列问题：期货市场混乱，多个交易所同时上市同一个品种，且合约设计、交割标准不统一；投资者缺乏理性；监管部门和期货交易所缺乏风险控制的经验，使期货价格过度偏离现货价格，导致期货市场功能失灵。

经过两次期货市场的整顿后，无论是运行环境还是市场秩序，期货市场都已经走上了较为规范的道路，投资者的操作思路、经纪公司的服务、交易所的管理都变得更加理性和成熟。在这样一个良好的市场环境下，2004 年 9 月 22 日，玉米期货在中国大连商品交易所得以重新上市。

### （二）我国为何又要重新推出玉米期货

中国是世界玉米生产第二大国，其产量仅次于美国。玉米是关乎国计民生的农产品。目前，我国已经成为农业进出口大国，但农产品贸易却还处于从计划分配向完全市场化运营的转型时期。因为缺乏对国际期货市场的研究以及国内期货价格的引导，在玉米等大宗粮食贸易中往往出现廉价出口、高价进口的尴尬局面。

例如：2003 年国际玉米价格处于偏低水平，同年我国玉米减产，但玉米出口高达 1640 万吨，创下历史记录。这一年的大部分时间里，我国出口的玉米价格仅为每吨 120 美元左右，而且还要政府每吨补贴 30 美元左右。玉米配置的不合理，造成南方消费区玉米供应不足，国内玉米价格在 2003 年第四季度一路飙升，广东港口一度涨到每吨 1600 元以上。2004 年，中国大幅度降低了出口计划，但国际价格出现飙升，加上远洋运费创纪录，美国玉米到亚洲成本价达到每吨 210 美元左右，而同期我国玉米到韩国的 CNF 价格（成本加运费），每吨仅为 150 美元，由于企业没有出口计划，只能望洋兴叹，错失良机。

大连商品交易所玉米期货的推出，不但使我国具有了参与国际玉米价格定价的话语权，而且使国内相关企业可以利用期货交易来锁定成本，规避价格波动风险，同时建立了我国农产品的价格参照体系，为我国粮食流通体制深度改革和国家粮食安全服务。

### （三）玉米期货重新上市后的运行情况

自 2004 年 9 月 22 日起，我国玉米期货合约正式挂牌上市交易。玉米期货恢复上市以来，发展迅速、运行平稳，功能作用发挥较好。

我国的玉米期货自上市以来发展迅速、运行平稳。大商所玉米期货从 2004 年 9 月 22 日恢复交易至今，成交量以及持仓量都呈现逐步上升的态势。2021 年玉米期货累计成交量为 189287113 手，相比 2005 年的 21869732 手增长 766%；2021 年玉米期货累计成交额为 50439 亿元，相比 2005 年的 2753 亿元增长 1732%；2021 年玉米期货累计交割量为 144240 手，相比 2006 年的 24006 手增长 601%。

在保持平稳运行的同时，大商所玉米期货市场功能作用发挥也较好。玉米期货价格与现货价格保持较高的关联度，并具有超前性。近年来，大商所参与玉米期货的法人客户数量呈现增长态势，目前，国内约 90% 的玉米龙头企业参与了玉米期货市场。据抽样调查，吉林、黑龙江等玉米主产区内的大多数农民在种植、销售过程中参考了大商所的玉米期货价格。众多玉米贸易、加工企业以及饲料企业等在经营过程中也以大商所的玉米期货价格为重要参考，并积极参与期货市场避险。可以说，玉米期货是市场功能作用发挥较好、与产业联系最紧密的品种之一。

## 八、我国玉米期货上市有什么重大意义

### （一）生产信息充分互换，生产者成为最大的受益者

玉米期货品种上市后，对全国种植玉米的农民来讲，玉米期货市场的权威和超前的价格不仅可以提供播种和卖粮的参考信息，还可以指导龙头企业与农民签订订单，帮助农民提前锁定种植利润，以市场的手段促进农民增收。期市可以把国际市场上的价格、供求因素直接反馈给农民，也可以把产区农民的售粮趋向反馈给需求者，实现信息互换。这样，售粮的价格和收购的价格更加透明化，使农民由过去被动地卖粮转变为主动地售粮。

期货市场套期保值的功能还有助于促进农民增收。当期货价格较高、相对收益较好的时候，农民就可以选择播种，并且考虑在期货市场上锁定销售价格。即便丰收季节价格大幅下跌，农民同样可以获得较好收益。

### （二）推动基础产品产销体制的市场化改革

中国的商品流通体制正进入攻坚阶段，其中，大宗产品（如粮食、棉花）以及能源产品（如石油）的流通体制改革都在不断深化。这个时候推出相应的期货品种正好顺应了流通体制改革的客观需要，同时也满足了流通企业的需要。

长期以来，玉米是计划经济条件下国家严格控制的最重要的粮食品种之一，直到 2003 年底，东北少部分玉米主产区还对玉米收购及价格实行政府管理。而 2004 年 8 月玉米期货获准上市，说明国家的整个市场化进程进入了一个新的阶段。同年 9 月，玉米期货上市，对发挥期货市场功能、完善市

场体系具有重要意义。随着玉米期货的上市，我国重要大宗粮食期货品种体系已经初步形成，期货市场稳步发展的基础更加坚实。

### （三）为产销企业创造了市场机会

我国目前几乎所有食用油生产企业以及豆粕生产企业都通过期货市场来保值。玉米期货推出后，大连松源集团、吉林粮食集团粮油购销有限公司等一大批粮食流通企业都在积极寻找投资机会。

### （四）价格发现功能充分发挥

作为世界第二大玉米生产国和消费国，中国玉米在世界粮食市场占有重要地位。过去几年，中国大量出口玉米，成为仅次于美国的玉米出口大国，对世界玉米价格产生了重要影响。但是，由于缺乏公开透明的价格信号作为参考，政府在调控玉米贸易上经常面临尴尬局面。以 2003 年为例，由于我国是在年初发布出口计划，而这时玉米还没有播种，陈玉米剩余库存仍然比较大，所以有关部门鼓励玉米出口。然而，在 2003 年的大部分时间里，玉米出口价格只有每吨 125 美元左右。但是到了秋季的时候，我国以及美国玉米减产，玉米价格大幅上涨，我国企业却不得不继续以较低价格大量出口玉米到邻国，加剧了国内玉米供应的紧张形势，等于花费大量资金补贴了国外饲料、养殖业。到了 2004 年初，同样由于缺乏价格信号作为参考，在国际玉米价格已经达到每吨 220 美元的时候，我国玉米离岸价格却只有每吨 150 美元，非常具有竞争力，而我们却因为 2003 年底的供应紧张而大幅削减出口配额，错失出口玉米赚取外汇的黄金时机。有了玉米期货，就可以随时了解未来一年价格走势，而价格则包含了丰富的供需信息，可以由此判断未来我国玉米供应是短缺还是过剩，从而增强宏观调控的效率。

### （五）争夺产品定价权，间接调控进口成本

我国推出玉米期货品种，也会影响国际玉米期货价格，使我国对大宗产品的国际价格拥有更多发言权，对控制进口成本、确保国家粮食安全具有重要战略意义。由于我国玉米消费不断增长，而产量波动较大，造成玉米库存连年降低，未来进口玉米的可能性越来越大。美国农业部预测，未来我国将

会转为玉米净进口国。有了自己的玉米期货，就等于在玉米定价上有了更多发言权，大商所的玉米期货价格将会成为世界性玉米价格，对间接调控玉米进口成本十分重要。

## 九、玉米期货市场能为产业链企业带来哪些帮助？

### （一）价格发现功能可帮助农户调整种植结构

玉米期货为农民提供了明确的价格信号，增强了农民对玉米生产销售的掌控能力，通过直接或间接利用期货市场提前锁定未来销售价格，有助于解决农民“卖粮难、卖价低”的问题，实现农民增收。

### （二）帮助实体企业有效规避价格波动的风险

规避价格风险是期货市场的基本功能之一。如前所述，玉米现货市场价格波动剧烈，企业经营风险加大，迫切需要借助期货市场来规避价格风险。

不同的企业有不同的避险需求，譬如玉米生产企业需要规避产品价格下跌的风险，而消费企业则需要规避原料价格上涨的风险。另外，同一个企业在不同的情况下也会有不同的避险需求，譬如，同样是玉米消费企业，企业有库存时与没有库存时所面临的经营风险是不一样的，所以需要有相应的套保对策。本书将在第六章通过众多的实际案例来详细介绍具体的操作方法。

### （三）玉米期货能够帮助实体企业制订生产经营计划，提高资金效率

发现价格是期货市场的另一个基本功能。玉米期货推出以后，由于期货价格综合反映市场的预期，期货市场形成的价格具有权威性和前瞻性，玉米种植农户可以利用玉米期货价格信息制订种植计划，推算玉米的合理收购价，从而在与玉米收购商的谈判中掌握主动权。而实体企业可以利用期货价格走势制定远期采购和销售策略、安排相应资金，并通过套期保值锁定采购

成本和订单利润，利用期货市场实现持续稳定经营。

目前，玉米期货已经成为国内玉米产、供、销各方面形成价格预期，规避价格波动风险，制定经营销售策略的指导。本书将在第七章针对这个问题进行较为详细的说明。

### （四）期货交易可以改变实体企业的贸易形式，增加盈利模式

玉米期货市场为实体企业（特别是贸易企业）提供了诸多新的贸易形式及盈利模式，譬如利用期货市场与现货市场的价差变化进行期现套利，根据期货价格进行点价交易等。

### （五）期货市场可以帮助实体企业拓展资金供应渠道，实现融资目的

玉米期货还能为贸易商提供更多的融资渠道选择。充裕的流动资金，是一个企业维持正常经营活动的重要条件，而资金周转一直是中间贸易商的一大难题。目前，参与玉米期货正成为中间贸易商的重要融资渠道，已经有多家商业银行允许企业利用期货仓单质押的方式贷款。同时，由于期货能有效地规避现货的价格波动，使企业平稳运行，减少了企业的经营风险，参与期货套期保值交易的企业甚至能获得更多的银行授信额度。通畅的融资渠道、充裕的经营资金，为企业的进一步发展打下良好的发展基础。

## 十、我国玉米期权上市有什么意义？

玉米期权的上市，有利于完善玉米衍生品市场的层次结构和运行机制，有利于构建期货市场与期权市场、场内市场与场外市场、现货市场与衍生品市场互联互通、相互促进的市场体系，有利于机构投资者的培育和参与，进一步优化市场参与者结构，有利于产业企业降低成本，更加便捷地利用衍生品市场改善生产经营，有利于促进玉米市场化改革，更好地服务“三农”和乡村振兴战略。

## 十一、玉米期权能为产业链企业带来哪些好处?

### (一) 帮助种植户保障收益

2016 年，东北三省一区取消了执行 8 年的玉米临时收储政策，调整为“市场化收购 + 补贴”的新机制，有效地激活了现货产业链，但也使玉米种植者直接面对现货价格波动风险。随着农业供给侧结构性改革的深化，国内玉米市场正逐步走出政策过渡期。单纯依靠国家保护价和补贴过日子的种植时代已经过去了，新型玉米种植者必须顺应市场化发展需求，勇敢破题，积极主动地学习并利用风险管理工具来保障自身的种植收益。对于普通农户来说，受到自身基础条件的限制，参与期货交易的难度以及风险都比较大，期权工具的上市，将有利于发展更加多样化的风险管理策略，进一步降低普通农户参与市场风险管理的难度。

### (二) 为企业风险管理提供策略多样性

玉米是农业供给侧结构性改革的重要领域，在“市场定价，价补分离”的新机制下，玉米种植者、贸易商，深加工企业乃至饲料养殖企业均面临玉米市场价格波动风险。玉米期权推出后，各产业主体可以综合利用期货、期权工具，丰富套期保值策略。玉米期权将增加企业玉米现货采购环节风险对冲的灵活性，更有效地规避价格波动风险。不同的期权组合设计也将配合玉米的长期采购战略，更精准地实现套期保值目标。

### (三) 降低场外期权运行总成本

玉米期权上市之前，“保险 + 期货”、场外期权等风险策略的对冲工具主要以期货为主，对冲成本较高。“保险 + 期货”的基本运作原理为：农户向保险公司购买农业保险，保险公司向风险管理子公司购买相关品种的场外期权，风险管理子公司利用期货市场对冲风险。因此，无论是场外期权还是“保险 + 期货”，“期权费”都是核心成本之一。

玉米期权上市，不仅可以为场外期权提供定价参考，还可以为市场提供低成本、高效率的对冲工具，交易者可以直接利用场内期权进行风险管理，进而降低整体风险管理策略的对冲成本。

## 十二、玉米衍生品市场有哪些参与者？

在玉米的衍生品市场交易中，投资者由于进入衍生品市场的目的不同，其采用的衍生品交易方法也不同，主要有投机交易者、套期保值者和套利交易者三大类，下面简要概括一下各自的特征。

### （一）投机交易者

“投机”一词用于期货、期权、证券交易行为中，并不是贬义词，而是中性词，指根据对市场的判断，把握机会，利用市场出现的价差进行买卖，从中获得利润的交易行为。投机者可以买空，也可以卖空。投机的目的很直接——就是获得价差利润，但投机也是有风险的。

根据持有期货合约时间的长短，期货市场投机可分为三类：第一类是长线投机者，此类交易者在买入或卖出期货合约后，通常将合约持有几天、几周甚至几个月，待价格对其有利时才将合约对冲；第二类是短线交易者，一般进行当日或某一交易节的期货合约买卖，其持仓不过夜；第三类是逐小利者，又称“抢帽子者”，他们的技巧是利用价格的微小变动进行交易来获取微利，一天之内他们可以做多个回合的买卖交易。

期权投机原理与其他金融交易工具的投机原理基本相同，都是利用市场出现的价差进行买卖，从中获得利润的交易行为。最典型的期权投机交易是买入或卖出期权合约，例如，当交易者认为市场将上涨时，买入看涨期权或者卖出看跌期权，当市场上涨时能获得较大收益，但当市场下跌时将会有一定的损失。另外，交易者也可以通过构造多种策略组合进行投机交易。例如，交易者如果判断市场将小幅上涨，那么他可以通过买入一个看涨期权的同时卖出一个行权价格更高的看涨期权，构造牛市价差组合进行投机，这相对于单纯购买看涨期权的成本更低。

投机者是衍生品市场的重要组成部分，是衍生品市场必不可少的润滑剂。投机交易增强了市场的流动性，承担了套期保值交易转移的风险，是衍生品市场正常运营的保证。

### （二）套期保值者

期货套期保值就是买入（卖出）与现货市场数量相当但交易方向相反的期货合约，以期在未来某一时间通过卖出（买入）期货合约来补偿现货市场价格变动所带来的实际价格风险。期权套期保值，是指配合期货或现货的头寸，用期权头寸的收益，弥补现（期）货可能出现的损失，以达到锁定或降低价格风险的目的。

最基本的期货套期保值的类型分为买入套期保值和卖出套期保值。买入套期保值，是指通过期货市场买入期货合约，以防止因现货价格上涨而遭受损失的行为；卖出套期保值则指通过期货市场卖出期货合约，以防止因现货价格下跌而造成损失的行为。

期权套期保值原理与期货套期保值原理基本相同，都是以一个市场的盈利弥补另一个市场的亏损，达到规避价格波动风险的目的。但因为期权交易的是权利，而不是实物，所以期权套期保值不能简单地像期货买卖那样来操作，而要按买卖期权履约后所能转换成的期货合约的多空方向来决定套保策略。因此，期权套保策略要比期货套保策略有更多的选择。为了规避价格上涨的风险，保值者可以买入看涨期权或者卖出看跌期权，它们履约后转换的期货头寸都是多头；为了规避价格下跌的风险，保值者可以买入看跌期权或者卖出看涨期权，它们履约后转换的期货头寸都是空头。若标的资产价格如预期那样向原有期货或者现货头寸不利的方向变动，则期权部分获取的收益可以抵消现货或者期货部分带来的损失。

套期保值是衍生品市场产生的原动力。无论是农产品衍生品市场，还是金属、能源衍生品市场，其产生都是源于生产经营过程中，面临现货价格剧烈波动而带来风险时，自发形成的买卖远期合同的交易行为。这种远期合约买卖的交易机制经过不断完善，例如将合约标准化、引入对冲机制、建立保证金制度等，从而形成了现代意义的衍生品交易。企业通过衍生品市场为生产经营买了保险，保证了生产经营活动的可持续发展。

### （三）套利交易者

期货套利，是指同时买进和卖出两张不同种类的期货合约。交易者买进自认为是“便宜的”合约，同时卖出那些“高价的”合约，从两个合约价格间的变动关系中获利。在进行套利交易时，交易者注意的是合约之间的相互价格关系，而不是绝对价格水平。

期货套利一般可分为三类：跨期套利、跨市套利和跨商品套利。

跨期套利是套利交易中最普遍的一种，是利用同一种商品但不同交割月份之间正常价格差距出现异常变化时进行对冲而获利的，又可分为牛市套利（Bull Spread）和熊市套利（Bear Spread）两种形式。例如，在进行牛市套利时，交易者买入近期交割月份的合约，同时卖出远期交割月份的合约，希望近期合约价格上涨幅度大于远期合约价格的上涨幅度；而熊市套利则相反，即卖出近期交割月份合约，买入远期交割月份合约，并期望远期合约价格下跌幅度小于近期合约价格下跌幅度。

跨市套利是在不同交易所之间的套利交易行为。当同一期货商品合约在两个或更多的交易所进行交易时，由于区域间存在地理差别，各商品合约间存在一定的价差关系。例如，芝加哥期货交易所（CBOT）与大连商品交易所（DCE）都进行玉米期货交易，每年两个市场间会出现几次价差超出正常范围的情况，这为交易者的跨市套利提供了机会。例如，当CBOT的玉米期货价格低于大连商品交易所的玉米期货价格时，交易者可以在买入CBOT玉米期货合约的同时，卖出大连商品交易所的玉米期货合约，待两个市场价格关系恢复正常时再将买卖合约对冲平仓并从中获利；反之亦然。在做跨市套利时，交易者应注意影响各市场价格差的几个因素，如运费、关税、汇率等。

跨商品套利，指的是利用两种不同但相关联的商品之间的价差进行交易。这两种商品之间具有相互替代性或受同一供求因素制约。跨商品套利的交易形式是同时买进和卖出相同交割月份但不同种类的商品期货合约。例如，金属之间、农产品之间、金属与能源之间都可以进行套利交易。

期权套利，是指通过适当的期权组合实现无风险利润的交易。一般来说，在构造期权套利时，应当遵循两条基本原则：一是买低卖高原则，即买进价值被低估的期权，卖出价值被高估的期权；二是风险对冲原则，即利用合成期权对冲买入或卖出实际期权的风险头寸。期权套利方向主要分为两大类：一类是针对期权价格出现不合理失真进行的纯价格性套利；另一类是以波动率或涨跌幅不同步为基础进行的波动率套利。期权套利策略分为三类：垂直套利、水平套利和对角套利。垂直套利，是指期权之间定约价不同但合约到期日相同的任何期权套利策略；水平套利，是指买进和卖出敲定价格相同但到期月份不同的看涨期权或看跌期权合约的套利方式；对角套利，是指利用相同标的资产、不同协议价格、不同有效期的看涨期权或看跌期权的价格差异赚取无风险利润的行为。

交易者之所以进行套利交易，主要是因为套利的风险较低。套利交易可以为避免始料未及的或因价格剧烈波动而引起的损失提供某种保护，但套利的盈利能力也较直接交易小。套利的主要作用，一是帮助扭曲的市场价格回复到正常水平，二是增强市场的流动性。

玉米衍生品市场交易者及其活动见图 1－6。

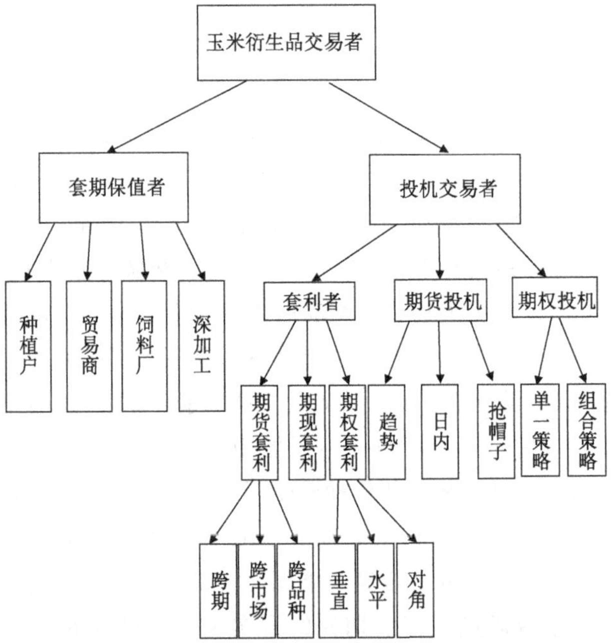


**图 1－6　玉米衍生品市场交易者及其活动**

## 十三、在参与玉米衍生品交易之前应做好哪些准备？

衍生品市场不同于现货市场，其有自身的交易规则，无论是普通交易者还是实体企业，在参与玉米期货以及期权交易前，都应当做好各方面的准备，这样可以避免今后不必要的损失。

### （一）企业必须明确自身参与玉米衍生品交易的目的及预期目标

玉米衍生品可以为实体企业带来诸多的帮助。企业必须结合自身的生产经营情况和实际需求，明确参与玉米衍生品交易的目的及预期目标，制订相应的实施计划，并予以严格执行。不少企业在参与交易之后往往随意改变初衷，原本是做套期保值的，但发现有潜在的盈利机会，于是改变原来的计划，参与投机交易，而其又没有掌握投资交易的基本技术，从而遭受损失。

### （二）充分了解玉米衍生品交易规则

无论是企业还是普通交易者，即使参与过其他期货品种的交易，在参与玉米期货以及期权交易之前，也应当充分了解玉米期货以及期权的相关交易规则以及风险控制管理办法。合约细则是期货交易所对期货合约以及期权合约的交易方式、数量、等级、品质、规格、交易时间、涨跌停板限制等规定，它是所有衍生品投资者共同遵守的规则。对交易品种的基本面和技术面要有一定的了解。

实践中，很多交易者对玉米期货以及期权的交易规则并没有进行充分的了解，就匆忙参加交易，结果导致不必要的损失。

这里列举一个简单的例子：曾经有位交易者，之前对期货了解很少，以做股票为主，参与期货市场后计划首选玉米进行交易。当玉米期货价格突破2250元/吨的时候，该交易者想做多，就委托了一笔2250.5元/吨的多单，但是发现系统一直提示出错，向期货公司人员了解后才发现玉米的最小变动价位是 1 元/吨，2250.5 元/吨的委托价格根本就是一个非法的委托指令，结果白白错失了赚钱的机会。

关于期货以及期权的交易规则，本书第二章和第三章会给大家讲解。

### （三）充分了解玉米衍生品价格的影响因素

初学者在参与玉米衍生品交易之前，除了掌握常用的衍生品价格分析方法之外，还应充分了解影响标的期货玉米价格波动的各方面因素，例如国内外玉米库存变化数据、影响国内外供给的因素、天气状况对玉米产量的影响、替代商品价格波动对玉米价格的影响等。只有把玉米价格影响因素与玉米期货以及期权的分析方法相结合，交易者才有可能发现获利机会，避免交易失误。玉米衍生品价格的影响因素将会在本书第四章和第五章给大家进行详细的讲解。

## 自测题

### 一、判断题

1. 全球三大谷物中，玉米播种面积、平均单产以及总产量均居世界首位。（　　）

2. 2015 年以前，我国玉米种植面积以及库存呈现逐年增长态势，背后的推动因素只有下游需求持续增长。（　　）

3. 我国是世界上仅次于美国的第二大玉米消费国。作为玉米消费大国，我国的玉米消费主要用于饲料和工业消费，两者占到了消费总量的 90% 以上。（　　）

4. 工业消费是我国玉米最主要的消费渠道，饲用消费是我国玉米第二大消费渠道。（　　）

5. 我国玉米期货于 2004 年 9 月 22 日在大连商品交易所上市交易，玉米期货期权合约则在 2019 年 1 月 28 日正式挂牌交易。（　　）

## 二、选择题

1. 玉米的种植历史悠久，玉米原产于（　　）。

A. 北美洲　　B. 亚洲　　C. 南美洲　　D. 非洲

2. 在全球三大谷物中，玉米总产量和平均单产均居世界首位。全世界玉米播种面积在作物中居第（　　）位。

A. 一　　B. 二　　C. 三　　D. 四

3. 中国玉米期货目前在（　　）上市交易。

A. 上海证券交易所　　B. 郑州商品交易所

C. 大连商品交易所　　D. 上海期货交易所

4. 中国玉米期权目前在（　　）上市交易。

A. 上海证券交易所　　B. 郑州商品交易所

C. 大连商品交易所　　D. 上海期货交易所

# 参考答案

## 一、判断题

1. ×　2. √　3. √　4. ×　5. √

## 二、选择题

1. C　2. C　3. C　4. C

# 第二章

# 玉米期货合约

**本章要点**

我们在进行期货交易之前有必要充分了解我们的交易对象——玉米期货合约及其交易规则。本章主要介绍了大连商品交易所上市交易的玉米期货标准合约，并对合约的具体内容进行了深入分析和讲解，对玉米期货的保证金制度、强制平仓制度、结算制度等交易规则进行了穿插解读，以使交易者对玉米期货合约和交易规则有所了解。

## 一、玉米期货合约是什么样子的？

在第一章中我们讲到了国际及国内玉米期货市场的发展，玉米期货市场是进行玉米期货交易的市场，它的交易对象是交易所统一制定的、规定在将来某一特定的时间和地点交割的一定数量和质量的玉米标准化合约。玉米期货指的就是玉米的标准化合约，玉米期货交易就是玉米标准化合约的交易。

表2-1是大连商品交易所玉米期货的标准合约文本，具体内容包括交易品种、交易单位、报价单位、最小变动价位、涨跌停板幅度、合约月份、交易时间、最后交易日、最后交割日、交割等级、交割地点、最低交易保证金、交割方式、交易代码以及上市交易所等。

**表2-1　　大连商品交易所玉米期货标准合约文本**

| 项目 | 内容 |
| --- | --- |
| 交易品种 | 黄玉米 |
| 交易单位 | 10吨/手 |
| 报价单位 | 元（人民币）/吨 |
| 最小变动价位 | 1元/吨 |
| 涨跌停板幅度 | 上一交易日结算价的4% |
| 合约月份 | 1月、3月、5月、7月、9月、11月 |
| 交易时间 | 每周一至周五上午9：00—11：30，下午13：30—15：00，以及交易所规定的其他时间 |
| 最后交易日 | 合约月份第10个交易日 |
| 最后交割日 | 最后交易日后第3个交易日 |
| 交割等级 | 大连商品交易所玉米交割质量标准（FC/DCE D001-2015） |
| 交割地点 | 大连商品交易所玉米指定交割仓库 |
| 最低交易保证金 | 合约价值的5% |
| 交割方式 | 实物交割 |
| 交易代码 | C |
| 上市交易所 | 大连商品交易所 |

## 二、交易品种为什么规定为黄玉米呢？

在第一章，我们提到玉米品种众多，单从颜色上划分，玉米可以分为黄玉米和白玉米。在饲料加工和家禽饲养行业中，黄玉米种皮中的天然色素提供了成品饲料中的黄色，也是影响家禽表皮和蛋黄颜色的重要因素。我国各地人们普遍喜食黄皮鸡和黄色蛋黄的鸡蛋，这些产品的市场价格相对较高。以我国家禽饲养业最为发达的广东省为例，黄皮鸡的饲养比例高达80%。因此，饲料厂会顺应消费偏好，采购黄玉米为原料。另外，在我国，黄玉米是各地普遍种植的品种，年产量大约占总产量的95%以上，白玉米只在广西、云南、河南、河北等地种植，年平均产量300万吨，最高不超过5%。从其他国家来看，白玉米主要作为食用，黄玉米主要用作饲料加工，两者已经形成了细分市场。白玉米的主产国南非的期货交易所将黄玉米和白玉米作为两个品种分别上市。为了顺应消费习惯，明确交易标的物，反映现货市场中占绝大部分的黄玉米的价格，大连商品交易所规定玉米期货的交易品种为黄玉米。

## 三、交易单位为什么规定为10吨/手？

交易单位是1张期货合约所代表的实物商品数量，也是期货市场中能够交易相关商品的最小单位。符合现货贸易管理是期货交易所确定最小交易单位的前提条件。

芝加哥期货交易所（CBOT）根据美国农产品的贸易习惯，采用驳船运输的基本单位5000蒲式耳作为玉米、大豆等农产品期货交易合约的最小单位。东京谷物商品交易所（TGE）玉米期货合约的交易单位也主要考虑了大宗现货贸易的基本情况。因为日本是以进口美国玉米为主，为保持与 CBOT 玉米期货价格的联动性，方便现货企业和投资者进行两个市场的跨市套利，TGE 将玉米期货合约的交易单位设计为 100 吨。除此之外，期货市场中关联商品的数量关系也是设计交易单位时应该注意的技术细节。以 CBOT 大豆系列产品为例，大豆合约的规格为 5000 蒲式耳，豆油为 60000 磅，豆粕为 100 短吨，折合成公吨分别为 127 吨、27.22 吨、90.72 吨，与 1 吨大豆可以生产 0.2 吨豆油和 0.78 吨豆粕的比例相适应，这一设计有利于压榨套利的实现。合约规定也是近年来国际期货市场进行合约要件创新的主要方向，主要趋势是合约规格逐渐变小，如芝加哥商业交易所（CME）于 1997 年推出的 MiniSP500 合约和 CBOT 于 2001 年推出的农产品系列小型合约。

确定期货合约交易单位的大小，主要应当考虑合约标的的市场规模、交易者的资金规模、期货交易所会员结构以及该商品现货交易习惯等因素。一般来说，某种商品的市场规模较大，交易者的资金规模较大，期货交易所中愿意参与该商品期货交易的会员单位较多，则该合约的交易单位就可以设计得大一些；反之，则小一些。

对于玉米期货来讲，饲料消费占到消费量的 70% 左右，饲料厂是最主要的套保力量。但是，饲料企业单个规模偏小，一般年产 10 万吨饲料的大型企业的年采购玉米大约 5 万吨，即每天使用 20 ~ 30 吨，而饲料企业的库存储备一般在半个月到一个月之间。从投机者角度来看，我国目前市场中，中小交易者占大多数，他们的资金量相对较少，每天的交易量较小，据统计，当天玉米期货合约每笔申报 1 ~ 2 手的订单占总订单量的 52%（1 手占 37%，2 手占 15%）。考虑到这些情况，大商所将玉米期货合约的交易单位设计为 10 吨。

## 四、玉米的最小变动价位为什么规定为 1 元/吨？

最小变动价位是期货合约价格变动的最小单位。最小变动价位越小，投资者可以交易的价位就越多，能够在一定程度上提高套期保值效率。但是，实现精确报价需要经过多次竞价，增加交易成本。单位价格相对较高的商品，如果过分强调精确，将产生无效报价，造成市场的损失。

在确定玉米合约最小变动价位时，大商所充分考虑了玉米的价格特点、现货贸易以及期货交易的报价习惯等几个因素。

（1）一般来说，商品的价格越高，以更大间隔获得成交机会的概率就越大，最小变动价位也就越大。玉米是一种低价农产品，价格一般在大豆的1/3到1/2之间，因此，玉米交易的最小变动价位应该不高于大豆的1元/吨的标准。

（2）在现货贸易中，玉米交易的最小报价单位一般是1元/吨或者更高一些。

（3）从大豆期货交易的实际情况来看，以0结尾以及以1和9两个数字结尾的报价出现频率偏高，这表明交易者比较习惯整数位的报价方式。综合以上几个方面，大商所将玉米合约的最小变动价位暂定为1元/吨。

## 五、玉米期货合约中对玉米质量的规定是什么?

大连商品交易所主要以玉米国标为基础，同时参照国际标准，在充分研究国内现货贸易习惯的前提下，对衡量玉米质量的指标进行了详细的分析，规定了标准合约中的玉米质量标准。

玉米期货合约交割标准品品质技术要求及升贴水见表2-2及表2-3。

**表2-2　玉米期货合约交割标准品品质技术要求**

| 容重（g/L） | 杂质含量（%） | 水分含量（%） | 不完善粒含量（%） | | 色泽、气味 |
|---|---|---|---|---|---|
| | | | 总量 | 其中：生霉粒 | |
| ≥675 | ≤1.0 | ≤14.0 | ≤8.0 | ≤2.0 | 正常 |

表 2－3 玉米期货合约质量升贴水

| 项目 | 标准品质量要求 | 替代品质量要求 | 升贴水（元/吨） |
|---|---|---|---|
| 容重（g/L） | ≥675 | 675g/L＞替代品容重≥650g/L | －40 |
| 水分含量（%） | ≤14.0 | 14.5%＞替代品水分含量＞14.0% | 0 |
| 生霉粒（%） | ≤2.0 | 4.0%≥替代品生霉粒＞2.0% | －50 |

如果交易者需要进行交割，则注意交割品必须要符合交易所的质量要求，如果使用替代品交割还有一定的升贴水。

## 六、玉米交易的保证金率为什么是5%？这是一成不变的吗？

期货交易实行保证金制度，这是期货交易的特点之一。无论是买方还是卖方，期货交易者在进行交易时均需按照交易所的规定缴纳交易保证金，并视价格变动情况确定是否追加保证金。保证金是投资者履行合约的财力保证，证明买方或者卖方的诚意，有助于防止违约。客户的保证金通过期货公司指定的专业银行存入银行账户，与期货公司的自有资金区分开来。然后，由期货公司统一将保证金划入交易所指定的专业银行账户。

当买卖双方成交后，交易所按照持仓合约价值的一定比例向双方收取交易保证金。因此，交易保证金是已被合约占用的资金。

交易保证金率的高低直接关系到期货交易杠杆效应的大小。交易保证金比率越低，表示买卖期货合约所需缴纳的保证金就越少，杠杆效应就越明显。这将提高投机者参与的积极性，增加市场的流动性。但是，如果交易保证金比率过低，价格波动所引发交易者的盈亏幅度也会越大，其中蕴含的市场风险将增大。因此，在制定交易保证金率水平时，一定要充分考虑市场流动性、投机者参与程度以及市场风险等诸多因素。在正常情况下，交易保证金率通常在5%～10%。在参考期货市场农产品其他品种、国际玉米期货及我国玉米期货自身波动特点后，大连商品交易所将玉米合约的交易保证金确定为合约价值的5%。

根据保证金率，投资者就可以算出买卖1手玉米期货所需要的保证金，从而科学分配和管理资金，控制交易风险。假如玉米期货1月合约的报价为2450元/吨，期货公司收取的保证金为10%（一般期货公司收取的保证金要比大连商品交易所规定的保证金多几个百分点），那么，1手该期货合约价值为：

2450元/吨×10吨/手=24500元/手

买卖1手该玉米期货合约所需要的保证金为：

24500×10%=2450元。如果交易者账户资金小于2450元，他就无法交易，因为他连1手合约的保证金都不够，而能够在期货市场上进行交易的最小单位就是1手。因此，保证金率规定的高低实际上设定了期货交易的资金门槛值。保证金率较低，有资金能力参与玉米期货交易的人就多，如果保证金率设置得较高，有资金能力参与玉米期货交易的人就少，从而使期货市场风险降低。

正因为如此，玉米期货的交易保证金并不是一成不变的，交易保证金实行分级管理，随着期货合约交割期的临近和持仓量的增加，交易所将逐步提高交易保证金比例来降低市场风险。

玉米合约临近交割期时交易保证金收取标准见表2-4。

**表2-4　　玉米合约临近交割时交易保证金收取标准**

| 交易时间段 | 交易保证金标准 |
|---|---|
| 交割月份前一个月第十五个交易日起 | 10% |
| 交割月份第一个交易日起 | 20% |

玉米期货合约进入交割月份的前一个月后，交易所将逐级提高合约的交易保证金标准，引导投资者转向远期合约进行交易，还能提高拟进行实物交割交易者的履约能力，避免交割月份合约出现较大的风险。

此外，大连商品交易所会根据合约持仓量的增加以及下列市场风险情况对玉米期货交易保证金率进行上调：

（1）期货交易出现涨跌停板、单边无连续报价的单边市情形。

（2）如遇法定节假日休市时间较长，交易所可以根据市场情况在休市前调整合约交易保证金标准和涨跌停板幅度。

（3）交易所认为必要的其他情形。

## 七、涨跌停板幅度为什么定为4%？这是一成不变的吗？

涨跌停板制度，是指期货合约在一个交易日中的成交价格不能高于或低于以该合约上一交易日结算价为基准的某一涨跌幅度，超过该范围的报价将视为无效，不能成交。在涨跌停板制度下，前交易日结算价加上允许的最大涨幅构成当日价格上涨的上限，称为涨停板；前一交易日结算价减去允许的最大跌幅构成价格下跌的下限，称为跌停板。因此，涨跌停板又称为每日价格最大波动幅度限制。

涨跌停板的确定：当某一期货合约在某一交易日收盘前5分钟内出现只有停板价位的买入（卖出）申报，没有停板价位的卖出（买入）申报，或者一有卖出（买入）申报就成交但未打开停板价位的情况时，即只有单边报价或是不足以打开单边报价的情况，称为涨（跌）停板（简称单边市）。

涨跌停板和保证金制度是期货市场最重要的风险控制制度，大商所将美国芝加哥期货交易所（CBOT）玉米合约作为数据样本，考察其价格波动性的分布特点。也就是说，每日4%的涨跌停板幅度几乎可以覆盖所有的价格变化范围。为了提高市场流动性，减少频繁触板对市场运行效率的影响，更好地与国际接轨，大连商品交易所将玉米期货合约的涨跌停板确定为4%。

我国实行的涨跌停板制度，有“触板不停”的特征，即股票价格或期货合约价格达到涨跌停板后，并没有限制交易，在涨跌停板价位或是停板之内的价位，交易依然是可以进行的，一直到当日收市为止。这是为防止在特殊情况下期货价格出现异常波动，从而给投资者造成损害设置的风险控制机制。不同品种的涨跌停板是不同的，玉米是4%。

按照大连商品交易所的规定，涨跌停板单边无连续报价是指某一期货合约在某一交易日收市前5分钟内出现只有停板价位的买入（卖出）申报，没有停板价位的卖出（买入）申报，或者一有卖出（买入）申报就成交但未打开停板价位的情况。当交易所上市的商品期货合约在某一交易日（该交易日记为第N个交易日，之后，第1个、第2个交易日分别记为第N+1、第N+2个交易日，依次类推）出现涨跌停板单边无连续报价的情况，则该合约第N+1个交易日涨跌停板幅度在第N个交易日涨跌停板幅度的基础上增加3个百分点。若第N+1个交易日出现与第N个交易日同方向涨跌停板单边无连续报价的情况，则该合约第N+2个交易日涨跌停板幅度在第N+1个交易日涨跌停板幅度的基础上增加2个百分点。同时，每天要求的保证金水平将会提高，如果保证金不足，可能会遭遇强平。玉米期货合约连续停板保证金及涨跌幅度调整见表2－5。

**表2－5　玉米期货合约连续停板保证金及涨跌幅度调整**

| 交易状况 | 涨跌停板幅度 | 交易保证金标准 |
|---|---|---|
| 第1个停板 | 4% | 9% |
| 第2个停板 | 7% | 11% |
| 第3个停板 | 9% | 11% |
| 第4个停板 | 9% | 11% |

## 八、为什么玉米期货合约的到期月份是1月、3月、5月、7月、9月、11月？

农产品生产周期长，生产和消费具有很强的季节性，在设计农产品期货合约时，需要考虑生产和消费的季节性因素。合约交割月份的设置应与农产品的生产活动相适应，起到引导农业生产和消费的作用。从生产角度看，对生产者种植影响最大的是播种和收获季节的价格，前者决定其种植多少，后者决定其销售策略。从消费角度出发，农产品加工过程对原料的需求具有连续性和均衡性的特点，因此，期货合约交割月份应该保持连续性与均衡性。

从我国玉米生产情况来看，每年4月份开始，我国由北到南依次进入玉米种植期。受到气候条件、种植方式、积温等因素的影响，不同地区的玉米种植期、发育成熟期差别较大，主要表现为：北方地区玉米播种早，成熟期长；南方地区玉米播种晚，发育成熟期短。从9月份开始，我国各主要地区开始进行玉米收割，到10月底基本结束。东北地区玉米的大量收购一般从11月份开始，华北及其他地区的玉米需要经过大约一个月的自然晾晒。从11月份开始我国玉米陆续上市。我国不同地区的玉米种植发育时间见图2－1。

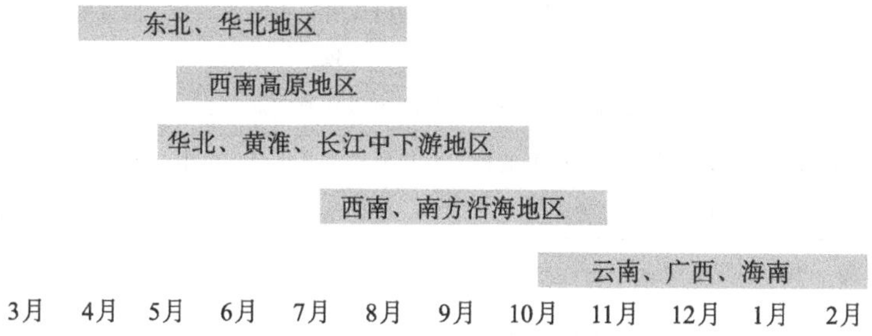


**图2－1　我国不同地区的玉米种植发育时间**

期货合约月份设计时，大连商品交易所主要参考美国CBOT玉米期货合约隔月设计的特点，同时结合国内玉米生产贸易习惯，最终设计玉米期货合约到期交割月份为1月、3月、5月、7月、9月、11月。

## 九、玉米期货的交易时间是如何规定的？

交易时间的安排一般要考虑与其他相关交易所或品种的竞争关系、与不同时区的相同品种交易时间的连续性等因素。从国际期货的交易情况来看，交易时间有延长的趋势，如CBOT为了增强农产品合约在远东地区的影响力，专门安排了夜盘交易，与远东地区的TGE等交易所进行竞争，有的品种已经实现了24小时交易。从国内的情况来看，全国三家商品交易所的开闭市时间已经基本统一。为了方便交易者，玉米期货合约的交易时间与大豆期货合约的交易时间保持一致，为每周一到周五的 9：00—11：30、13：00—15：00、21：00—23：00。

期货交易与现货交易、远期交易的区别见表 2－6 和表 2－7。

**表 2－6　　期货交易与现货交易的区别**

| 项目 | 期货交易 | 现货交易 |
| --- | --- | --- |
| 交易对象 | 标准化合约 | 商品 |
| 交割时间 | 存在时间差，商流和物流分离 | 即时或者很短时间成交，商流和物流在时空上基本一致 |
| 交易目的 | 转移风险或追求风险收益 | 获得或让渡商品所有权 |
| 交易场所和方式 | 交易所集中交易公开竞价 | 场所和方式无特定限制 |
| 结算方式 | 每日无负债结算 | 一次性结算为主，货到付款或者分期结算为辅 |

资料来源：中国期货业协会。

**表 2－7　　期货交易与远期交易的区别**

| 项目 | 期货交易 | 远期交易 |
| --- | --- | --- |
| 交易对象 | 标准化合约 | 非标准化合约、合同要素由买卖双方商定 |
| 交易目的 | 转移风险或追求风险收益 | 获得或者让渡商品所有权 |
| 功能作用 | 规避风险或者价格发现 | 具有一定的转移风险的作用 |
| 履约方式 | 对冲平仓、到期交割 | 商品交收 |
| 信用风险 | 非常小 | 较高 |
| 保证金制度 | 合约价值的 5% ~10% | 双方协商定金 |

## 十、玉米期货的最后交易日意味着什么？

大家知道股票可以长期持有，您手里的股票哪怕在手中几十年，只要股票仍在上市交易就没有问题。而期货合约在您手中存留的日期是有限制的，这个限定点就是该合约的最后交易日。玉米期货合约的最后交易日是合约月份第 10 个交易日。

最后交易日前一定要将您持有的即将到期的合约对冲平仓。如果您是机构客户，不对冲平仓意味着您将进入交割，接受 10 吨乘以持有手数数量的玉米，买方需补齐交易款项。如果您是个人户，按规定不允许进行实物交割，不在交割月前月最后交易日之前对持有合约进行对冲平仓，则会引来麻烦，所以提醒您一定要注意相应日期前的对冲操作。

## 十一、玉米期货的最后交割日和最后交易日是一天吗？

不是，最后交割日是最后交易日后的第 3 个交易日。玉米期货合约进入交割月后，执行滚动交割或者一次性交割制度。按照规定，滚动交割流程中，实物所有权的转移、贷款的划转在配对日后第 2 个交易日完成；一次性交割流程中，实物所有权的转移、贷款的划转在最后交易日后 3 个交易日内完成，因此，交易所将最后交割日确定为最后交易日后的第 3 个交易日。

## 十二、玉米期货的交割制度有什么特点？

第一，玉米期货合约的交割采用实物交割方式。第二，客户的实物交割须由会员办理，并以会员名义在交易所进行。第三，个人客户不允许交割。第四，最后交易日闭市后，交易所按“最少配对数”的原则通过计算机对交割月份持仓合约进行交割配对。

交割只适用于机构户。个人户不能进行交割，个人户需在交割月前月最后交易日之前进行与所持有的即将到期的期货合约方向相反、数量相同的平仓操作。

## 十三、玉米期货市场包括哪些交易制度？

为了规范玉米期货交易行为，维护期货市场秩序，防范市场风险，确保玉米期货的安全操作，遵循公开、公平、公正和诚实信用的原则，杜绝欺诈、内幕交易和操纵期货交易价格等违法行为，大连商品交易所建立健全了一系列严格的交易规则和风险管理制度。

这些制度主要包括：（1）保证金制度；（2）当日无负债结算制度；（3）强行平仓制度；（4）涨跌停板制度；（5）持仓限额制度；（6）大户持仓报告制度；（7）风险警示制度；（8）国务院期货监督管理机构制定的其他风险管理制度。

关于各制度的规定可以参考大连商品交易所网站相关条例。

### （一）中美玉米期货合约的主要区别

美国 CBOT 玉米期货合约见表 2－8。

**表 2－8　　美国 CBOT 玉米期货合约**

| | |
|---|---|
| 交易单位 | 5000 蒲式耳/手 |
| 报价单位 | 美分/蒲式耳 |
| 最小变动价位 | 0.25 美分/蒲式耳 |
| 每日价格最大波动限制 | 不高于或不低于上一交易日结算价的 0.5 美元/蒲式耳（每年 5 月 1 日和 11 月 1 日调整，5 月 1 日、4 月 16 日之前 7 月合约的 45 个交易日结算价平均值 ×7%；11 月 1 日、10 月 16 日之前 12 月合约的 45 个交易日结算价平均值 ×7%） |
| 交割月份 | 3 月、5 月、7 月、9 月、12 月 |
| 交易时间 | 周日至周五，下午 7：00—上午 7：45，美中时间；周一至周五，上午 8：30—下午 1：20，美中时间 |

续表

| | |
|---|---|
| 最后交易日 | 合约月份的15日的前一个营业日 |
| 交割日期 | 合约交割月的最后交易日后的第二个营业日 |
| 交割等级 | 2号黄玉米为标准交割物，1号黄玉米升水1.5美分/蒲式耳，3号黄玉米贴水2~4美分/蒲式耳（根据不完善粒、杂质等因素确定） |
| 交割方式 | 实物交割 |
| 交易代码 | ZC |
| 上市交易所 | CBOT |

资料来源：CME。

### （二）CBOT与大连商品交易所玉米期货合约的主要区别

1. 交易单位差别较大

CBOT玉米期货合约的设计充分考虑了玉米相关生产经营的特点，完全符合玉米期货运行规律的基本要求，同时，期货合约的设计也能有效满足期货交易者进行套期保值和风险投机的实际需要。例如：合约规格为5000蒲式耳，这与玉米现货的主要运输工具——驳船的运输容量一致；CBOT合约月份的设置参考了美国玉米的作物周期；合约周期的延长照顾到跨年度保值的需求；合约交割标准品替代品的设计及升贴水数值的确定充分考虑到美国玉米现货市场的质量分布状况及现货实际等。

中国的期货合约设计中，合约规格为10吨，报价单位为元/吨，与国内粮食现货贸易以称重为主的习惯相关。玉米期货合约的标准品介于国标二等与三等之间，替代交割品的范围扩展到了三等玉米，涵盖了国内市场绝大多数的玉米流通量，充分体现其大品种的特点。大商所对国内玉米市场进行了深入考察，玉米期货的质量标准、替代品升贴水、交割地点、包装方式等都非常符合玉米现货市场的实际情况，贴近玉米现货生产、流通、消费、储存等方面的基本运作方式，最大限度地降低了交割成本，以便利现货企业参与。

如果横向来比较，0.25美分/蒲式耳相当于0.1美元/吨的波动，与国内波动差别并不太大。但是从合约规模来看，美国玉米合约规模较大（约合127吨），因此对交易者保证金的要求也更高些。国内的玉米期货交易每手仅 10 吨，对于普通交易者而言，这个合约的设置标准相对较低。

2. 涨跌停板的设置与国内有差异

CBOT 的涨跌停板设置以确定的数值为界限，而大商所以比例设置，随着期货价格的上涨，日内涨跌停板的幅度将同比上升。如果期货价格下降，日内涨跌停板的幅度将会缩小。

3. 交易时间与国内有差异

美国期货交易时间分日内交易和电子盘交易；日内交易量大，对价格的影响相对较大，电子盘交易可作为亚洲交易时段的参考。其中，美国期货交易时间根据冬令时与夏令时的区别有所调整。美国夏令时期间（每年 4 月份第一个星期日至 10 月份最后一个星期日），表 2－8 中的交易时间则相应提前 1 个小时。在期货交易软件的日内分时图中，可明显地看出在冬令、夏令时间切换前后的差异，而国内只有期货交易，没有电子盘交易。

对于普通投资者来讲，参与玉米期货交易是以投机获利为目的的，通常不涉及实物所有权的转移，只需知道自己在期货市场上交易时，买进和卖出的不是玉米现货，而是如表 2－8 所述的这样一份均有标准内容和格式的合约，合约中已经规定了玉米的质量及等级，同时规定了玉米期货的交割时间、交割地点、交割数量以及交割品级的替代品，但普通交易者不涉及实物所有权的转移，只需要掌握关于玉米期货合约的交易单位、交易时间、合约月份、最后交易日等基本知识。此外，还要掌握交易规则及制度，如涨跌停板幅度、交易保证金规定，之后便基本能够顺利做交易了。

对于玉米行业的各类企业，一旦需要通过期货市场来完成采购或者销售，就可能涉及现货的交接，因此，除掌握一般投资者需要掌握的知识外，还需要仔细阅读上述合约中有关交割品级、交割地点等部分的具体内容。期货交易是高度标准化的交易形式，在交割品级、交割地点等方面都有严格的要求。如果合约不符合有关标准，交易者将会蒙受较大的损失。因此，初次涉及实物交割的企业，在简单了解期货合约后，还需要充分了解玉米期货交割质量标准及玉米期货交易制度方面的详细内容，并严格执行有关规定。在这方面，期货公司通常能提供具体的指导。

### （三）玉米期货交易与玉米现货交易的不同

玉米期货交易可以理解为玉米期货的标准化合约在期货交易所被买卖。例如，2021 年 1 月 9 日，某企业在大连商品交易所购买 5 手 C2105 的玉米期货标准化合约，价格为2600 元/吨，也就是说，2021 年1 月9 日某企业以2600 元/吨的价格购买了 50 吨［即 10 吨 ×5 手（合约具体规定了交易单位为 10 吨/手）］在 2021 年 5 月到期进行交割的大连商品交易所要求的玉米。在这个例子中，该企业在期货市场进行的交易就是玉米的期货交易。

有了上面例子，我们就比较容易理解期货交易了，期货交易与现货交易有相同的地方，如都是一种交易方式，都是真正意义上的买卖，都涉及商品所有权的转移等，但也有不同的地方，比如买卖对象不同、交易目的不同等。玉米期货交易和玉米现货交易不同的地方有以下几点：

1. 买卖的直接对象不同

玉米现货交易买卖的直接对象是商品本身，有样品、有实物，看货定价，而期货交易买卖的直接对象是商品期货合约，是买进或卖出多少手或多少张期货合约。同样，玉米现货交易买卖的直接对象是玉米现货，而玉米期货交易买卖的直接对象不是现货，而是标准化了的合约，从这个角度讲，玉米期货买卖的不是玉米现货实物，而是玉米的标准化合约。

2. 交易的目的不同

现货交易的目的是获得或者出让商品的所有权，是一手钱一手货的交易，马上或一定时期内进行实物交收和货款结算。如玉米是饲料厂的生产原料，因此该企业需要在现货市场上购买玉米现货。

玉米期货交易的目的不是到期获得玉米实物，而是通过套期保值规避价格风险或者投资获利。根据期货交易的目的不同，期货交易者通常可分为套期保值者、投机者和套利者。套期保值者的目的是通过期货交易转移现货市场的价格风险；投机者的目的是从期货市场的价格波动中获得风险利润；套利者的目的是从期货市场的价格波动中获得风险收益。上面提到的饲料厂在期货市场上购买玉米期货合约的目的是规避玉米大幅上涨的风险。

3. 交易方式不同

玉米现货交易一般不受时间、地点的限制，交易灵活方便，随机性强，一般是一对一谈判签订合同，具体内容由双方商定，签订合同之后不能兑现，就要诉诸法律。期货交易是以公开、公平竞争的方式进行交易，一对一谈判交易（或称私下对冲）被视为违法。

4. 交易场所不同

玉米现货交易是货到款清，一般采用一次性付款结算方式，也有货到付款以及信用交易中的分期付款等，但是玉米期货交易必须在交易所内依照法规进行公开、集中交易，不能进行场外交易。

5. 保障制度不同

一般，玉米现货交易有《民法典》等法律保护，合同不兑现即毁约时要用法律或仲裁的方式解决。而玉米期货交易除了国家的法律和行业、交易所规则之外，还以保证金制度作保障，保证到期兑现。

6. 结算方式不同

玉米现货交易是货到款清，无论时间多长，都是一次或数次结清；玉米期货交易由于实行保证金制度，必须每日结算盈亏，实行逐日盯市制度，结算价格以成交价为依据计算。

## 自测题

### 一、判断题

1. 机构客户必须进行实物交割。 (　　)
2. 美国玉米期货合约报价单位为美元/蒲式耳。 (　　)
3. 玉米期货合约以国标二等以上玉米作为标准品，三等玉米替代交割。 (　　)
4. 玉米期货交易没有小节休息。 (　　)
5. C2105中，C代表的是英文玉米（CORN）的首字母，期货合约中交易代码的实际运用就是作为下单指定品种而言，而2105就是对应交易的合约月份。 (　　)

## 二、单项选择题

1. 国内玉米期货交易规模每手为（　　）吨。

A. 10　　B. 15　　C. 5　　D. 7

2. 国内玉米期货交易结果不包括（　　）。

A. 实物交割　　B. 对冲平仓　　C. 现金交割　　D. 换月交易

3. 国内玉米期货合约的到期月份为（　　）月。

A. 1、3、5、7、9、11　　B. 1、7、9

C. 1、5、9　　D. 1、3、9

4. 国内玉米期货的涨跌停板通常为（　　）。

A. 8%　　B. 2%　　C. 10%　　D. 4%

5. 国内玉米期货交易的时间不包括（　　）。

A. 上午9：00—10：15　　B. 上午10：15—10：30

C. 上午10：30—11：30　　D. 下午1：30—3：00

6. 美国CBOT玉米期货合约规模为每手（　　）。

A. 5000蒲式耳　　B. 5000吨　　C. 100吨　　D. 1000蒲式耳

7. 美国CBOT玉米期货合约的最小变动价位为（　　）。

A. 0.25美分/蒲式耳　　B. 0.5美分/蒲式耳

C. 0.7美分/蒲式耳　　D. 1美分/蒲式耳

8. 以下关于玉米期货的说法，错误的是（　　）。

A. 交易所按“最少配对数”的原则通过计算机对交割月份持仓合约进行交割配对

B. 机构户可进行实物交割

C. 个人户可以进行实物交割

D. 客户的实物交割须由会员办理，并以会员名义在交易所进行

9. 国内玉米期货合约交割的标准品是（　　）。

A. 国标一等玉米　　B. 国标二等玉米

C. 国标三等玉米　　D. 介于国标二等与国标三等之间

10. 下列关于国内玉米期货交易与现货交易的区别，描述正确的有（　　）。

A. 交易场所相同　　B. 买卖对象不同

C. 交易方式相同　　D. 结算方式相同

## 参考答案

### 一、判断题

1. ×　2. ×　3. √　4. ×　5. √

### 二、单项选择题

1. A　2. C　3. A　4. D　5. B　6. A　7. A　8. C　9. D　10. B

# 第三章

# 玉米期权合约

**本章要点**

本章主要介绍了大连商品交易所上市交易的玉米期权标准合约，对期权合约的具体内容进行了深入分析和讲解，其中穿插讲解了期权的概念以及风险管理规则，以便交易者对玉米期权合约和交易规则进行了解。

## 一、玉米期权合约是什么样子的？

在第一章中，我们讲到期权以及期权市场的发展，期权市场是进行期权交易的市场，期权交易是指对特定时间内以约定价格购买特定商品的权利进行的交易。期权交易，是指采用公开的集中交易方式或者中国证券监督管理委员会批准的其他方式进行的以期权合约为标的的交易活动。玉米期权合约，是指交易所统一制定的，规定买方有权在将来某一时间以特定价格买入或者卖出玉米期货的标准化合约。

表3－1是大连商品交易所玉米期货期权合约，具体内容包括合约标的物、合约类型、交易单位、报价单位、最小变动价位、涨跌停板幅度、合约月份、交易时间、最后交易日、到期日、行权价格、行权方式、交易代码以及上市交易所等。

**表3－1　大连商品交易所玉米期货期权合约**

| 合约标的物 | 玉米期货合约 |
|---|---|
| 合约类型 | 看涨期权、看跌期权 |
| 交易单位 | 1手（10吨）玉米期货合约 |
| 报价单位 | 元（人民币）/吨 |
| 最小变动价位 | 0.5元/吨 |
| 涨跌停板幅度 | 与玉米期货合约涨跌停板幅度相同 |
| 合约月份 | 1月、3月、5月、7月、9月、11月 |
| 交易时间 | 每周一至周五上午9：00—11：30，下午13：30—15：00，以及交易所规定的其他时间 |
| 最后交易日 | 标的期货合约交割月份前一个月的第5个交易日 |
| 到期日 | 同最后交易日 |
| 行权价格 | 行权价格范围覆盖玉米期货合约上一交易日结算价上下浮动1.5倍当日涨跌停板幅度对应的价格范围。行权价格≤1000元/吨，行权价格间距为10元/吨；1000元/吨＜行权价格≤3000元/吨，行权价格间距为20元/吨；行权价格＞3000元/吨，行权价格间距为40元/吨 |
| 行权方式 | 美式。买方可以在到期日之前任一交易日的交易时间，以及到期日15：30之前提出行权申请 |
| 交易代码 | 看涨期权：C－合约月份－C－行权价格<br>看跌期权：C－合约月份－P－行权价格 |
| 上市交易所 | 大连商品交易所 |

资料来源：大连商品交易所。

## 二、期权合约类型有什么？

由于期权是指买方能在未来某特定时间以特定价格买入或卖出一定数量的某种特定商品的权利，那么按照买方的权利，期权可分为看涨期权和看跌期权两种类型。

看涨期权（Call Options），又称买权，是指期权的买方看涨期货价格未来走势，向期权的卖方支付一定数额的权利金后，即拥有了在期权的有效期内按事先约定的价格向期权卖方买入一定数量的相关商品期货合约的权利，但不负有必须买的义务。而期权卖方则有义务在期权规定的有效期内，应期权买方的要求，无条件地以期权合约事先规定的价格卖给买方相关商品的期货合约。显然，正是因为期权的买方对商品未来价格看涨，才愿意付出权利金买入未来以约定价格“买入”的权利，这就是为什么此类期权被称为“看涨期权”的缘故。

看跌期权（Put Options），又称卖权，是指期权的买方向期权的卖方支付一定数额的权利金后，即拥有了在期权合约的有效期内，按事先约定的价格向期权卖方卖出一定数量的相关商品期货合约的权利，但不负有必须卖的义务。而期权卖方有义务在期权规定的有效期内，应期权买方的要求，无条件地以期权合约事先规定的价格买入买方手中的商品期货合约。显然，正是因为期权的买方对商品未来价格看跌，才愿意付出权利金买入未来以约定价格“卖出”的权利，这就是为什么此类期权被称为“看跌期权”的缘故。

## 三、标的资产为什么选玉米期货？

大商所选择玉米期货作为期权合约标的主要基于以下三方面考虑：

（1）期货价格形成机制公允，易于采集获得。期货的价格公开透明，市场公信度高，作为期权权利金定价的重要参数，价格连续公允，来源于同一交易平台，易于获得。普通大宗商品的现货价格往往由于质量等级、交割地点的不同而有所差异，缺乏普遍认可的公允价格（黄金等少数贵金属除外），因而普通商品不适合直接作为期权合约标的。

（2）期货合约是标准化的合约，标的物市场建设和管理成本低。商品期货较商品现货具有更好的稳定性和便利性，没有保质期、品质分级、仓库管理、产品质检等要求，避免了现货期权行权后所面临的现货交割等一系列问题。期权行权后如果获得期货持仓，还可以通过平仓免予进入现货交割环节，操作便捷。

（3）期货采取保证金交易，出入市场便捷，流动性更高，监管手段成熟，抗操纵性强。因此，商品期货更适作为期权的标的物。

## 四、玉米期权合约的交易单位为什么规定是1手期货合约？

玉米期权的交易单位是1张期权合约所代表的期货数量，也就是期权市场中能够交易相关商品的最小单位。玉米期权交易单位为1手玉米期货合约。

大连商品交易所对玉米期权交易单位的规定主要考虑以下几个方面：一是方便期权与期货的套期保值与组合交易；二是便于交易所进行保证金计算和风险控制；三是符合投资者习惯和要求，满足保值者的要求。

## 五、最小变动价位为什么是0.5元/吨？

最小变动价位是指期权合约单位价格涨跌变动的最小值。玉米期权最小变动价位设计为 0.5 元/吨，为期货最小变动价位的一半。

大连商品交易所对于玉米期权最小变动价位的规定主要有以下几个方面的考虑：一是期权价格波动与期货价格波动的关系，理论上，期权合约权利金价格变动要小于相关期货合约的价格变动，Delta 在 0 到 1 之间；二是平值附近期权较为活跃，流动性好，满足平值的价格变化特点是如果期货价格仅变动 1 个价位，则理论上平值期权应当变动 0.5 个价位。

## 六、涨跌停板是怎么规定的？

期权交易实行涨跌停板制度，期权合约涨跌停板幅度同标的期货合约。

从理论上讲，虚值或平值期权的价格绝对值的变动幅度通常比实值期权小，这是由于虚值和平值期权的 Delta 绝对值要小于实值期权的 Delta 绝对值。同时，实值期权的 Delta 绝对值也不超过 1，因此，当期货合约价格发生较大波动时，期权合约的价格波动幅度也会相应调整。

期权合约设置适当的涨跌幅（绝对值）可以有效地覆盖标的期货合约方向上可能引起的价格波动。这有利于提高期权交易的稳定性和公平性，同时让市场参与者能够在平等公正的交易环境中进行交易。

大商所在设计期权涨跌停板时使期权和对应期货合约涨跌停板完全一致。当期货合约涨跌停板调整幅度时，期权也相应变化，保证期货和期权的联动性。

## 七、玉米期权合约月份为什么与玉米期货的相同？

期权合约月份与标的期货合约月份应一致，玉米期权合约的月份为 1

月、3月、5月、7月、9月、11月。

从全球来看，各主要交易所期权合约月份设置以与标的期货合约一致为主。随着期权市场的发展和日益成熟，近年来，在合约月份设置方面，交易所也根据市场需求，做了一些创新，以增加期权产品的灵活性和便利性。例如，以2012年12月玉米期货合约为标的，CME推出了2012年9月、10月、11月到期的期权合约。

大商所设计与标的期货合约月份一致的期权合约月份的考虑主要如下：

(1) 充分发挥期权产品的避险功能。当期货合约的所有月份均有对应的期权合约时，每一期货合约都有可选择的期权合约进行套期保值和策略组合，可以充分发挥期权对基础产品的价格发现与风险规避作用。

(2) 期权市场尽量与期货市场保持一致，便于市场接受。在我国市场，作为新型衍生品的期货期权，在符合基本原则的基础上，产品设计应尽量简单易懂，使市场参与者能尽快熟悉规则与合约。

## 八、玉米期权的交易时间是怎么规定的?

交易时间安排与标的期货交易时间一致。基于关联性考虑，玉米期权合约的交易时间与期货合约的交易时间保持一致，为每周一到周五的9：00—11：30和13：00—15：00，以及交易所规定的其他时间。

## 九、玉米期权的最后交易日和到期日是同一天吗?

玉米期权的最后交易日和到期日是同一天。大连商品交易所玉米期权最后交易日为标的期货合约交割月份前一个月的第5个交易日，到期日同最后交易日。主要考虑以下实际情况：一是尽量靠近标的期货合约到期月份，尽可能覆盖标的期货合约的生命周期；二是考虑期权合约行权后将在相应期货合约上形成仓位，如果交易者不愿进行实物交割，则需要时间去平仓期货头寸，考虑期货合约在交割月份流动性下降，要为期权行权后期货平仓提供充裕时间，期权到期日应早于标的期货的到期日。此外，由于标的期货合约实行梯度保证金制度，进入交割月后期货合约保证金水平将有所提高，因此，在设计玉米期权的到期日时，应尽量避免进入交割月后期权行权的情况。

## 十、玉米期权的行权价格及行权价格间距是怎么规定的？

期权行权价格是指买方有权在将来某一时间买入或者卖出标的期货合约的价格。行权价格间距是指具有相同标的期货合约的同一类型期权合约的相邻两个行权价格之间的差。

大商所经过对行权价格间距设置的深入理论研究，结合国内外交易所相关合约的参数设计，通过实证论证和分析，采用分段式的行权价格间距。具体来看，玉米期权行权价格小于等于 1000 元/吨时，行权价格间距为 10 元/吨；行权价格大于 1000 元/吨且小于等于 3000 元/吨时，行权价格间距为 20 元/吨；行权价格大于 3000 元/吨时，行权价格间距为 40 元/吨。行权价格为行权价格间距的整数倍，同时覆盖标的期货合约上一交易日结算价上下浮动 1.5 倍当日涨跌停板幅度对应的价格范围。

玉米期权合约的设计中，行权价格间距作为一项重要的参数对期权交易的活跃程度有直接影响。如果间距太大，则不利于投资者找到合适的期权合约进行避险，有可能降低套期保值效果，无法满足市场的需求；如果间距太小，则会导致成交量和持仓量的分散，不利于流动性集中。为与标的价格及波动幅度相匹配，期权的价格间距也应该相应调整，所以大商所采用分段式的行权价格间距。在玉米品种的具体行权价格间距的确定上，大连商品交易所主要考虑以下方面：

（1）国外相应期权产品的价格间距大小。农产品期权，如豆粕、大豆、玉米等，在国外均有期权市场，它们现有的价格间距可以作为参考。

（2）行权价格间距在期货价格上的占比情况。通过论证，上述占比在1% ~2%时较为合适。

（3）品种日均波动幅度与行权价格间距的比值合理性，决定是否需要在价格波动时频繁更换合约以便进行风险对冲，一般，与日均波动幅度相当的价格间距较为合理。

## 十一、玉米期权的行权方式为什么规定为美式行权?

期权的行权方式主要有两种，即美式行权和欧式行权。美式行权方式中，买方在合约到期日及其之前任一交易日均可行使权利；欧式行权方式中，买方只可在合约到期日当天行使权利。

从国际经验来看，虽然欧式期权产生较早，但美式期权发展很快，成为商品期权市场主流。在国际大型交易所的期权行权方式的调研中，通过对选取的257个主要期权品种的对比，选择美式行权方式的品种占整个品种数量的54.09%，欧式行权方式占比为35.80%，既有美式又有欧式的占比为10.11%；38个商品期权中选择美式行权方式的品种占比为65.79%，欧式行权方式占比为18.42%，既有美式期权又有欧式期权的，接近欧式期权数量占比，尤其是农产品期权，被调研的19个品种的行权方式均选择美式。

大连商品交易所选择美式行权方式的考虑主要有以下三点：

（1）美式期权灵活便利，是商品期货期权的主流行权方式。美式期权可以在到期日前任一交易日选择行权，对于期权买方更为便捷，可在市场有利时随时获得期货头寸。

（2）美式期权能够分散集中行权的市场风险。欧式行权方式易引发到期日标的合约结算价格操纵，同时实值期权在到期日集中行权将导致期货市场持仓增加，加大市场风险。而美式期权到期前每日分散的行权方式容易化解和稀释集中行权的市场风险。

（3）美式期权定价效率更高。欧式期权的定价方法简单成熟，容易被投资者理解。美式期权定价模型略微复杂，因为可以提前行权，权利金定价较欧式期权高。

## 十二、玉米期权的交易代码与期货一样吗？

玉米期权的交易代码与期货的不一样。期权合约比期货合约复杂，其交易代码包含的信息也要比期货合约多。期权合约交易代码由标的期货品种交易代码、标的物合约月份、看涨期权代码（C）或看跌期权代码（P）及行权价格组成。如 C－1905－C－1500，代表标的为 2019 年 5 月份交割的玉米期货，行权价格为 1500 元/吨的看涨期权，需要注意的是，合约代码中的第一个 C 是玉米期货的代码，中间的 C（P）为看涨（跌）期权代码。

## 十三、玉米期权市场包括哪些交易制度？

为了规范玉米期权交易行为，维护期货和期权市场秩序，防范市场风险，确保玉米期权的安全操作，遵循公开、公平、公正和诚实信用的原则，杜绝欺诈、内幕交易和操纵期货交易价格等违法行为，大连商品交易所建立健全了一系列完善的交易规则和管理办法。具体有《大连商品交易所期权交易管理办法》《大连商品交易所做市商管理办法》《大连商品交易所期货交易者适当性管理办法》。交易者可在大连商品交易所网站查阅相关制度条款。

# 自测题

## 一、判断题

1. 玉米期权合约，是指交易所统一制定的，规定买方有权在将来某一时间以特定价格买入或者卖出玉米期货的标准化合约。（　）

2. 按照买方行权方向的不同，期权可分为看涨期权和看跌期权两种类型。（　）

3. 玉米期权的标的物是玉米现货。（　）

4. 玉米期权的涨跌停板幅度是固定不变的。（　）

5. 玉米期权的行权间距是固定不变的。（　）

## 二、选择题

1. 玉米期权的最小变动价位是（　）。

A. 0.1 元/君　B. 0.5 元/君　C. 1 元/君　D. 1.5 元/君

2. 玉米期权的合约月份是（　）月。

A. 1、3、5　B. 1、3、5、7、9

C. 1、3、5、7、9、11　D. 2、4、6、8

3. 玉米期权的行权方式是（　）。

A. 美式行权　B. 欧式行权

4. 下列表述符合玉米期权交易代码的是（　）。

A. C2109　B. C－2105－C－2500

C. P2109－C－2500　D. P－C2109－2500

5. 玉米期权的交易时间是（　）。

A. 每周一到周五的 9：00　11：30

B. 每周一到周五 13：00—15：00

C. 每周一到周五的 9：00—11：30、13：00—15：00 以及交易所规定的其他时间

D. 每周一到周五的 9：00—11：30、13：00—15：00

## 参考答案

### 一、判断题

1. √　2. √　3. ×　4. ×　5. ×

### 二、选择题

1. B　2. C　3. A　4. B　5. C

# 第四章

# 影响玉米期货价格的主要因素

**本章要点**

本章主要讨论玉米期货价格有哪些影响因素，以及这些影响因素对玉米期货价格波动的综合作用。本章除了介绍对大宗商品价格有重大影响的供需关系之外，还对天气因素、玉米的生长周期因素、季节性因素以及周边市场、股市和宏观经济环境对玉米价格的影响因素作了较为详细的说明。

## 一、影响玉米期货价格波动的关键因素有哪些?

玉米期货价格受到多方面因素的影响（见图4－1）。概括起来主要包括供求因素及其他非供求因素两大类。其中，供求关系是最主要也是最直接的影响因素，其涉及产量、需求、物流、库存和进出口几个方面。非供求因素则包括政策性因素、经济周期、突发事件、其他谷物市场情况变化等。供需关系是影响玉米期货价格的最直接因素，非供求因素对期货价格的影响归根到底都是以影响供需关系从而影响期货价格的。

图 4－1 影响玉米价格的主要因素

近年来，我国玉米由供需宽松逐渐向供需紧平衡转变，进而使我国玉米价格有所攀升。20 世纪以来，我国玉米种植面积呈现逐步上升的态势，叠加技术的提高，国内玉米产量也是节节攀升，而下游需求增速较为平缓，国内玉米进入供过于求的供需格局当中，国内玉米库存持续攀升，2015 年末，临储库存超过 2.5 亿吨，玉米价格在临储收购价格附近承压波动。为了推动玉米产业创新升级，同时消耗玉米高库存，国家提出了玉米供给侧结构性改革。在种植端，巩固玉米的优势产区，适当调减非优势产区的种植面积；在需求端，鼓励深加工消耗陈化玉米；国内玉米供应过剩的格局在供给侧结构性改革措施实施的过程中不断改善，国内玉米价格呈现逐步走高的态势。

近些年，国内玉米种植面积增长空间受限（见图4－2），同时受到全球气候变暖、极端恶劣天气的影响，我国玉米市场供应仍然面临严峻挑战。近年来，国内饲料需求和玉米深加工行业高速增长（见图4－3），我国玉米供需形势为“紧平衡”，玉米价格更是保持高位运行。玉米的供需情况对玉米价格的影响非常大。

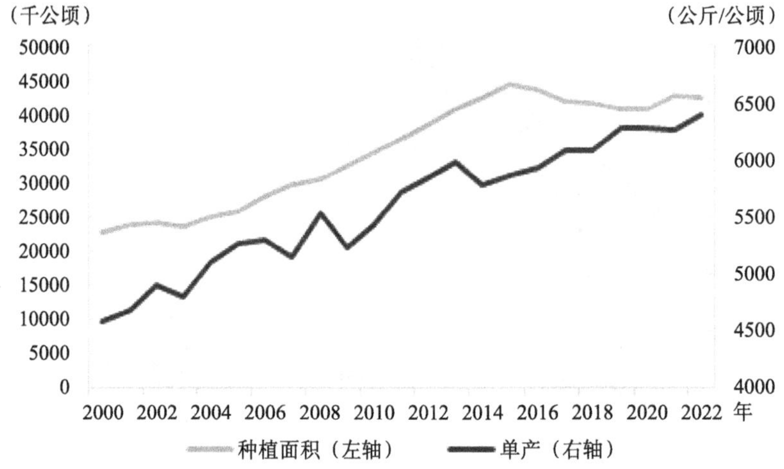


**图4－2　全国玉米种植面积和单产变化**

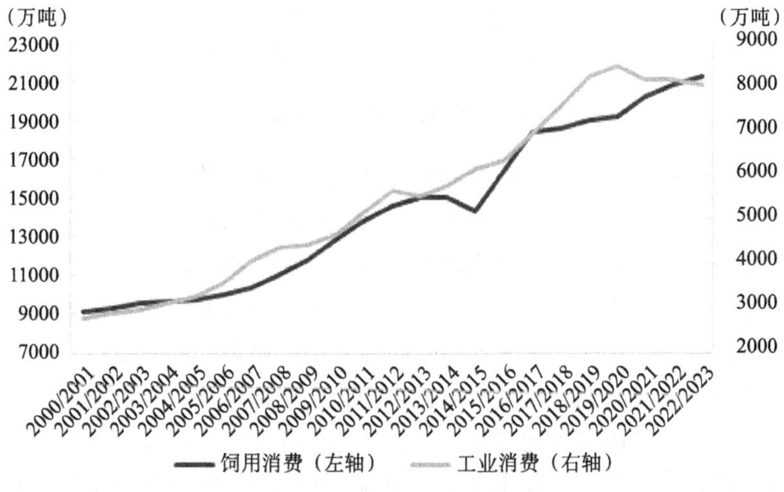


**图4－3　国内玉米消费量变化**

## 二、如何分析供求因素对玉米期货市场的影响?

由上面的分析可知，供求因素是影响玉米期货价格最关键的因素。而供求情况是由供应和需求两方面决定的，其中，玉米的供应量主要由期初库存、产量和进口量这三部分组成；玉米的需求量主要由国内消费量、出口量和期末库存三部分组成。分析玉米供求对市场的影响，主要从供应和需求的几个组成因素的情况来进行。

### (一) 库存量

玉米库存是玉米供给量的重要部分，库存量的多少体现了供应量的紧张程度。在多数情况下，库存短缺，价格上涨；库存充裕，价格下跌。随着临储库存消耗殆尽，我国玉米库存关注主体转向农户和贸易商，尤其是贸易企业库存的结转情况。

### (二) 产量

玉米产量主要受到种植面积及单产影响。种植面积增加、单产提高，来年玉米产量就会增加，供应便相对充足，玉米价格也会受压；若种植面积减少、单产降低，则来年玉米将供应紧张，玉米价格便会受到支撑。一般来说，我国玉米种植面积受到地域性种植习惯、前一年作物价格以及补贴政策的影响，一段时间内较为稳定，难有太大的变化。而玉米单产则受天气状况的影响较大。在生长的过程中，玉米受干旱、低温、洪涝的影响较大，在拔节期及后期成熟期，如果遇到灾害性天气，玉米的品质将会降低，单产也会下降。投资者应重点关注玉米种植面积的变化以及玉米生长期间的产区天气状况，并与历史数据进行比较，从而判断玉米产量的变化。

### （三）进出口量

玉米的进出口量主要取决于国内外玉米价格对比关系。近年来，我国玉米的进口量日趋增加，我国由原来的玉米净出口国转变为玉米净进口国，主要原因是在我国玉米存在供需缺口的情况下，一旦国际玉米价格占有一定的性价比优势，进口量就会大幅增加。

### （四）消费量（需求）

消费量的增加（减少）可以推动玉米价格的上涨（下跌）。一旦玉米的需求增长过快，导致国内供应产生缺口，则玉米供应紧张的局面将凸显，从而推动玉米价格上行。一般来说，我国玉米消费（需求）呈现比较明显的季节特性，消费旺季预期对玉米价格也有影响。国内玉米的最大用途是饲料，饲料的传统需求旺季以及生产企业的备库季节的需求都对玉米价格产生了较大的影响，这也是通过影响需求从而对价格产生影响的。

## 三、季节性（阶段性）供求对价格有什么影响？

上面我们讲到如何分析供求因素对玉米市场的影响，上述供求因素用来判断全年玉米供求情况比较适用，但是在一年中的不同时期，供应情况也有所不同。全年供求情况对大势起决定作用，但阶段性供求却对阶段性走势有一定影响，也需要我们关注。

比如，在玉米集中收获时期，供应就会呈现阶段性充足状态，而在青黄不接的时期，玉米供应会出现阶段性相对紧缺，玉米上行趋势会相应受到支撑。玉米的生长周期决定了玉米在不同地区收割的时节是不一样的，集中上市的时间也不一样，这决定了各地玉米不同时间段的供给状况，进而对期现货市场形成一定影响。

玉米是喜温短日照作物。从种子萌动发芽到新种子成熟，全生育期需

90 至 150 天。一般，晚熟品种因播种期早，生长前期温度偏低，生育期偏长；反之则短。中国（北半球）的早熟品种生育期为 90 至 100 天。春播玉米抽穗期在 7 月中下旬，夏播玉米在 8 月中下旬，抽穗时间依品种、地区、播种期和栽培条件的不同而异。在南半球，玉米多在 11 月至 12 月开始播种，收割则从次年 3 月陆续开始，一直持续到 7 月底结束，收割高峰期是 4 月中下旬到 5 月底。

国内玉米的最大用途是饲料，饲料的传统需求旺季以及厂家备库季节的需求都对玉米价格有较大的影响，这也是通过影响需求从而对价格产生影响的。结合国内的消费习惯，生猪的补栏期一般在 3 月至 5 月，按照时间推算，三季度为饲料消费的高峰期。

玉米生长期的季节性规律与消费周期的不同步，造成玉米供需的阶段性不平衡，因此才有了其价格的周期性变化。

玉米生长的各个时期都是市场炒作的重要题材，其中的主要原因就是玉米生长的每个时期的情况都会对未来的供给产生深远影响。

在 3 月至 5 月，市场首先会收集早春的天气状况、土壤的墒情和大豆与玉米轮种的结构特点，预测当年的播种面积，之后进行比较，得出播种面积的预测数据，这个数据与往年的差异就成为市场的炒作题材。

进入 6 月份以后，在播种面积已定的情况下，市场关注的焦点转向了玉米的单产和总产，尤其是干旱天气或者持续降雨对于单产的扰动。对历年单产数据进行收集和分析之后，再进行线性回归，市场对当年单产范围有一个预期，然后结合当年生长期天气、光照、水分、出苗率、优良率等条件的变化，对预期值进行修正，并反映在对期货价格的炒作之中。

从 9 月开始，北半球的玉米收获上市，产量占全球年产量的 62% 左右，而此时，玉米的消费也进入旺季。市场价格转而直接紧盯消费需求，并随需求的变化而变化，此行为一直持续到年底。

国内玉米现货价格具有典型的季节周期性，一般来说，冬季价格低迷，而夏季价格高企。年底与年初时，玉米收获后大批上市，现货供应充足，而同期的玉米饲料消费则处于低谷，因此，造成阶段性的供大于求，市场价格低迷；6 月至 9 月是一年中玉米需求最旺盛的时期，供给则呈现阶段性下滑态势，阶段性供需偏紧的情况下，价格得到有力支撑。

下面简单介绍我国各地玉米生长周期情况。

(1) 北方春播玉米产区，包括黑龙江、吉林、辽宁、宁夏和内蒙古的全部，河北、陕西和甘肃的一部分，这些地方是中国玉米主产区，占全国玉米面积的40%左右，产量占45%左右，种植方式为春玉米，一年一熟。

(2) 黄淮海夏播玉米产区，包括黄河、淮河流域，还有流域中下游的山东、河北的大部分、山西中南，关中和江苏省徐淮地区，是全国玉米最大的集中产区，占全国玉米播种面积的30%以上。总产量占全国的30%以上。本区基本上属于一年两熟期，种植方式比较多样，玉米一般为夏播。

(3) 西南山地玉米产区，包括四川、云南、贵州、陕西南部、广西、湖南、湖北的西部丘陵地区以及甘肃的一小部分。玉米播种面积占全国的15%。本区地势复杂，种植制度从一年一熟至一年三熟兼而有之。高寒山区为一年一熟春玉米，丘陵山区间套复种玉米，我国西南平原地区以玉米种植为中心，玉米多为三熟。

(4) 南方丘陵玉米产区，包括广东、海南、福建、浙江、江西、台湾、安徽的南部、广西、湖南、湖北的东部，是中国的水稻产区，玉米种植面积很少，占全国面积的5%左右。一年四季都可种植玉米，但由于降水较多，水稻产量较高，玉米产量不稳定。除在丘陵旱地种植少量玉米外，这个区域也是我国秋冬玉米的主要种植区，玉米可以一年一熟至一年三熟或四熟。

(5) 西北灌溉玉米产区，包括新疆的全部，甘肃的河西走廊以及宁夏河套灌区，属大陆性干燥气候，降水稀少，历史上不种植玉米。20世纪70年代以后，这一地区的玉米种植面积逐渐增加，占全国播种面积的2%～3%，主要是一年一熟的春玉米，少部分是复种夏玉米，该地区光热资源非常丰富，昼夜温差大，因此是玉米高产区。

(6) 青藏高原玉米产区，包括青海和西藏，是我国主要的林牧区，玉米在本区的种植历史很短，面积很小。本区海拔较高，地形复杂，年平均气温较低，仅在部分地区可以种植玉米，一般只能种植早熟春玉米。

## 四、天气与气候变化对玉米价格影响大吗？

天气状况会影响玉米的产量，进而会影响其供给状况和价格。任何农作物的生长状况对天气与气候变化都十分敏感，玉米也不例外，可以说，玉米的生长周期跨度决定了其更容易受到天气的干扰。例如，在我国，冬天的天气基本是以寒冷为主，而夏天较为炎热，但是，具体时段的天气状况则有较多的不确定性。有时候寒流来临，冬季有可能提前来到，或者天气比以往更冷，这都会影响玉米的生长。又比如，冰雹或大雪等极端天气也会对玉米的生长产生很大的影响，从而影响玉米的供给。然而，尽管天气是变化多端的，但大多数时候的波动都处在合理范围之内，这种合理变化使玉米的价格变化呈现出规律性的季节性行情。

由于东北是玉米的主产区，东北地区的天气尤要重点关注。天气对东北产区的影响有两个关键时期：第一个，每年 6 月 15 日至 7 月 15 日的玉米拔节期；第二个，8 月 15 日至 9 月 15 日的玉米成熟期。

期货市场的交易者应该对各个季节可能出现的天气状况加以分析并利用，并了解过去有规律的价格变化。另外，交易者还可以按照历史规律了解某个时间段玉米价格涨跌的概率，这对交易者预测未来的走势帮助很大。

当然，天气的季节性规律也不应绝对化，因为特殊事件有可能引发异动。例如，在玉米收割期的下跌行情中，如果意外出现早霜现象，则玉米价格有可能出现短暂的上行。另外，季节性的上涨行情有时也会因为人为的打压而出现下跌调整。因此，交易者要充分考虑各阶段潜在或意外因素的发生和影响。

2020 年 8 月底至 9 月上旬，台风多次侵扰东北地区，给正值灌浆期的玉米造成了较大的影响。其中，黑龙江受灾较为严重，黑河、哈尔滨、绥化等地，由于玉米植株高、颗粒重，80% ~90% 的玉米出现了倒伏情况，而且多数玉米直接贴地倒伏，减产的忧虑使期现价格同时走高。由于当时玉米市场原本就处于供应偏紧的格局中，新季减产忧虑更加剧了市场对供应偏紧的担忧。大连玉米指数价格从2250元/吨的高位再度向上拉升，最高冲至2650元/吨，创2020年新高。之后，玉米指数价格又在生猪产能超预期恢复所带来的需求支撑下进一步走高。2021年1月，大连玉米指数价格一路上扬至2920元/吨左右，上涨了近300元/吨。

**延伸阅读**

（一）玉米生育阶段和生育时期

1. 生育阶段

按形态特征、生育特点和生理特性，玉米的一生可分为3个不同的生育阶段，每个阶段又包括不同的生育时期。这些不同的阶段与时期既有各自的特点，又有密切的联系。

（1）苗期阶段。玉米苗期是指播种至拔节的一段时间，是以生根、分化茎叶为主的营养生长阶段。本阶段的生育特点是根系发育较快，但地上部茎、叶量的增长比较缓慢。为此，田间管理的中心任务就是促进根系发育、培育壮苗，达到苗早、苗足、苗齐、苗壮的“四苗”要求，为玉米丰产打好基础。该阶段又分为播种—三叶期以及三叶期—拔节期两个阶段。①播种—三叶期。一粒有生命的种子埋入土壤中，当外界的温度在8度以上，水分含量为60%左右，且通气条件较适宜时，一般经过4至6天即可出苗。等长到三叶期，种子贮藏的营养耗尽，所以三叶期又称为“离乳期”，这是玉米苗期的第一阶段。这个阶段的土壤和水分是影响出苗的主要因素，所以浇足底墒水对玉米产量起决定性的作用。另外，种子的大小、播种深度、幼苗的健壮和玉米产量也有很大关系。种子个大，贮藏营养就多，幼苗就比较健壮；而播种深度直接影响出苗的快慢，出苗早的幼苗一般比出苗晚的要健壮，据试验，播种深度每增加2.5厘米，出苗期平均延迟一天，因此幼苗就弱。②三叶期—拔节期。三叶期是玉米一生中的第一个转折时期，这个时期内玉米从自养生活转向异养生活。从三叶期到拔节，由于植株根系和叶片不发达，吸收和制造的营养物质有限，幼苗生长缓慢，这个阶段主要进行根、叶的生长和茎节的分化。玉米苗期怕涝不怕旱，涝害轻则影响生长，重则造成死苗，轻度的干旱，有利于根系的发育和下扎。

(2) 穗期阶段。玉米从拔节至抽雄的这段时间，称为穗期。拔节是玉米一生的第二个转折点，这个阶段的生长发育特点是营养生长和生殖生长同时进行，就是叶片、茎节等营养器官旺盛生长，和雌雄穗等生殖器官形成强烈分化。这一时期是玉米一生中生长发育最旺盛的阶段，也是田间管理最关键的时期。这一阶段田间管理的中心任务就是促进形成中上部叶片增大、茎秆敦实的丰产长相，以达到穗多、穗大的目的。

(3) 花粒期阶段。玉米从抽雄至成熟这段时间，称为花粒期。玉米抽雄、散粉时，所有叶片均已展开，植株已经定长。这个阶段的生育特点是基本停止营养体的增长，从而进入以生殖生长为中心的阶段，出现了玉米一生的第三个转折点。这一阶段田间管理的中心任务就是保护叶片不损伤、不早衰，争取粒多、粒重，达到丰产。

2. 生育期和生育时期

(1) 生育期。玉米从播种至成熟的天数，称为生育期。生育期的长短与品种、播种期和温度等有关。一般早熟品种、播种晚的和温度高的情况下，生育期短；反之则长。

(2) 生育时期。在玉米的一生中，存在由于自身量变和质变的结果及环境变化的影响，不论外部形态特征还是内部生理特性，均发生了不同的阶段性变化，这些阶段性变化，称为生育时期。

各生育时期及鉴别标准如下：①出苗期，幼苗出土高约2厘米的日期。②三叶期，植株第三片叶露出叶心2~3厘米。③拔节期。植株雄穗伸长，茎节总长度达2~3厘米，叶龄指数30左右。④小喇叭口期。雌穗进入伸长期，雄穗进入小花分化期，叶龄指数为46左右。⑤喇叭口期。雌穗进入小花分化期，雄穗进入四分体期，叶龄指数为60左右，雄穗主轴中上部小穗长度达0~8厘米，棒三叶甩开呈喇叭口状。⑥抽雄期。植株雄穗尖端露出顶叶3~5厘米。⑦开花期。植株雄穗开始散粉。⑧抽丝期。植株雌穗的花丝从苞叶中伸出2厘米左右。⑨子粒形成期。植株果穗中部子粒体积基本建成，胚乳呈清浆状，亦称灌浆期。⑩乳熟期。植株果穗中部子粒干重迅速增加并基本形成，胚乳呈乳状后至糊状。⑪蜡熟期。植株果穗中部子粒干重接近最大值，胚乳呈蜡状，用指甲可以划破。⑫完熟期。植株子粒干硬，子粒基部出现黑色层，乳线消失，并呈现出品种固有的颜色和光泽。一般大田或试验田，以全田50%以上植株进入该生育时期为标志。

（二）玉米对水分的要求及排灌

玉米需水较多，除苗期应适当控水外，其后都必须满足玉米对水分的要求，才能获得高产。玉米需水量多受地区、气候、土壤及栽培条件影响。据资料表明，亩产500千克的夏玉米耗水量为300～370立方米，形成1千克籽粒大约需水700千克，耗水量随产量提高而增加。玉米各生育时期耗水量有较大的差异。由于春、夏玉米的生育期长短和生育期间的气候变化不同，春、夏玉米各生育时期的耗水量也不同。总的趋势为：从播种到出苗需水量少。试验证明，播种时土壤田间最大持水量应保持在60%～70%，才能保持全苗；出苗至拔节，需水增加，土壤水分应控制在田间最大持水量的60%，为玉米苗期促根生长创造条件；拔节至抽雄需水剧增，抽雄至灌浆需水达到高峰，从开花前8～10天开始，30天内的耗水量约占总耗水量的一半。该期间田间水分状况对玉米开花、授粉和籽粒的形成有重要影响，要求土壤保持田间最大持水量的80%左右为宜，持水量80%是玉米的水分临界期。灌浆期至成熟期耗水仍较多，乳熟期以后耗水量逐渐减少。因此，在玉米乳熟期以前，土壤仍应保持田间最大持水量的80%，乳熟期以后则保持60%为宜。天津市地处华北平原东部滨海地区，玉米生育期间降水特点是两头少、中间多，即4月、5月降水少，6月、7月、8月降水较多，9月份降水又较少，总降水量略高于玉米需水量，但变化不定、分布不均。所以，应根据玉米生长的具体情况进行灌水和排水。通常，播种前要浇底墒水；大喇叭口期和抽雄后20天左右，分别浇攻穗和攻粒水。当水分不足、叶片卷曲、近期又无雨时，应立即浇水；反之则可不浇。如果雨水多，田间积水，应及时排水，防止根系窒息死株。发芽出苗、幼苗期，应注意散墒，防止烂种芽涝。

（三）玉米对温度的要求

玉米是喜温的对温度反应敏感的作物。目前应用的玉米品种生育期要求总积温在1800℃～2800℃。玉米不同的生育时期对温度的要求不同，在土壤、水、气温条件适宜的情况下，玉米种子在10℃能正常发芽，以24℃发芽最快。拔节最低温度为18℃，最适温度为20℃，最高温度为25℃。开花期是玉米一生中对温度要求最高、反应最敏感的时期，最适温度为25℃～28℃。温度高于32℃～35℃，大气相对湿度低于30%时，花粉粒因失水失去活力，花柱易枯萎，难于授粉、受精。所以，只有调节播种期和适时浇水降温，提高大气相对湿度保证授粉、受精、籽粒的形成。花粒期要求日平均温度在20℃～24℃，如低于16℃或高于25℃，影响淀粉酶活性，养分合成、转移减慢，积累减少，成熟延迟，粒重降低减产。

（四）玉米对光照的要求

玉米是短日照作物，喜光，全生育期都要求强烈的光照。出苗后在8～12小时的日照下发育快、开花早，生育期缩短；反之则延长。在强光照下，玉米净光合生产率高，有机物质在体内移动得快；反之则生产率低，有机物在体内移动也慢。玉米的光补偿点较低，故不耐阴。玉米的光饱和点较高，即使在盛夏中午强烈的光照下（10万米烛光），也不表现光饱和状态。因此，要求适宜的密度，一播全苗、要匀留苗、留匀苗；否则，光照不足，大苗吃小苗，造成严重减产。

玉米在良好的生存条件下才能够保证高产，一旦某种生长条件被破坏或者不能满足玉米的生长条件，就会对玉米生长产生一定的影响，进而会使玉米产量下降。2009年，世界第三大“黄金玉米带”——吉林省遭遇伏旱，结果导致2009年吉林省玉米减产，当年市场人士普遍预计玉米将减产700万吨左右，与2008年相比，各地区减幅分别为：四平地区减产20%～50%；长春地区减产20%～40%；吉林地区减产10%～20%；松原地区减产最为严重，减幅应在30%～40%，局部地区可能达到50%以上。可见，玉米的生长条件一旦被破坏，比如遭遇干旱、冻害、涝灾、病虫害等，就会对玉米的生长及产量产生极大的影响。

## 五、猪肉价格的变动对玉米价格有什么影响？

猪肉价格的变动对玉米价格有很大影响，因为玉米的一个重要用途是作饲料用，且玉米是猪饲料中比重最大的能量饲料。在正常情况下，如果不考虑其他因素影响，玉米与猪肉价格应该呈同向变化，如果猪肉价格上涨，养猪有利可图，就会有更多的人去养猪，从而促进饲料消费需求的增加，因此，玉米的价格很可能上涨；相反，如果猪肉价格下降，养猪的利润降低，养猪的人就会减少，养猪的数量也会相应减少，那么养猪场对饲料的需求就会减少，玉米价格则很可能降低。

2003 年发生的非典型性肺炎疫情给我国的粮食市场造成了很大影响，使粮食价格产生较大波动，国内饲料行业也受到很大的冲击。因为 2003 年的“非典”使我国肉食消费大幅减少，导致猪肉、家禽的价格大幅下跌，玉米的需求全面下降，给玉米市场造成重大打击。随着需求的急剧下降，玉米的现货价格曾一度出现大幅下跌。

大家或许都记得 2008 年被炒得沸沸扬扬的“猪流感”，虽然后来证实“猪”是被冤枉的，流感实际上和“猪”无关，不过至少在当时也弄得人心惶惶，很多人在相当长的一段时间内不吃猪肉，导致猪肉消费大幅下降，从而对饲料的需求也大幅下降，玉米的价格也承压下跌。

此外，2018 年非洲猪瘟疫情对生猪市场的影响较大。由于非洲猪瘟病毒高传染性与高致死率的特点，给生猪产能造成了较大的影响。2018 年底以及 2019 年生猪产能出现较大幅度下降，整体生猪存栏规模降幅明显，相应的是，猪饲料消费也出现较大幅度的下滑，在此期间玉米价格也承压下降。

因为猪特别是母猪的生长周期较长，所以猪特别是母猪的存栏、补栏和出栏情况对长期的饲料需求影响较大。需要重点关注的是一个完整的猪价格周期往往是这样的：首先猪价格走低导致母猪大量出栏，随后造成一段时间后的生猪供应降低，导致猪的价格上涨。而当生猪的价格涨到一定程度后，母猪的补栏才大量跟上。而主要母猪存栏量一旦开始增长，在一段时间后生猪供应便会持续大量增加，从而导致猪肉价格下跌。通常，这样的一个周期大概四年。

## 六、燃料乙醇的发展情况对玉米市场有什么影响?

近年来，生物能源越来越为人们所关注，能源问题与社会发展和人类生活息息相关。目前，全球使用最多的能源依然是原油，但原油要历经几百万年的漫长过程才能生成，相对于人类的文明来说，原油是不可再生的，现有的原油仅够全球消费60年，那么，未来如何找到合适的替代能源就成为人们非常关注的问题。生物能源的概念因此而出，在生物能源中，燃料乙醇的所占比重最大。

20世纪以来，全球特别是美国燃料乙醇的发展对全球玉米市场乃至粮食市场都产生了重大影响。过去40年，在生物能源需求以及各国政策的推动下，燃料乙醇呈现快速发展态势。根据EIA的数据，2019年燃料乙醇日产量已经从1980年的6.46万桶/天上升至188.57万桶/天，其中，美国燃料乙醇占比为55%，巴西燃料乙醇占比为29%。随着环境问题越来越受到重视，全球各国对燃料乙醇的支持力度预期将延续，不过，在全球气候环境波动剧烈、粮食产量不稳定性增加以及各国粮食安全问题日益突出的背景下，燃料乙醇的增长空间也将受到限制。基于当前的环境来看，燃料乙醇对玉米的需求量预期会进入相对稳定的态势。

## 七、玉米的运输状况对玉米价格有什么影响?

玉米的运输状况对玉米短期价格波动有影响。虽然总的供求状况是影响玉米价格的重要因素，但运输问题也在很大程度上影响着我国玉米的价格。如果运输不畅，将造成产区有粮难运，使当地供应压力沉重、价格下跌；如果南方需求庞大，供应紧张，则会导致价格上涨，这时产区及消费区的玉米价格联动性将大大减弱。另外，运输成本的变化也直接影响玉米的到货成本，铁路运输费用的调整对玉米的价格也有一定的影响。

2009 年 11 月上旬至中旬期间，我国北方遭遇了大范围的雨雪天气，造成农民售粮不便以及交通物流的不畅，加剧了市场供应不足状况，进而令当时的玉米期价出现大幅上行。仔细观察历年的玉米行情，我们会发现，在每年的春运期间，也就是二三月份，玉米市场都会出现一个小高峰。主要有两个原因：一是企业备货提升阶段性需求，二是春运期间运力供应紧张。可见，运输状况会影响玉米的阶段性供需，进而影响玉米价格走势。

## 八、玉米的成本对价格有什么影响？

玉米种植成本包括两大类，一类是直接费用，另一类是间接费用。直接费用包括租地费、种子费、肥料费、农药费、农膜费、机械作业费、排灌费、水费、畜力费、燃料动力费、工具材料费、修理维护费等。间接费用包括固定资产折旧、保险费、管理费、财务费、销售费等。

通常，玉米种植成本对玉米价格起到支撑作用。一般来说，价格超过成本不多或者低于成本时，玉米的种植者可能不愿意卖玉米，甚至会有一部分种植者不种玉米而改种其他农产品，这就导致玉米供应量的减少。按照供需和价格的关系，这将导致价格上涨。因此，玉米价格如果比较接近生产成本或低于生产成本，将会出现一个较好的多头入场机会。

2007—2008 年，受化肥、国际原油等的价格大幅上涨的影响，玉米的种植成本较往年大幅增加，为该年度玉米价格的上涨埋下伏笔。另外，当成本大增但需求疲软时，由于利润空间的缩水，会引发农民的惜售心理，进而刺激玉米价格大幅波动。当然，在特殊环境下，成本的支撑可能起不到作用，比如2008年的金融危机，导致市场上的恐慌情绪蔓延，有多种商品的价格都跌破了生产成本。

既然通常情况下成本会对价格起到支撑作用，那我们就得对成本的构成有较清楚的了解，应该知道成本由哪几个部分组成，哪些因素的变动会影响成本的变动。

例如，如果原油价格上涨，那么投资者能想到什么呢？原油价格上涨的同时柴油价格也将上涨，这将导致耕种时柴油的花费增加，从而导致成本增加，则玉米价格上涨的可能性就较大。

## 九、相关农产品的价格走势对玉米期货的影响？

与玉米相关的农产品的价格走势往往与玉米价格呈现正相关。相关农产品市场如大豆、小麦的走势对玉米价格的影响往往是同向的。也就是说，如果大豆价格上涨，玉米价格大概率也会跟着上涨，而大豆价格下跌，也会带动玉米价格下跌；反之，玉米价格的涨跌也会带动相关农产品价格的涨跌。

例如，假设某个时期大豆产量意外减少，则大豆价格可能会大幅上涨，从而带动周边农产品市场包括玉米价格的上涨；如果产量意外增加，则大豆价格的下跌也会带动玉米价格的下跌。

种植替代关系也是研究相关农产品市场需要关注的一个重要方面。在东北玉米主产区，主要作物是大豆和玉米，农民一般通过两者的比价关系来选择种植大豆或者玉米。单位种植面积内大豆和玉米哪一种作物的收益更大，农民就会倾向种植哪种作物，这就给后期的供给带来影响，从而影响玉米的价格。

## 十、下游产品的供需状况对玉米价格有何影响？

下游产品的消费也影响玉米的需求。在所有农产品中，玉米是用途最广、下游产品最丰富的品种。相关研究表明，玉米的下游产品达到2000多种。目前，我国规模生产的玉米下游产品已经有100多种，主要有饲料、食品、淀粉、酒精。下游产品的消费状况与玉米的需求状况息息相关，因此，投资者在研究玉米价格走势时，务必要了解下游产品的需求状况。比如，在玉米淀粉的消费旺季，淀粉的产量将有所增加，从而带动对玉米的需求，进而提振玉米价格。

## 十一、国家政策怎样影响玉米价格？

国家政策通过影响供给或需求的预期来影响大宗商品的价格。比如，在某段时间，由于成本较高，种植玉米的农民没有什么利润，于是种植玉米的农民不断减少，导致玉米的供应量减少，玉米价格开始上涨。然而，政府为了防止出现玉米供不应求的状况，可能宣布对种植玉米的农民进行补贴，这时虽然供应量还没有增加，但是市场会预期种植玉米的农民将增多，市场上玉米的供应量将逐渐增加，从而促使玉米价格开始下跌。

2008年，因为我国玉米产量大增，创历史新高，所以在遭遇了全球金融危机的情况下，我国的玉米同样面临压力。政府为了保证广大农民的利益，出台了一系列政策，通过大批量的保护价收购，稳住了国内玉米价格。

## 十二、国家收储与地方收储对玉米期货价格的影响有多大？

收储利好，抛储利空。国家收储与地方收储对玉米期货的价格影响非常大。例如，当政府宣布将大量收储玉米时，会使玉米需求突然增大，从而使其价格上涨；当政府放储时，由于市场上玉米的供应量突然增长，将使玉米价格下跌。

抛储政策也是国家控制玉米价格的主要方式之一，其储备的玉米可以用于保障意外事件发生时供应不会突然中断，例如未预测到的天气灾害等。另外，当价格低迷时，为了保证农民的收入，国家也可以采用收储来扩大玉米的需求。总的来说，国家收储、抛储措施是玉米价格不出现过度暴涨暴跌的重要手段。

## 十三、国内玉米价格走势为什么与国际玉米价格走势高度相关？

进口利润波动使国内国际玉米价格走势高度相关。

这句话是什么意思呢？假设目前芝加哥期货交易所（CBOT）玉米期货的价格明显低于大连商品交易所玉米期货的价格，这意味着进口玉米呈现有利润的状态，那么市场上就会出现大量采购进口玉米的行为。进口玉米采购量的增加，意味着国内玉米供应预期增加，市场供应预期向宽松状态转变，相应的是，国内玉米价格跟随回落。

我们知道，期货市场的基本功能之一就是发现价格，CBOT 作为全球最大的玉米期货交易市场，其玉米价格的国际影响力是显而易见的。目前，在国际玉米市场上，玉米贸易价格的形成和交易活动是以 CBOT 的玉米期货价格为中心展开的，该价格也是国际玉米贸易中签约双方需要考虑的最重要的依据之一，会对中国玉米期货市场产生较大的影响。

美国因为其强大的经济实力及其成熟的金融市场的吸引力，所以已经通过芝加哥的玉米期货市场取得了国际玉米贸易的定价权，在国际玉米市场中发挥着主导作用，并且对本国和其他国家玉米产业的发展产生深刻影响。取得国际玉米定价权的优势主要表现在，当国外对美国玉米需求增加的时候，美国的玉米贸易商就可以通过抬高期货市场的价格来获得更多的利润，美国国内的玉米生产者和贸易商更容易影响期货价格，而其他国家的玉米经营者就很难做到这一点。

中国的玉米市场基本能自给自足，对外依赖性还不太明显，所以国内玉米价格在阶段性的走势与国际市场经常有些差别，但整个大趋势还是基本保持一致的。因此，投资者对国际玉米市场尤其是美国的玉米市场进行详细了解就尤为重要。

## 十四、世界玉米库存变化为什么备受市场关注？

库存反映需求。正如股市是宏观经济的晴雨表一样，库存是商品需求的晴雨表。玉米库存的大小反映了市场供需的相对状况，如果库存不断增加，则说明需求跟不上供给，市场逐渐变为供过于求，这将会使价格下跌；相反，如果库存不断减少，说明市场供不应求，价格将会上涨。

另外，库存的高低也反映了市场的调节能力。如果相比于历史，库存处于较高的位置，则即使库存不再增加，也会因为供给充足使新供应的玉米产量减少，那么这些库存也可以从容应对原有的需求，这样价格上涨的动力就小了；如果库存相对较低，市场调节能力就会相对较弱，若某段时间内玉米产量不足，则由于原有的库存较低，市场就可能预期玉米供应将出现短缺，这样就会使玉米价格有上涨的动力。

## 十五、美国农业部月度供需报告对玉米价格有多大影响?

美国农业部的月度供需报告是面向全世界发布的，也是大家都认可的权威报告，且其公布的数据内容非常丰富，包括耕地面积、产量、需求量等，因此，其对CBOT玉米期货价格的影响较大。每份美国农业部的月度报告都会不断调整预测的产量数据及需求状况等，如果上调产量，芝加哥期货交易所（CBOT）的玉米价格很可能下跌；反之，玉米价格上涨的可能性也较大。但该报告主要影响玉米价格的短期走势。

## 十六、宏观经济环境变化对玉米价格的影响有多大?

宏观经济环境变化对玉米价格影响重大。投资者们可以看到，在2008年的金融危机中，全球股市和商品全线大跌，无一例外。这时候，基本面的因素基本不起作用，投资者对于宏观环境恶化引起的悲观心态使玉米价格大幅下跌。而从2008年底开始，随着全球经济的触底并企稳反弹，玉米价格亦开始回升，可以说，宏观经济环境决定了这段时间玉米价格的大趋势。

另外，在宏观政策占主导影响的环境中，利率变化以及信贷等宏观政策的调整也会对玉米价格产生较大影响。比如2021年美联储加息，就对整体商品市场形成了压力，通过美国玉米价格的传导，国内玉米价格也出现一定的回落，因为在流动性收缩的预期下，商品价格以及股市往往呈现承压表现。

## 十七、美元指数的走势对玉米价格有什么影响?

### (一)美元指数的走势对玉米价格的影响基本上是负相关的

美国是世界上最大的玉米生产国，加上美国在世界政治经济中的重要地位，自然形成了世界玉米市场的美国定价机制。因此，我们在分析玉米期货价格运行的时候，除了要考虑供求关系、天气因素等影响外，也要重点关注美元汇率的变化。

因 CBOT 的玉米期货价格是以美元定价的，当其他影响因素的影响力趋弱或相对稳定时，如果美元下跌，则说明美元在贬值，美元的购买力在下降，同样数量的美元能买到的玉米就会减少，因此玉米期货的价格往往就会上涨；相反，当美元指数上涨时，说明美元在升值，美元的购买力上升，玉米期货的价格就会下降。

### (二)分析美元指数的走势尤其重要

美元指数在短时间内往往是影响商品走势最直接也是最重要的因素。分析美元指数走势需要对美元指数的构成有充分的了解。美元指数，类似于其他股票或期货指数的结构，由六种货币加权计算得出。这六种货币由欧元、英镑、加元、日元、瑞典克朗和瑞士法郎组成，其中，欧元所占比重超过50%，其次是日元、英镑和加元。因此，在分析美元指数走势时，应着重分析欧元兑美元的走势。了解欧元区的经济状况，对研究美元走势有重大的意义。

## 十八、CFTC 公布的基金持仓有什么作用?

美国商品期货交易委员会（CFTC）公布的基金持仓反映了投机力量的

大小。期货市场的交易者种类繁多，大体可分为保值和投机两大类，多数保值者进入期货市场的最主要目的是锁定风险，而不是盈利，因此其交易也不会太频繁。只有投机者才是期货市场中最活跃的群体，期货市场的投机力量对价格走势的作用举足轻重，投机者对商品交易的头寸变化可以反映出他们对多空的倾向，从而可以分析出近期商品价格涨跌的原因和未来可能的走势。美国商品期货交易委员会每周五（北京时间周六凌晨）都会公布上一周的期货持仓报告，其中，基金（也就是投机）净多持仓对 CBOT 的玉米期货价格的影响较为明显。

从以往的历史数据可以看到，基金净多单的变化是期货价格方向变化的“助推器”，如果基金净多单增加，则说明市场上的投机客看多市场的人增多，价格往往会随之上涨；反之则会下降。

CFTC 在 2009 年 9 月份对公布的交易员持仓报告进行了改进，之后对分类持仓报告公布得更为详尽，这样投资者对市场上各类型的持仓数据就有了更为细致的了解，可以从持仓数据中窥探到各类投资者对市场的态度，进而对自己的投资决策起到指引作用。

## 十九、经济周期对玉米价格有什么影响？

玉米价格走势的大趋势往往和经济周期一致。世界经济是在繁荣与衰退周期性交替中不断发展的，经济周期是现代经济社会中不可避免的经济波动，是现代经济的基本特征之一。在经济周期中，经济活动的波动发生在几乎所有的经济部门。因此，经济周期是总体经济而非局部经济的波动。衡量总体经济状况的基本指标是国民收入，经济周期也表现为国民收入的波动，由此也引发了产量、就业、物价水平、利率等的波动。经济周期在经济的运行中周而复始地反复出现，一般由复苏、繁荣、衰退和萧条四个阶段构成。受此影响，玉米的价格也会出现相应的波动。

从宏观方面进行分析，经济周期是非常重要的影响因素之一。经济周期一般由复苏、繁荣、衰退和萧条四个阶段构成，不同阶段对价格的影响不同。复苏阶段开始时是前一周期的最低点，产出和价格均处于最低水平，随着经济的复苏，生产的恢复和需求的增长促使价格逐步提升；繁荣阶段则是经济周期的高峰阶段，由于投资需求和消费需求的不断扩张超过了产出的增长，刺激价格迅速上涨到较高水平；衰退阶段出现在经济周期高峰过去之后，这时候经济开始滑坡，导致需求萎缩，使供给大大超过需求，于是价格就迅速下跌；萧条阶段是经济周期的谷底，供给和需求均处于较低水平，不过，在衰退阶段的大幅下跌之后，价格达到一个新的平衡点，并停止下跌，处于底部震荡。在整个经济周期演化过程中，价格波动略滞后于经济波动。

## 二十、股市对玉米价格的影响大吗？

股市往往与商品走势正相关。股市被称为反映宏观经济状况的晴雨表，股市的涨跌往往会带动商品市场同方向运动，如果股市持续上涨，则表明投资者对宏观环境情绪整体较为乐观，而宏观经济好转时，各种商品的需求往往会提高，因此这种情绪也会影响投资者，商品市场也将受到提振而活跃；反之，如果股市大幅下跌，则投资者会预测近期经济状况不佳，那么投资者就会开始忧虑商品的需求是否会受到影响，这往往会打击投资者的热情，商品在这时会倾向于下跌。

## 二十一、普通消费者分析玉米期货价格走势的方法有哪些？

这里说的普通投资者是指有一定风险偏好的中小投资者。在期货市场中，玉米期货的交易主体一般可以分为三类：一是玉米期货的套期保值者，他们多为玉米产业链的相关企业，为规避现货市场风险进行期货交易以达到套期保值的目的；二是套利交易者，他们对风险较为厌恶，套利交易稳定但利薄；三是投机者，他们具有一定的风险偏好，主要通过追踪趋势、捕捉玉米价格波动的价差来获取利润，但同时他们也承担了较大的价格风险，对这类交易而言，行情分析就显得尤为重要。

进行行情分析，首先要判断当前玉米所处的趋势，即玉米期价正处于上涨、下跌还是震荡阶段，且需要分析玉米期价所处的趋势属于哪一级别的行情，是长线、中线还是短线。其次需要分析玉米期价趋势的力度，这对投资者来说具有十分重要的意义。例如，通常，玉米经过一段震荡盘整行情之后，在形成突破的初期，价格走势的强度会大一些，盘面上常表现为行情的快慢，即所谓的强势或者弱势行情。最后基于对行情力度的判断，分析玉米期价可能的波动幅度，也就是投资者常说的上涨或下跌空间，这对投资者的实际操作也具有重要意义。通常，投资者需要根据对玉米期价波动幅度的预判来设定交易的目标位。

在期货市场上，行情分析的方法多种多样，较为常见也较容易被普通投资者所掌握的分析方法就是基本因素分析法（也称为基本面分析）和技术分析法（也称技术面分析）。

基本因素分析法，是一种利用市场供求关系的变化来预测玉米期价波动趋势的方法，这种方法需要从一系列一般因素入手，并以这些因素与玉米期货市场的相互关系来建立分析的逻辑。基本面分析有助于投资者了解市场的发展状况和玉米品种的投资价值，从而引导投资者更好地把握玉米期价波动的趋势。基本面分析的主要理论依据是价值与供求关系的规律，它可以帮助投资者判断市场的方向，比较适合做中长期趋势分析。

但是基本面分析的特点是，从信息收集入手，根据采集的信息进行基本型研究。基本面分析的缺点是，在信息搜集的过程中，由于信息公布的不对称，投资者对玉米期价走势的判断往往不够全面，对短期走势的分析往往显得力不从心。

相对于基本面分析适合做中长期趋势性分析来讲，技术面分析不受信息“黑匣子”影响，故对短线的把握相对更加准确一些，而且技术面分析也比较容易被对玉米产业不甚了解的普通投资者所接受。技术面分析的方法种类有很多，投资者若能熟悉并精于其中的某种具体的分析方法，就可能成为某一工具的“专家”，并且获得较好的交易成绩。技术面分析基于市场行为反映一切、价格呈趋势变动、历史会重演三大理论依据。与基本因素分析法有利于把握趋势不同，不少玉米投资者认为，技术面分析更侧重于解决玉米期价运动的幅度、力度等问题。

随着期货市场的发展，行情分析的方法也得到不断的创新和发展，数学分析模型和心理分析法也越来越常见。

## 自测题

### 一、判断题

1. 供需关系是决定价格的唯一因素。（　　）
2. 成本是玉米价格的“铁底”。（　　）
3. 如果玉米库存降低，玉米期货价格会倾向于上涨。（　　）
4. 如果发生猪瘟疫，玉米期货价格可能会倾向于下跌。（　　）
5. 如果美元加息，玉米期货价格会倾向于上涨。（　　）

### 二、选择题

1. 美元指数如果反弹，玉米期货价格会倾向于（　　）变化。

A. 上涨　　B. 下跌　　C. 影响不大

2. 如果连续出现干旱天气，玉米期货价格会倾向于（　　）变化。

A. 上涨　　B. 下跌　　C. 影响不大

3. 如果小麦价格大幅下跌，玉米期货价格会倾向于（　　）变化。

A. 上涨　　B. 下跌　　C. 影响不大

4. 如果 CBOT 玉米价格下跌，大连玉米期货价格会倾向于（　　）变化。

A. 上涨　　B. 下跌　　C. 影响不大

5. 如果化肥涨价，玉米期货价格会倾向于（　　）变化。

A. 上涨　　B. 下跌　　C. 影响不大

6. 如果原油下跌，玉米期货价格会倾向于（　　）变化。

A. 上涨　　B. 下跌　　C. 影响不大

7. 如果国内沪深股市大幅下跌，玉米期货价格会倾向于（　　）变化。

A. 上涨　　B. 下跌　　C. 影响不大

8. 在玉米淀粉消费旺季，玉米期货价格会倾向于（　　）变化。

A. 上涨　　B. 下跌　　C. 影响不大

9. 如果猪肉价格大幅上涨，玉米期货价格会倾向于（　　）变化。

A. 上涨　　B. 下跌　　C. 影响不大

10. 如果国家粮食和物资储备局宣布将收购玉米，玉米期货价格会倾向于（　　）变化。

A. 上涨　　B. 下跌　　C. 影响不大

## 参考答案

### 一、判断题

1. ×　2. ×　3. √　4. √　5. ×

### 二、选择题

1. B　2. A　3. B　4. B　5. A

6. B　7. B　8. A　9. A　10. A

# 第五章

# 影响玉米期权价格的主要因素

**本章要点**

本章主要讨论影响玉米期权价格的因素，以及这些影响因素变化如何影响玉米期权价格。除了标的玉米期货价格波动影响之外，本章还对行权价格、标的玉米期货价格波动性、期权有效期、无风险利率等因素进行了分析，并对玉米期权价格可能造成的影响进行了较为详细的说明。

## 一、影响玉米期权价格的主要因素有哪些？

在谈玉米期权价格影响因素之前，我们首先要认识期权价格。期权价格，即权利金（Premium），是由买卖双方在期权市场公开竞价形成的，是期权的买方为获得期权合约所赋予的权利而必须支付给卖方的费用。对于期权的买方来说，权利金是其损失的最高限度。对于期权的卖方来说，卖出期权即可得到一笔权利金收入。期权价值由内在价值和时间价值（见图 5-1）两部分组成：

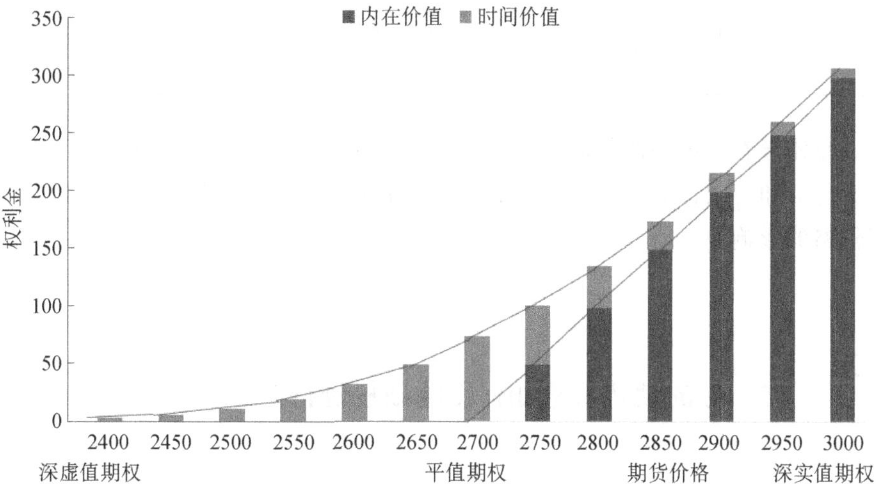


**图 5-1 看涨期权中权利金、内在价值、时间价值三者关系**

权利金（期权价格）=期权价值=内在价值+时间价值

内在价值指的是期权买方立即行权时所能获得的收益，取决于期权行权价格与标的物价格的差值。内在价值大于零的叫实值期权，内在价值等于零的可以是平值期权，也可以是虚值期权。时间价值又称外在价值，指的是期权买方所付出的权利金高出内在价值的部分，其数值上等于期权的价格减去内在价值。

凡是影响期权内在价值和时间价值的因素，就是影响商品期权价格的因素。由于期权的内在价值是由期权合约的行权价格与标的期货合约的价格决定的，期权的行权价格与标的期货合约价格是影响商品期权价格的两个重要因素。对期权时间价值的影响因素包括期权距到期日的剩余有效期，以及在此期间标的期货合约价格的波动性和无风险利率可能发生的变化等（见表 5-1）。

**表 5－1　　　　期权价格影响因素**

<table>
<tr><th>项目</th><th colspan="2">价值或价格</th></tr>
<tr><td>标的期货合约价格</td><td rowspan="2">内在价值</td><td rowspan="5">期权价格</td></tr>
<tr><td>行权价格</td></tr>
<tr><td>期货价格的波动性</td><td rowspan="3">时间价值</td></tr>
<tr><td>期权有效期</td></tr>
<tr><td>无风险利率</td></tr>
</table>

总体来看，影响商品期权价格的主要因素有 5 个，它们通过影响期权的内在价值和时间价值来影响期权的价格。下面我们来详细探讨这些因素对期权价格的影响。

## 二、标的期货价格如何影响期权价格？

期权合约标的物——期货合约价格，是影响期权价值的重要因素。标的期货合约价格与期权价格具有明显的相关关系（见表 5－2）。在看涨期权交易中，期货价格与期权价格为正相关关系。在其他条件一定的情形下，看涨期权的价值随着标的期货价格的上升而上升。在看跌期权中，期货价格与期权价格是负相关关系。在其他条件一定的情形下，看跌期权的价值随着标的资产市场价格的上升而下降。

**表 5－2　　　　标的期货合约价格与期权价格的关系**

<table>
<tr><th>期权</th><th>标的期货合约价格</th><th>期权价格</th></tr>
<tr><td rowspan="2">看涨期权</td><td>上涨</td><td>上涨</td></tr>
<tr><td>下跌</td><td>下跌</td></tr>
<tr><td rowspan="2">看跌期权</td><td>上涨</td><td>下跌</td></tr>
<tr><td>下跌</td><td>上涨</td></tr>
</table>

## 三、行权价格如何影响期权价格?

假设某玉米期货合约对应两个看涨期权，一个行权价格为2500元/吨，另一个行权价格为2600元/吨。如果两个期权的权利金相同（这里只是举例作参考，现实中这几乎是不可能的），你更愿意买哪一个期权呢？显然，大家会倾向购买行权价格为2500元/吨的期权。这是因为，在看涨期权中，行权价格越高，买方盈利的难度越大，所以行权价格高的看涨期权应该相对便宜一些，而行权价格越低的看涨期权会更贵才合理，即行权价格与期权价格是反向变动关系。与看涨期权相反，看跌期权的行权价格越低，对买方越不利；行权价格越高，买方盈利才更容易。所以，行权价格低的看跌期权会相对便宜，行权价格高的看跌期权会比较贵，此时行权价格与期权价格为正向变动关系（见表5－3）。

**表5－3　行权价格与期权价格的关系**

| 期权 | 行权价格 | 期权价格 |
|---|---|---|
| 看涨期权 | 越高 | 越低 |
| | 越低 | 越高 |
| 看跌期权 | 越高 | 越高 |
| | 越低 | 越低 |

## 四、标的期货价格的波动性如何影响期权价格?

标的期货价格波动性反映的是一段时间内期货价格的波动程度。在其他因素不变的条件下，期货合约价格的波动性反映了期权向实值方向转化的可能性。在期权到期前，标的期货合约的波动性越大，其价格涨至执行价格之上或跌至执行价格之下的可能性也就越大，期权就越有价值，价格就会越高；相反，期货价格波动性越小，期权价格也就失去了价值性，价格当然也就越低，即期货价格的波动性与期权权利金是正相关关系（见表5－4）。

表5－4　　期货价格波动性与期权价格的关系

| 期权种类 | 标的期货合约价格波动性 | 期权价格 |
|---|---|---|
| 看涨期权或看跌期权 | 上升 | 上涨 |
| | 下降 | 下跌 |

## 五、期权有效期如何影响期权价格?

期权有效期对期权价格的影响主要体现在两个方面：一方面，随着到期日的临近，期货合约的活跃度一般会下降，进而期权价值会降低；另一方面，事实上，到期日时间长短本身也直接影响期权价值，因为一般而言，在其他条件不变的情况下，期权期间越长，期货价格波动的可能空间幅度就会越大，潜在的可能获利也就越大，期权时间价值越高；反之，离到期日时间越近，期货价格越接近于现货价格，价格波动所受到的制约越多，波动的可能空间越小，其时间价值也就越小，期权价格也越低。

从期权与时间的关系来看，期权是一种价值损耗性资产。对于期权合约来说，从上市交易的第一天起，期权到期时间只会一天天减少。对买方来讲，时间的流逝对其是不利的，因为只要有时间，买方就有获利行权的希望；对卖方来说，时间的流逝对其是有利的，因为这会减少买方行权的机会，带来期权价值的下降。这就是“上帝在帮助期权的卖方”的原因。因此，期权剩余时间的变化对买卖双方的影响是不同的。期权到期日剩余时间与期权价格的关系见表5－5。

表 5－5　到期日剩余时间与期权价格的关系

| 期权种类 | 距到期日剩余时间 | 期权价格 |
|---|---|---|
| 看涨期权或看跌期权 | 越长 | 越高 |
| | 越短 | 越低 |

**案例 5－1**

## 期权时间价值的变化

某投资者买入 1 手执行价为 2500 元/吨的某月份玉米期货看涨期权，支付权利金 60 元/吨，距到期日还有 30 天。当天，该玉米期货合约结算价为 2452 元/吨。假设在未来 30 天内期权的波动率几乎不变，期权价格的变化如表 5－6 所示。

表 5－6　期权时间价值的变化

| 情形 | 期货价格（元/吨） | 期权剩余时间（天） | 期权内在价值（元/吨） | 期权时间价值（元/吨） | 期权价格（元/吨） |
|---|---|---|---|---|---|
| 初始情形 | 2452 | 30 | 0 | 60 | 60 |
| 情形一 | 2565 | 20 | 65 | 25 | 90 |
| 情形二 | 2565 | 10 | 65 | 15 | 80 |
| 情形三 | 2565 | 0 | 65 | 0 | 65 |

情形一：假设 10 天后，玉米期货结算价由 2452 元/吨上涨到 2565 元/吨，同期该看涨期权价格也上涨到了 90 元/吨。

分析：期货价格上涨了 113 元/吨，看涨期权由当初的虚值状态变成了实值状态，内在价值为：期货价格－执行价格＝65 元/吨。而同期期权价格只上涨了 30 元/吨，上涨的幅度小于内在价值上涨的幅度。显然，内在价值的有利变化被时间价值的不利变化给抵消了一部分，也就是说，时间价值的下降导致了期权价格的上涨幅度不及期货价格的上涨幅度。

情形二：假设 20 天后，玉米期货结算价格保持 2565 元/吨不变，同期该看涨期权价格却下跌到了 80 元/吨。

分析：期货价格保持不变，看涨期权仍为实值状态，内在价值保持 65 元/吨不变，而同期期权价格却下跌了 10 元/吨。这表明：随着到期日的临近，时间价值进一步下降，在期权价格中仅占 80 - 65 = 15 元/吨。

情形三：假设 30 天后，即到期日当天，玉米期货结算价格仍保持 2565 元/吨不变，同期该看涨期权价格却下跌到了 65 元/吨。

分析：期货价格保持不变，看涨期权仍为实值状态，内在价值保持 65 元/吨不变，而同期期权价格又下跌了 15 元/吨。这表明：在到期日，期权的时间价值已经没有了，65 元/吨的价格完全体现的是期权的内在价值。

## 六、无风险利率如何影响期权价格？

无风险利率，是指将资金投资于一项没有任何风险资产所能获得的利率，国外成熟的资本市场一般将 10 年期国债收益率当作无风险利率。目前，我国并没有确定的无风险利率，有人将 1 年期国债收益率作为无风险利率，有人将银行间同业拆借利率作为无风险利率。

如果考虑货币的时间价值，则投资者购买看涨期权未来行权价格的现值随利率的提高而降低，即投资成本的现值降低，此时，在未来的时间内按固定行权价格购买期货的成本降低，看涨期权的价值增大，因此，看涨期权的价值与利率正相关变动。而投资者购买看跌期权未来行权价格的现值随利率的提高而降低，此时，在未来的时间内按固定行权价格销售期货的现值收入越小，看跌期权的价值就越小，因此，看跌期权的价值与利率负相关变动（见表 5 - 7）。

**表 5 - 7　　无风险利率与期权价格的关系**

| 期权 | 利率 | 期权价格 |
|---|---|---|
| 看涨期权 | 上升 | 上涨 |
| | 下降 | 下跌 |
| 看跌期权 | 上升 | 下跌 |
| | 下降 | 上涨 |

## 七、玉米期权价格的影响因素有哪些？

为了方便投资者对玉米期权价格影响因素有一个总体认识，我们对标的期货价格、行权价格、标的期货价格波动率、剩余到期时间、无风险利率这五个因素对期权价格的影响进行了如下汇总（见表5－8）。

**表5－8　期权价格影响因素**

| 影响因素 | | 看涨期权价值 | 看跌期权价值 |
|---|---|---|---|
| 标的期货合约价格 | 上升 | 增加 | 减少 |
| | 下降 | 减少 | 增加 |
| 行权价格 | 上升 | 减少 | 增加 |
| | 下降 | 增加 | 减少 |
| 期权有效期 | 上升 | 增加 | 增加 |
| | 下降 | 减少 | 减少 |
| 标的期货价格的波动性 | 上升 | 增加 | 增加 |
| | 下降 | 减少 | 减少 |
| 无风险利率 | 上升 | 增加 | 减少 |
| | 下降 | 减少 | 增加 |

## 自测题

### 一、判断题

1. 期权价格，也称为权利金。（　　）
2. 期权价格，是由买卖双方在期权市场协商形成的。（　　）

3. 期权价值由内在价值和时间价值两部分组成。（ ）

4. 期权时间价值，指的是期权买方立即行权时所能获得的收益，取决于期权行权价格与标的物价格的差值。（ ）

5. 期权内在价值，指的是期权买方所付出的权利金高出内在价值的部分，其数值上等于期权的价格减去内在价值。（ ）

## 二、不定项选择题

1. 期权价格影响因素包括（ ）。

A. 期权的行权价格

B. 标的期货合约价格

C. 期权距到期日的剩余有效期

D. 标的期货合约价格的波动性

E. 无风险利率

2. 下列关于标的期货价格与期权价格的关系，描述正确的是（ ）。

A. 在看涨期权交易中，期货价格与期权价格为正相关关系

B. 在看跌期权交易中，期货价格与期权价格为负相关关系

C. 在看涨期权交易中，期货价格与期权价格为负相关关系

D. 在看跌期权交易中，期货价格与期权价格为正相关关系

3. 下列关于行权价格与期权价格的关系，描述正确的是（ ）。

A. 在看涨期权中，行权价格与期权价格是反向变动关系

B. 在看跌期权中，行权价格与期权价格是正向变动关系

C. 在看涨期权中，行权价格与期权价格是正向变动关系

D. 在看跌期权中，行权价格与期权价格是反向变动关系

4. 下列关于标的期货价格波动性与期权价格的关系，描述正确的是（ ）。

A. 标的期货价格波动性越大，期权价格越高

B. 标的期货价格波动性越小，期权价格越高

C. 标的期货价格波动性越大，期权价格越低

D. 标的期货价格波动性越小，期权价格越低

5. 下列关于期权有效期与期权价格的关系，描述正确的是（ ）。

A. 期权有效期越长，期权时间价格越高

B. 期权有效期越长，期权时间价格越低

C. 期权有效期越短，期权时间价格越高

D. 期权有效期越短，期权时间价格越低

6. 下列关于无风险利率与期权价格的关系，描述正确的是（　　）。

A. 看涨期权的价格与无风险利率呈现正相关变动

B. 看涨期权的价格与无风险利率呈现负相关变动

C. 看跌期权的价格与无风险利率呈现正相关变动

D. 看跌期权的价格与无风险利率呈现负相关变动

## 参考答案

### 一、判断题

1. √　　2. ×　　3. √　　4. ×　　5. ×

### 二、不定项选择题

1. ABCDE　　2. AB　　3. AB　　4. AD　　5. AD　　6. AD

# 第六章

# 政策对玉米价格的影响

**本章要点**

本章主要讨论玉米价格尤其是期货价格受政策影响的价格变化趋势。我国农产品尤其是粮食类产品供需相对平衡，国际市场波动对国内的影响力相对较弱，因此农产品价格走势具有相对的独立性，而这独特走势的内在驱动力来自国内政策。下面我们从农业政策、流通政策来具体讲述。

## 一、我国农业政策对农产品期货的影响有多大？

我国农业中，粮食类价格走势相对平稳，总体处在长期震荡上行通道，与国外惊涛骇浪般的价格波动比较，国内粮食价格走势特立独行，这是因为在我国粮食价格的影响因素中，国内农业政策的影响较为强烈，国家实行的补贴政策、税收政策以及收储拍卖等政策在出台前后往往会引发农产品价格的短期波动，而且，这些政策长期潜移默化地引导农民的种植意向、现货流通格局，从而影响价格变化预期。

## 二、我国农业政策的基本框架与形成机制?

我国农业政策涵盖了较为广泛的内容，涉及农产品种植至流通的方方面面（见图 6－1）。这些政策对保障我国农产品尤其是粮食类的健康发展，并实现供需平衡、连续增产起到了重要作用。

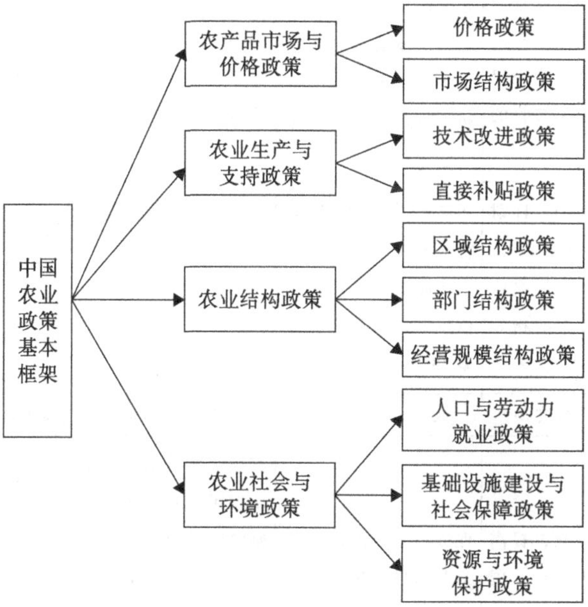


**图 6－1　中国农业政策的基本框架**

## 三、近年来与我国玉米相关的农业政策有哪些？

近年来，与我国玉米有关的政策见表6-1。

**表6-1　　与我国玉米相关的政策**

| 项目 | 惠农 | 税率政策 | 收储与抛储政策 | 其他 |
| --- | --- | --- | --- | --- |
| 政策 | 2008年10月12日通过《中共中央关于推进农村改革发展若干重大问题的决议》 | 2007年12月1日起取消玉米和大豆目前5%的出口关税，小麦20%和稻米5%的出口关税税率将下调至3%。取消玉米制粉及淀粉10%的出口关税，小麦面粉及淀粉出口税率将从25%下调为8% | 2008—2015年国家持续在东北三省和内蒙古自治区实施玉米临时收储政策 | 2017年9月，国家发展改革委、国家能源局、财政部等十五部门联合印发了《关于扩大生物燃料乙醇生产和推广使用车用乙醇汽油的实施方案》 |
| | 2009年2月2日《中共中央国务院关于2009年促进农业稳定发展农民持续增收的若干意见》 | | 2016—2020年国家将临储玉米有序投放市场 | |
| | 2015年5月13日财政部、农业部颁布《关于调整完善农业三项补贴政策的指导意见》 | 2016年9月1日起，将玉米淀粉、酒精等玉米深加工产品的增值税出口退税率恢复至13% | — | 2022年2月22日，中共中央国务院要求严格控制以玉米为原料的燃料乙醇加工 |
| 类别 | 农业生产与支持 | 农业市场与价格 | 农业市场与价格 | 农业结构、社会与环境 |
| 影响 | 通过补贴政策，提高农民种粮积极性，国内粮食供应较为充足 | 促进相关农产品深加工及出口，提振市场需求预期 | 收储政策的实施有利于稳定农民收入，鼓励农民种植玉米<br>抛储政策的实施有利于平抑市场价格，让整体价格稳定在合理区间 | 调节玉米需求结构，限制工业需求的发展速度及规模 |

## 四、玉米相关贸易政策的变化有哪些，产生了怎样的影响？

改革开放以来，国内玉米的贸易政策可以划分为六个阶段：

第一个阶段：1994年以前，我国实行的是完全的国家贸易，属于计划经济体制。由国家指定的外贸公司进行粮食外贸，每年的进出口数量都由国家计划部门下达，外贸公司落实。因为是国家贸易，所以能将国际价格与中国价格隔离，国际价格传递不到中国市场上。

第二个阶段：1995—1996年，出口中断，进口增加。由于1994年粮食价格上涨幅度较大，中国通货膨胀严重，停止了粮食出口，加大了粮食进口，造成玉米的国际价格暴涨，同时也严重影响了中国在国际上的形象。

第三个阶段：1997—2003年，鼓励出口。中国粮食价格经过几次大幅度提价，已经超过国际价格，但由于中国粮食产量的连续丰收，库存紧张，为了缓解库存压力和增加农民收入，这个时期的出口量较大。为了弥补粮食出口造成的企业亏损，增加出口竞争力，政府在2002年前实行了出口补贴措施。加入WTO不能实施出口补贴后，又实行了减免大宗粮食品种的铁路建设基金、出口销项税和出口退税。这个时期，中国稳居玉米出口国第二的位置，基本站稳了韩国和东南亚市场，扩大了对日本的出口份额。

第四个阶段：2003—2007年，限制出口。从2003年下半年开始，中国粮食连续4年减产，粮价上升，粮食安全问题重新受到重视。为了保证中国粮食供应，从2003年底开始，政府对粮食的出口开始进行配额管理，同时取消各种出口补贴。这个时期我国对粮食实施了限制出口政策。

第五个阶段：2007年底至2009年，出口限制措施进一步加强。因2007年国际粮价大幅上涨，为保障中国粮食供应，我国政府先后颁布了取消原粮及其制品出口退税、征收出口暂定关税（玉米暂定关税5%，玉米制粉关税为10%，然后在2008年12月取消，但国际玉米价格低于我国，对出口刺激有限），同时决定从2008年起，开始对粮食及其制粉实行临时征收5%～

25%的出口关税和出口配额管理制度，使粮食出口的大门几乎重新关闭。

第六个阶段：2010年至今，进口稳中有增。我国对粮食进口实行进口配额关税管理，玉米作为粮食品种，进口受配额限制。2004—2021年，我国玉米进口配额为年均720万吨。其中，2004—2008年，进口配额使用率很低，不足1%，2009—2019年玉米实际进口量均在配额内，整体呈现缓增态势，2020—2021年，在中美贸易协议的推动下，国内玉米进口量超过配额，呈现突破性的增长。

近年来与玉米相关的贸易政策及影响见表6-2。

**表6-2　与玉米相关的贸易政策及影响**

| 时间 | 贸易政策内容 | 影响 |
|---|---|---|
| 1999年 | 1998年、1999年连续两年我国玉米获得大丰收。1999年底政府决定补贴玉米出口，我国玉米开始以低价打进国际市场 | 调剂国内余缺，避免谷贱伤农 |
| 2002年3月 | 为鼓励玉米出口，国家减免了铁路建设基金 | 税收优惠，推动出口，玉米消耗渠道扩展 |
| 2002年4月 | 减免玉米出口增值税，实行零增值税税率政策，出口免征销项税 | 连续出台出口推动政策，增大玉米出口量 |
| 2005年 | 国家为鼓励玉米出口，将出口退税金由111.8元/吨增加到143元/吨 | 连续出台出口推动政策，增大玉米出口量 |
| 2005年12月 | 中国政府发放了400万吨截至2006年2月底出口的玉米出口配额，并为运输和储存这些出口玉米提供了140元/吨的补助 | 出口环境保持宽松 |
| 2006年3月 | 由于国内玉米价格高企，国际市场竞争加剧，国内暂停玉米出口 | 国内市场延续低迷走势 |
| 2006年9月 | 国家发放430万吨玉米出口配额 | 市场受到提振 |
| 2007年 | 国家开始限制玉米出口 | 贸易方向转变，由鼓励出口转向限制 |
| 2007年12月 | 取消玉米的出口退税和征收玉米产品出口税，并停发出口配额 | 2008年出口锐减，国内净出口格局转变 |

续表

| 时间 | 贸易政策内容 | 影响 |
| --- | --- | --- |
| 2008 年 12 月 | 我国宣布取消玉米原粮及其制粉关税 | 出口松动，抑制国内玉米价格下跌的配合措施，影响较有限 |
| 2009 年 6 月 | 玉米淀粉、酒精的出口退税率提高到 5% | 支持国内玉米深加工企业产品的消化，深加工利润逐渐好转 |
| 2010 年 7 月 | 取消玉米淀粉、酒精出口退税 | 缓解国内玉米供需偏紧局面，稳定玉米价格 |
| 2016 年 9 月 | 玉米淀粉、酒精等玉米深加工产品的增值税出口退税率恢复至 13% | 鼓励深加工企业消费，有利于消化玉米高库存，稳定玉米价格 |

## 五、政策变动对玉米期货走向有哪些影响?

政策变动对玉米期货价格走势的影响如图 6－2 所示。

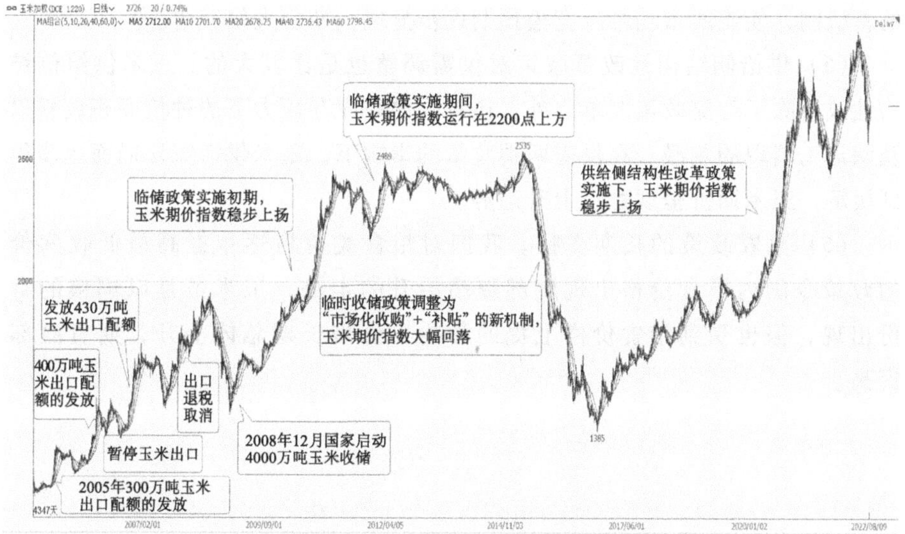


**图 6－2　政策变动对玉米期货价格走势的影响**

（1）大部分政策的出台并不具备改变趋势的能量，但仍会形成短期影响，比如说，在2007年末，国家出台了取消出口退税等一系列限制出口的规定，在政策压力下，玉米期货出现一定程度的调整，但由于我国出口量不太大，且出口优势一般，出口退税对出口预期的影响力较为有限，并未改变玉米原有的上行趋势。

（2）如果政策对供需造成较强影响或是对市场对于供需对比的预期发生较大变化，那么这些政策将会使价格波动加大，并可能出现趋势性的影响。如2005年、2006年较大额度的出口配额发放改变了市场对玉米使用量的预期，从而助推玉米价格反弹走势。

（3）收储政策对需求预期的改变力量是巨大的。2008年末，我国出台的4000万吨的玉米收储计划，使国内玉米价格在托市收购利好政策的强劲支持下，逐步止跌企稳，局部甚至出现反弹，这促使玉米价格在经历短暂小幅波动行情之后逐渐步入全面上行通道，政策效应凸显。在之后的8年时间里，临储政策始终影响市场，收购最低价构成市场的重要支撑，玉米期价指数长期在2200点上方波动。

（4）临储政策改革对市场影响也是比较大的。2015年，国家临储收购价大幅下调，2016年国家将玉米临储收购政策调整为“市场化收购＋补贴”的新机制，使流通市场供应宽松预期逐步显现，期价大幅回落。

（5）供给侧结构性改革政策对供需调整也是比较大的。玉米供给侧结构性改革除了临储政策改革之外，还有临储高库存压力下的种植面积调整以及深加工消费的刺激，在供需两端政策的影响下，玉米供需宽松局面逐步得到缓解，玉米期价呈现稳步上升态势。

（6）惠农政策的长期支持。我国对粮食类价格逐年提高最低收购价的政策令国内粮食价格出现底部震荡抬升的走势，玉米虽是以饲粮的身份出现，但也受到粮食价格上提的影响，价格长期总体上升，期货底部提高。

## 六、如何在实际操作中分析政策对期货市场走向的影响？

在玉米期货操作之前，应认真了解政策详情，分析政策的背景、目标、手段和实施的效果。

### （一）背景

要看政策出台的背景是否是针对影响当前市场走向的关键要素。如果是，该政策可能会对期货市场形成较强震动；如果不是，则不会影响期价的长期趋势。比如市场供应过剩、期价承压、国家展开收储等政策，对改变需求都有正面影响，这就是对期货市场有很大影响的政策。

### （二）目标

如果政策所希望达到的目标与期货市场当前走势具有冲突性，则该政策可能会令期价产生震荡，至少短期会如此。比如，收储目标是要抑制价格过度下跌，那么收储政策的出台至少会在短期提振市场信心。

### （三）手段

如果政策手段较为激烈，如期实施可能引发从量变到质变的变化，那么该政策将可能引发趋势性的变化。比如，2008 年分批收储计划中的第一次是短暂影响市场，而后，国家提出收储累积量增至 4000 万吨，这一政策则对市场整体供需趋势形成了颠覆性的影响，从而令玉米期货价格成功筑底。

### （四）政策实施的效果

在期价运行过程中必须注意观察政策实施的效果与政策制定初衷的吻合度。政策出台背景往往随着时间的推移而改变，政策容易产生滞后性的影响，从而令政策效果和目标出现一定程度的背离，甚至可能引发其他的问题。

假如国家对玉米深加工企业进行补贴，以防止其亏损，但如果其利润好转，而补贴没有取消，那么深加工企业则会有提价收购玉米的冲动，从而引发市场对玉米需求和价格预期的变化，成为推动市场价格提升的一个因素。因此，期货投资策略宜考虑对政策效果的观察。

## 七、在玉米期货的交易中，政策出台时机与市场预期是如何影响价格变动方向的？

具有较大影响力的政策出台若具有突发性特征，则容易引发较大级别、超出平常的市场波动。市场如果没有预警，突发性越强，影响力越大，则期价波动越剧烈。

但是，在政策出台前市场往往已经有消息传出，已经具有一定的预期性了，因此还需要分析政策明朗化后市场价格如何波动。

政策出台相当于“靴子落地”，市场价格若已经在消息出台前做出较为充分的反应，那么政策被证实后，市场可能引发期价获利回吐。

但政策出台前，期价仅小幅产生波动，存在观望，那么一旦被证实，则可能会引发至少是当日较大级别的波动。

2010 年，市场猜测国内玉米进口增加，引发阶段下挫、反弹，进口消息被确认后，对市场的影响力反而有所减弱。但是，市场也在观望进一步的情况，如果进口政策松动，则后期进口是否会增加，就会引起市场关注。

## 八、玉米“政策市”特征是否会发生变化？

国内玉米市场在 2008 年收储影响下，“政策市”特征显著，国家通过收储及拍卖方式调节市场供应，并奠定了价格的政策底。而随着临储政策的不断推进，相应的弊端也逐步显现，国内玉米呈现高产量、高库存、高进口的局面，2015 年国家提出了农业供给侧结构性改革。2016 年国家将玉米临储收购政策调整为“市场化收购 + 补贴”的新机制，意味着政策不再参与价格的直接干预。不过，因为玉米是目前我国最大的粮食品种，其市场稳定对我国粮食市场稳定有重要作用，所以政策端仍然会参与其供需市场调节。

综合来看，未来玉米价格将以市场供需为主导，不过市场供需依然会受到政策影响，因此未来我国玉米市场将呈现相对市场化的特征。

## 自测题

### 一、填空题

1. 国家实行的________政策、________政策以及________等政策，在出台前后往往会引发市场短期波动。

2. 中国农业政策的基本框架包括农业________、________、________、________政策。

3. 2008 年 10 月 12 日，我国通过《中共中央关于推进农村改革发展若干重大问题的决议》属于________政策。

4. 2007 年 12 月 1 日起取消玉米和大豆目前 5% 的出口关税，小麦 20% 和稻米 5% 的出口关税税率则下调至 3%。取消玉米制粉及淀粉 10% 的出口关税，小麦面粉及淀粉出口税率将从 25% 下调为 8%，这个政策属于________政策。

5. 2008—2015 年国家持续在东北三省和内蒙古自治区实施玉米临时收储政策，主要是对农业________进行调节。

### 二、判断题

1. 大部分政策的出台并不具备改变趋势的能量，但仍会对市场形成短期影响。 (    )

2. 具有较大影响力的政策的出台若具有突发性特征，容易引发级别较大、超出平常的市场波动。 （　）

3. 在期价运行过程中不需要注意观察政策实施的效果与初衷的吻合度。 （　）

4. 在做玉米期货之前，应该认真了解政策详情，分析政策的背景、目标、手段。 （　）

5. 我国对粮食类价格逐年提高最低收购价的政策使国内粮食价格出现底部震荡抬升的走势。 （　）

## 参考答案

### 一、填空题

1. 补贴；税收；收储拍卖　2. 市场与价格；生产与支持；结构；环境与社会　3. 惠农　4. 税收　5. 市场与价格

### 二、判断题

1. √　2. √　3. ×　4. √　5. √

# 第七章

# 全球及我国玉米的生产、加工、流通与消费现状

**本章要点**

通过前文的分析，我们知道影响玉米期价的主要因素包括供求、政策等方面，其中最关键的影响因素还是供求情况。说到玉米的供求，离不开对玉米的供应、需求、流通的讨论，那么本章就介绍一下玉米的供需和流通，进而使大家对全球玉米及我国玉米产业的现状及未来发展趋势有一个更为详尽的了解。

## 一、全球玉米的产业现状是怎样的？

玉米是世界上分布最广的农作物之一，从北纬 58 度到南纬 35 至 40 度的地区均能种植。北美洲种植面积最大，亚洲、南美洲和非洲次之。全世界每

年种植玉米2亿公顷，总产量达11.86亿吨，占全球谷物总量的45%，为世界第一大粮食作物。美国、中国、巴西、欧盟这四个国家（地区）的玉米总产量占全球玉米总产量的70%以上，其中，美国占31%左右，中国的占比为23%。

## 二、全球玉米主要分布在哪里？

全球有两大著名的玉米黄金带，分别位于美国和中国。从纬度来看，主要位于北纬30度到45度之间，这一区域属于温带大陆性气候，比较适合玉米的生长。

### （一）美国玉米黄金带

美国玉米黄金带主要位于美国中北部五大湖以南的艾奥瓦州、伊利诺伊州、内布拉斯加州和明尼苏达州，美国东部和南部沿海也有少量玉米分布。

### （二）中国玉米黄金带

中国玉米播种的黄金带主要集中在东北、华北和西南三大地区，主产省份主要包括辽宁、吉林、黑龙江、内蒙古、山东、河北、河南等省区，西南的四川、贵州和云南的山地也有种植。

## 三、全球玉米生产情况怎样？

2000年以来，全球玉米产量呈现稳定增长态势。USDA数据显示，2022/2023年度全球玉米总产量为11.86亿吨，相比2020/2021年度的5.9亿吨增长100.5%（见图7－1）。其中，种植面积的增幅为48.48%，2022

年全球玉米种植面积为 2.05 亿公顷，2000 年种植面积只有 1.37 亿公顷。平均单产的增幅为 34.95%，2022 年全球玉米平均单产为 5.83 吨/公顷，2000 年平均单产只有 4.32 吨/公顷。种植面积增幅主要来自中国、巴西、阿根廷、美国、乌克兰、印度、尼日利亚、俄罗斯等国家。

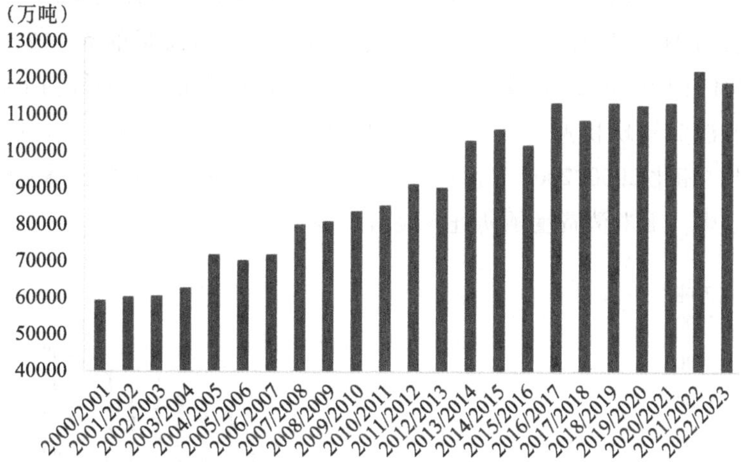


**图 7-1　2000/2001—2022/2023 年度全球玉米生产情况**

资料来源：方正中期、美国农业部。

全球玉米主要集中分布在美国、中国、巴西、欧盟这四个国家和地区，累计产量占全球总产量的 70% 以上，其中美国占 31%，中国占 23% 左右。近二十年，前十大玉米主产国产量比重稳定在 90% 以上，其中，美国、中国长期雄踞全球玉米第一大生产国和第二大生产国的位置，但美国占比呈现下降趋势，中国占比呈现提升趋势，另外，巴西、乌克兰、俄罗斯产量占比提升相对明显，南非玉米产量占比变动不大，印度尼西亚、加拿大的玉米产量占比下降，退出前十大生产国。

## 四、全球玉米的消费情况怎样？

随着全球经济的发展和人类需求的不断提高，全球玉米总消费量呈刚性增长之势。2000—2022年，全球玉米消费量的年均增长率为3.34%。2022/2023年度全球玉米总消费量预计能达到11.79亿吨，比2000/2001年度增加了5.7亿吨，增幅高达93.69%（见图7-2）。玉米的消费主要有四个方面，即食用、饲用、深加工及种用，其中饲用消费和工业消费的累计占比超过90%。玉米有“饲料之王”之称，在饲料中的添加比例超过40%，2022/2023年度全球玉米饲用消费7.47亿吨，占玉米消费总量的63.4%，相比2000/2001年度的4.27亿吨增长了74.94%。21世纪在政策的推动下，全球玉米工业消费呈现快速增长态势，2022/2023年度全球玉米工业消费量为4.3亿吨，相比2000/2001年度的1.82亿吨增长138%。未来，随着全球人口增速放缓，玉米消费量预期进入缓增态势。

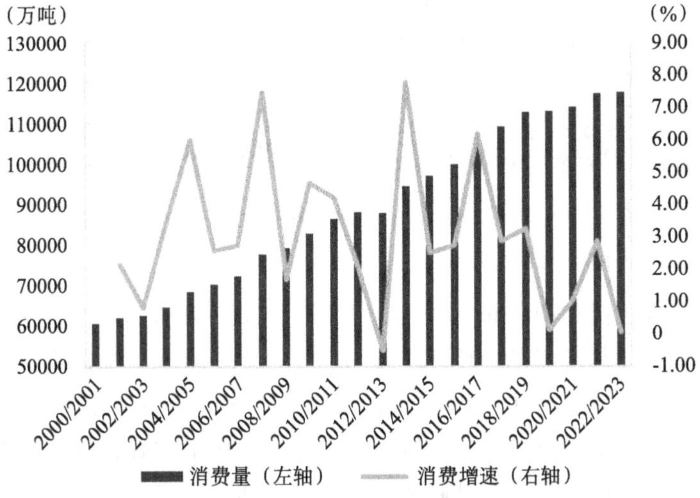


**图7-2 2000/2001—2022/2023年度全球玉米消费量走势**

资料来源：方正中期、美国农业部。

从玉米消费的国别来看，美国、中国、欧盟、巴西和墨西哥是全球玉米的主要消费国，2022/2023年度，以上国家和地区分别消费玉米3.09亿、2.95亿、0.79亿、0.77亿、0.45亿吨，总消费量占世界玉米消费的68.20%（见图7-3）。

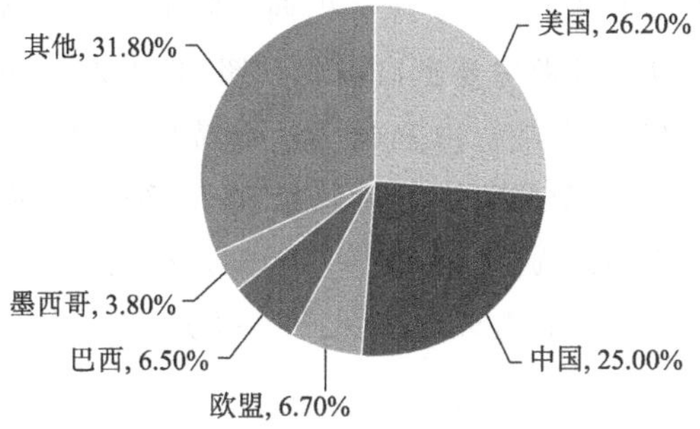


**图 7-3 2022/2023 年度全球玉米主要消费国分布**

资料来源：方正中期、美国农业部。

## 五、全球玉米进出口情况怎样?

2000 年以来，全球玉米进出口贸易量呈现增长态势。USDA 数据显示，2022/2023 年度全球玉米进口量预估为 1.77 亿吨，相比 2000/2001 年度的 0.75 亿吨增长 136%，2022/2023 年度全球玉米出口量预估为 1.825 亿吨，相比 2000/2001 年度的 0.77 亿吨增长 138%（见图 7-4）。

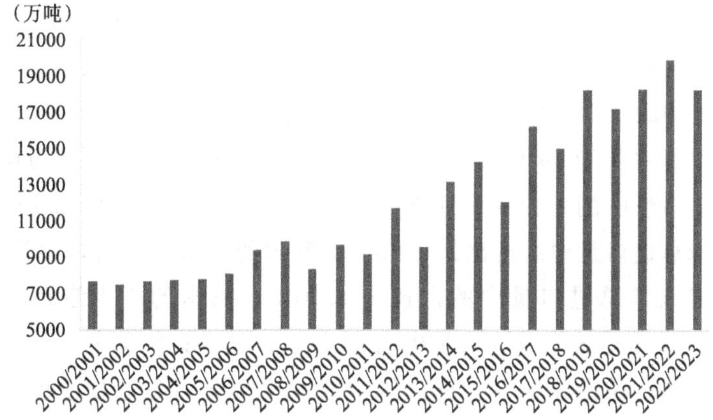


**图 7-4 2000/2001—2022/2023 年度全球玉米出口情况**

资料来源：方正中期、美国农业部。

从全球玉米出口市场来看，美国、巴西、阿根廷以及乌克兰等国家既是玉米主要生产国，也是玉米主要出口国。参照 2022/2023 年度的数据来看，美国玉米出口量为 6090 万吨，占全球玉米贸易总量的 33.40%，巴西玉米出口量为 4700 万吨，占全球玉米贸易总量的 25.70%，阿根廷玉米出口量为 4100 万吨，占全球玉米贸易总量的 22.50%，乌克兰玉米出口量为 900 万吨，占全球玉米贸易总量的 4.90%（见图 7－5）。

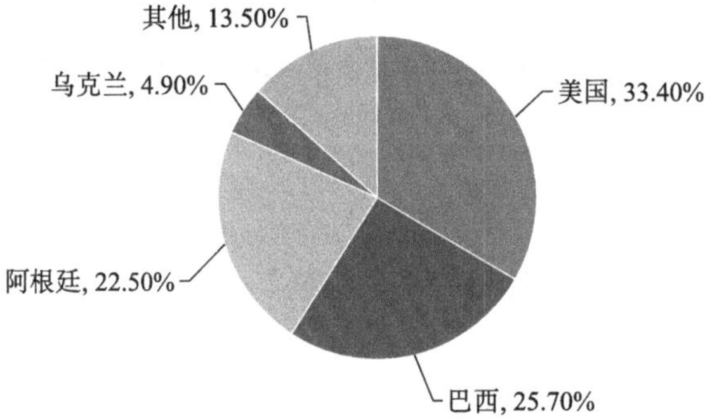


**图 7－5　全球玉米主要出口国**

资料来源：方正中期、美国农业部。

从全球玉米进口市场来看，进口国集中在亚洲地区，整体分布较为分散，集中度明显低于主要出口国。参照 2022/2023 年度的数据来看，中国、墨西哥、欧盟、日本、韩国、越南、伊朗、埃及等国家和地区为全球玉米主要进口国。其中，中国玉米进口量预估为 1800 万吨，在全球玉米总进口量中的占比为 10.20%；墨西哥的玉米进口量预估为 1770 万吨，在全球玉米总进口量中的占比为 10.00%；欧盟的玉米进口量预估为 1600 万吨，在全球玉米总进口量中的占比为 9.00%；日本的玉米进口量预估为 1520 万吨，在全球玉米总进口量中的占比为 8.60%；韩国的玉米进口量预估为 1150 万吨，在全球玉米总进口量中的占比为 6.50%；越南的玉米进口量预估为 1150 万吨，在全球玉米总进口量中的占比为 6.50%；伊朗的玉米进口量预估为 950 万吨，在全球玉米总进口量中的占比为 5.40%；埃及的玉米进口量预估为 920 万吨，在全球玉米总进口量中的占比为 5.20%（见图 7－6）。

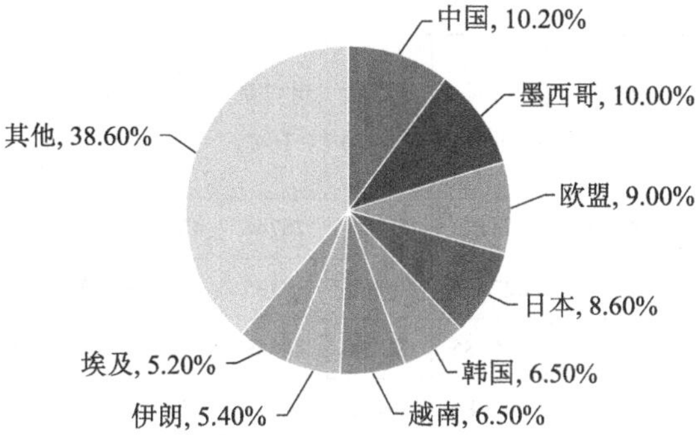


**图 7－6　世界主要玉米进口国**

资料来源：方正中期、美国农业部。

## 六、全球玉米的库存情况怎样？

全球玉米库存为衡量阶段供需格局的重要指标，伴随着全球玉米产量的增长，全球玉米库存呈现相对增长态势。20 世纪 80 年代以来，全球玉米库存基本上保持在 1 亿吨以上，最高年份是 1986 年，期末库存达到 2 亿吨之多。但是，在 1999 年后的 10 年，全球玉米库存相对下滑，并在低位区间运行。2012 年开始，全球玉米库存再度回归回升态势，近十年，全球玉米期末库存基本在 1.8 亿吨以上。目前，全球玉米库存处于相对高位区间，2022/2023 年度玉米库存为 3.13 亿吨，同比基本持平（见表 7－1）。

**表 7－1　　全球玉米供需平衡**

| 年度 | 收获面积（千公顷） | 单产（吨/公顷） | 产量（千吨） | 进口量（千吨） | 出口量（千吨） | 饲用消费量（千吨） | 工业消费量（千吨） | 国内总消费量（千吨） | 期末库存（千吨） |
|---|---|---|---|---|---|---|---|---|---|
| 2000/2001 | 137009 | 4.32 | 591558 | 74994 | 76722 | 427397 | 181705 | 609102 | 175135 |
| 2001/2002 | 136961 | 4.39 | 601678 | 71546 | 74579 | 436352 | 186051 | 622403 | 151377 |

续表

| 年度 | 收获面积（千公顷） | 单产（吨/公顷） | 产量（千吨） | 进口量（千吨） | 出口量（千吨） | 饲用消费量（千吨） | 工业消费量（千吨） | 国内总消费量（千吨） | 期末库存（千吨） |
|---|---|---|---|---|---|---|---|---|---|
| 2002/2003 | 137609 | 4.39 | 604140 | 75806 | 76746 | 433460 | 194190 | 627650 | 126927 |
| 2003/2004 | 141435 | 4.44 | 627553 | 76963 | 77135 | 445606 | 203971 | 649577 | 104731 |
| 2004/2005 | 145238 | 4.94 | 716885 | 76035 | 77659 | 476020 | 212870 | 688890 | 131102 |
| 2005/2006 | 144915 | 4.83 | 699984 | 80196 | 80971 | 479509 | 227404 | 706913 | 123398 |
| 2006/2007 | 149375 | 4.79 | 715471 | 90270 | 93933 | 479994 | 246495 | 726489 | 108717 |
| 2007/2008 | 160745 | 4.97 | 798600 | 98287 | 98917 | 505861 | 275352 | 781213 | 125474 |
| 2008/2009 | 159226 | 5.07 | 806408 | 82515 | 83721 | 493918 | 300664 | 794582 | 136094 |
| 2009/2010 | 158745 | 5.25 | 833861 | 90488 | 96618 | 504668 | 327559 | 832227 | 131598 |
| 2010/2011 | 166464 | 5.1 | 849406 | 93436 | 91557 | 517091 | 350465 | 867556 | 115327 |
| 2011/2012 | 175855 | 5.18 | 910460 | 100601 | 116948 | 525410 | 360638 | 886048 | 123392 |
| 2012/2013 | 183722 | 4.89 | 898804 | 99585 | 95373 | 528457 | 353111 | 881568 | 144840 |
| 2013/2014 | 188075 | 5.46 | 1027306 | 124742 | 131458 | 576266 | 374502 | 950768 | 214662 |
| 2014/2015 | 188779 | 5.6 | 1057905 | 124906 | 142618 | 591672 | 383443 | 975115 | 279740 |
| 2015/2016 | 187993 | 5.4 | 1014846 | 140115 | 120795 | 613766 | 388394 | 1002160 | 311746 |
| 2016/2017 | 196905 | 5.73 | 1128481 | 138441 | 162083 | 659006 | 405696 | 1064702 | 351883 |
| 2017/2018 | 193284 | 5.6 | 1081900 | 153097 | 149777 | 673585 | 421992 | 1095577 | 341526 |
| 2018/2019 | 192688 | 5.86 | 1128741 | 166662 | 182629 | 705181 | 426461 | 1131642 | 322658 |
| 2019/2020 | 194427 | 5.78 | 1122735 | 167626 | 172245 | 716295 | 417021 | 1133316 | 307458 |
| 2020/2021 | 199109 | 5.67 | 1128998 | 185221 | 182820 | 723420 | 422146 | 1145566 | 293291 |
| 2021/2022 | 206739 | 5.89 | 1217866 | 179145 | 199233 | 746270 | 432521 | 1178791 | 312278 |
| 2022/2023 | 203429 | 5.83 | 1185899 | 177079 | 182570 | 747211 | 432539 | 1179750 | 312936 |

资料来源：方正中期、美国农业部。

与全球玉米主要出口国相同，全球玉米的库存主要在玉米生产国，中国和美国的玉米库存占了世界库存的相当大的比重。

## 延伸阅读

2022/2023 年度美国玉米供需有相对收紧预期。历年美国玉米供需情况如表 7－2 所示。

表 7－2　　美国玉米供需平衡

| 年度 | 收获面积（千公顷） | 单产（吨/公顷） | 产量（吨/公顷） | 进口量（千吨） | 出口量（千吨） | 饲用消费量（千吨） | 工业消费量（千吨） | 国内总消费量（千吨） | 期末库存（千吨） |
|---|---|---|---|---|---|---|---|---|---|
| 2000/2001 | 29316 | 8.59 | 251854 | 173 | 49313 | 147807 | 50295 | 198102 | 48240 |
| 2001/2002 | 27830 | 8.67 | 241377 | 258 | 48383 | 148475 | 52466 | 200941 | 40551 |
| 2002/2003 | 28057 | 8.12 | 227767 | 367 | 40334 | 140838 | 59910 | 200748 | 27603 |
| 2003/2004 | 28710 | 8.93 | 256229 | 358 | 48258 | 146759 | 64836 | 211595 | 24337 |
| 2004/2005 | 29798 | 10.06 | 299876 | 275 | 46181 | 155751 | 68859 | 224610 | 53697 |
| 2005/2006 | 30399 | 9.29 | 282263 | 224 | 54201 | 155234 | 76781 | 232015 | 49968 |
| 2006/2007 | 28586 | 9.36 | 267503 | 304 | 53987 | 140604 | 90070 | 230674 | 33114 |
| 2007/2008 | 35014 | 9.46 | 331177 | 509 | 61913 | 148674 | 112958 | 261632 | 41255 |
| 2008/2009 | 31796 | 9.62 | 305911 | 344 | 46965 | 130260 | 127781 | 258041 | 42504 |
| 2009/2010 | 32169 | 10.32 | 331921 | 212 | 50270 | 129434 | 151553 | 280987 | 43380 |
| 2010/2011 | 32960 | 9.58 | 315618 | 703 | 46508 | 121167 | 163382 | 284549 | 28644 |
| 2011/2012 | 33945 | 9.22 | 312789 | 746 | 39096 | 114612 | 163349 | 277961 | 25122 |
| 2012/2013 | 35356 | 7.73 | 273192 | 4063 | 18545 | 109444 | 153529 | 262973 | 20859 |
| 2013/2014 | 35394 | 9.93 | 351316 | 909 | 48790 | 127112 | 165890 | 293002 | 31292 |
| 2014/2015 | 33648 | 10.73 | 361136 | 804 | 47421 | 134307 | 167530 | 301837 | 43974 |
| 2015/2016 | 32680 | 10.57 | 345506 | 1716 | 48228 | 129999 | 168846 | 298845 | 44123 |
| 2016/2017 | 35106 | 10.96 | 384778 | 1450 | 58313 | 138892 | 174893 | 313785 | 58253 |
| 2017/2018 | 33481 | 11.08 | 371096 | 915 | 61906 | 134740 | 179251 | 313991 | 54367 |
| 2018/2019 | 32891 | 11.08 | 364262 | 710 | 52538 | 137851 | 172540 | 310391 | 56410 |
| 2019/2020 | 32916 | 10.51 | 345962 | 1064 | 45132 | 149874 | 159673 | 309547 | 48757 |
| 2020/2021 | 33311 | 10.76 | 358447 | 616 | 69920 | 142183 | 164359 | 306542 | 31358 |
| 2021/2022 | 34555 | 11.11 | 383943 | 635 | 62233 | 142247 | 173108 | 315355 | 38348 |
| 2022/2023 | 33160 | 11.11 | 368444 | 635 | 60963 | 135896 | 173236 | 309132 | 37332 |

资料来源：方正中期、美国农业部。

## 七、国内玉米种植主要分布在哪些地区?

玉米在我国分布很广，南自北纬18度的海南岛，北至北纬53度的黑龙江省黑河以北，东起台湾和沿海省份，西到新疆及青藏高原，以上区域都有一定面积种植玉米。玉米在我国各地区的分布不均衡，主要集中在东北、华北和西南地区，大致形成了一个从东北到西南的斜长形玉米栽培带，包括北方春播玉米区、黄淮海平原夏播玉米区、西南山地玉米种植区、南方丘陵玉米种植区、西北灌溉玉米种植区、青藏高原玉米种植区。

具体划分如下:

北方春播玉米区：以东北三省、内蒙古和宁夏为主，种植面积占全国的40%左右，总产量占全国的45%左右。

黄淮海平原夏播玉米区：以山东和河南为主，种植面积占全国的30%左右，总产量占全国的30%左右。

西南山地玉米种植区：以四川、云南和贵州为主，面积约占全国的15%，总产量占全国的15%左右。

南方丘陵玉米种植区：以广东、福建、台湾、浙江和江西为主，种植面积为全国的6%，总产量不足全国的5%。

西北灌溉玉米种植区：以新疆和甘肃的一部分地区为主，种植面积约占全国的3.5%，总产量约占全国的3%。

青藏高原玉米种植区：青海和西藏地区的海拔高，玉米种植面积及总产量都不足全国的1%。

从每年四月开始，我国由北到南依次进入玉米种植期。受气候条件、种植方式、积温等因素影响，不同地区的玉米种植期、发育成熟期差别较大，主要表现为：北方地区玉米播种早，发育成熟期长；南方地区玉米播种晚，发育成熟期短。

在全球玉米产业中，我国玉米播种面积居首位，产量居世界第二位。目前，我国玉米单产同其他农业发达国家相比处于中游水平。未来，我国玉米播种面积扩大的可能性较小，努力提高玉米单产将是我国未来玉米生产的主要趋势。

## 八、我国玉米的生产情况怎样？

我国是玉米生产大国，总产量居全球第二位，玉米生产区域分布广泛，北方的辽、吉、黑、蒙、晋、冀、鲁、豫8省区生产了全国70%以上的玉米，尤其是东北地区（含内蒙古），玉米播种面积常年为1600万公顷，正常年份的玉米产量为1.12亿吨左右，占全国玉米总产量的43%左右，是我国最大的玉米商品粮产地。华北黄淮地区（包括京、津、晋、冀、鲁、豫、苏和皖）玉米播种面积常年为1500万公顷，正常年份的玉米产量为9050万吨左右，产量约占全国总产量的34%，商品率低于东北地区。

## 九、我国玉米的消费结构是怎样的？

我国是全球玉米消费第二大国，近二十年来，玉米消费量呈现增长态势（见图7-7）。我国玉米消费主要用于饲料和深加工，二者的消费总量占95%以上。随着人口的不断增长以及城乡居民生活水平的提高，我国饲料产业以及玉米深加工产业都呈现快速增长态势，包括配合饲料、玉米淀粉、酿造、医药、燃料乙醇等。

20世纪80年代，我国玉米消费中的食用消费比例占38%，消费玉米2588万吨；饲料用玉米占48%（工业饲料和传统饲料），消耗玉米3269万吨；出口占11%，出口玉米749万吨；工业原料和食品加工占3%，耗用玉米205万吨左右。

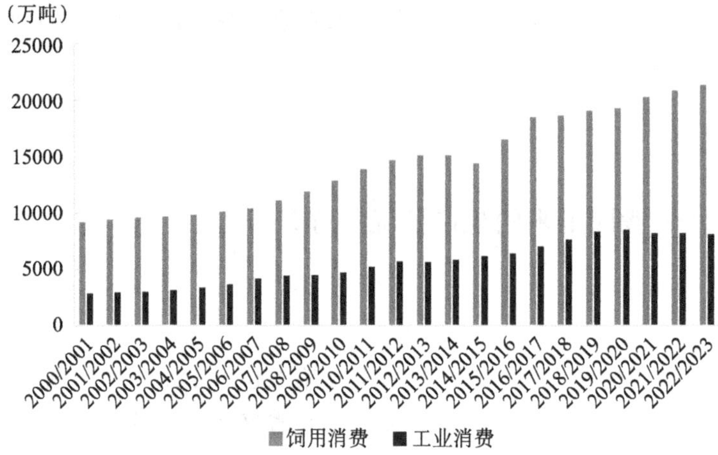


**图7-7 中国玉米消费变化趋势**

资料来源：方正中期、美国农业部。

20世纪90年代，玉米食用消费占比有所下降。全国食用消费玉米大约占玉米消费总量的19%，消费玉米量约为1870万吨；饲料玉米消费量大约占玉米总消费量的68%，消费玉米量为6380万吨；工业消耗玉米量约占玉米总消费量的5%，消费玉米量为250万吨。当时玉米作为饲料消费有两种情况：一种是加工成配合饲料。当时我国配合饲料产量约4800万吨，按60%比率折算，年消耗玉米2880万吨。另一种是把玉米直接用于饲料的消费。农村把玉米直接作饲料饲喂牛、猪和家禽等情况比较普遍，这种传统的饲喂方式估计每年消耗玉米3500万吨。当时，我国玉米深加工还在起步阶段，工业消费量处于低位水平。

21世纪，玉米食用消费比重进一步下降，工业消费比重有所上升。随着我国粮食产量的逐步增加，玉米在食用消费中的占比呈现下滑态势。与此同时，人民消费水平的上升带动了养殖产业的发展，进而推动了饲料工业快速增长。玉米饲用优势比较明显，其饲用消费量呈现大幅增长态势（见图7-8）。除此之外，在玉米阶段性供应宽松局面下，政策激励与利润增长共同推动了玉米深加工产业的发展，整体消费量也呈大幅增长态势。根据农业农村部的数据，2022/2023年度玉米食用消费量为980万吨，在总消费量中的占比为3.4%；2022/2023年度玉米饲用消费量为1.88亿吨，在总消费量中的占比为 64.7%；2022/2023 年度玉米工业消费量为 8100 万吨，在总消费量中的占比为 27.88%（见表 7－3）。

表 7－3 中国玉米消费状况 单位：万吨

| 年度 | 2016/2017 | 2017/2018 | 2018/2019 | 2019/2020 | 2020/2021 | 2021/2022 | 2022/2023 |
|---|---|---|---|---|---|---|---|
| 食用消费 | 927 | 935 | 943 | 943 | 955 | 965 | 980 |
| 饲用消费 | 16900 | 17200 | 17100 | 17400 | 18000 | 18600 | 18800 |
| 工业消费 | 6600 | 7500 | 8100 | 8200 | 8000 | 8000 | 8100 |
| 种子用量 | 191 | 190 | 190 | 187 | 187 | 195 | 191 |
| 损耗及其他 | 1263 | 1200 | 1145 | 1100 | 1074 | 1010 | 980 |
| 总消费量 | 25881 | 27025 | 27478 | 27830 | 28216 | 28770 | 29051 |

资料来源：农业农村部。

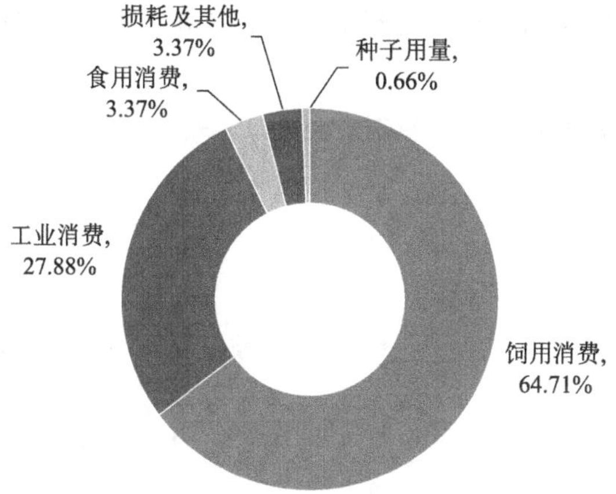


**图 7－8 2022 年中国玉米消费结构现状**

资料来源：农业农村部。

## 十、我国玉米食用消费中的情况怎样?

我国玉米食用消费随着粮食产量增长呈现相对下滑态势。20 世纪 80 年代以前，95%以上的玉米食用消费是玉米初级加工食品，即玉米渣、玉米粉等。随着人民生活水平的提高，玉米食用消费量逐年减少。到20世纪90年代以后，由于人们生活水平不断提高，其他粮食品类消费稳步上升，膳食结构和消费倾向的改变以及新技术的应用，促使玉米食用消费量进入相对稳定阶段。21世纪以来，玉米的年食用消费总量继续维持稳定，约900万吨，占消费量的百分比总体上稳定在4%左右。

近年来，我国玉米饲用消费也呈现逐步上升态势。玉米饲用消费可以看作间接食用消费，人们以肉、蛋、奶的消费代替了直接玉米食用消费。从消费特点上看，生猪和禽类受到疫情影响较大。如肉禽饲料受禽流感、非洲猪瘟等因素的影响，产量在2006年和2018年大幅度下降。另外，玉米饲用消费还会受到养殖周期的影响，比如猪周期、禽类养殖周期等。2022年上半年，生猪养殖利润不佳，猪饲料生产也受到较大影响，产量呈现下降趋势。除此之外，玉米饲用消费还会受到季节性的影响，比如水产饲料存在明显季节性周期。

国内玉米饲料消费量与产量对比见图7－9。

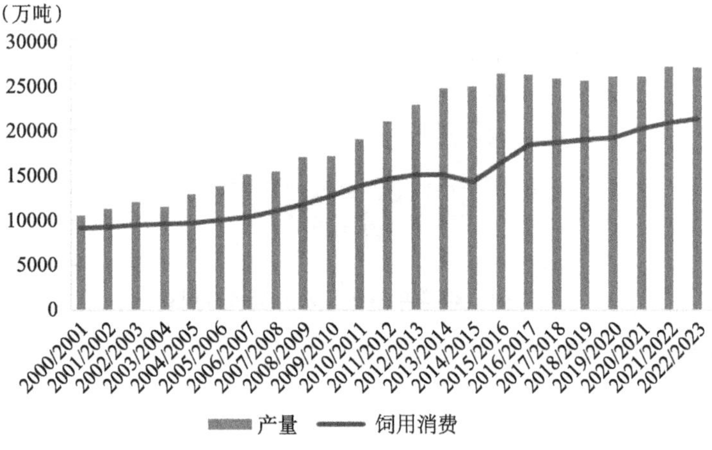


**图7－9　中国玉米饲料消费量与产量对比**

资料来源：方正中期、美国农业部。

## 十一、我国玉米的供需情况如何？

我国既是玉米生产大国，也是玉米消费大国。供给增速与需求增速经常呈现不匹配的态势，阶段性供需矛盾比较突出。具体来看，1995—2000 年，我国玉米连续丰收，需求变化较为平稳，供给增速大于消费增速，玉米库存呈现累积态势，库存消费比呈现走高波动。2000—2005 年，在农业种植结构调整以及下游深加工政策影响下，玉米消费增速大于供应增速，库存呈现下滑态势，库存消费比呈现下降态势。2010—2015 年，在临储政策提振下，国内玉米种植面积快速扩张，玉米供应增速大于消费增速，库存呈现累积态势，库存消费比呈现走高态势。2015—2020 年，受供给侧结构性改革政策影响，玉米种植面积高位回落，需求增速大于供应增速，库存呈现下滑态势，库存消费比也呈现高位回落态势。目前，国内玉米库存消费处于高位稳定态势（见图 7 - 10）。

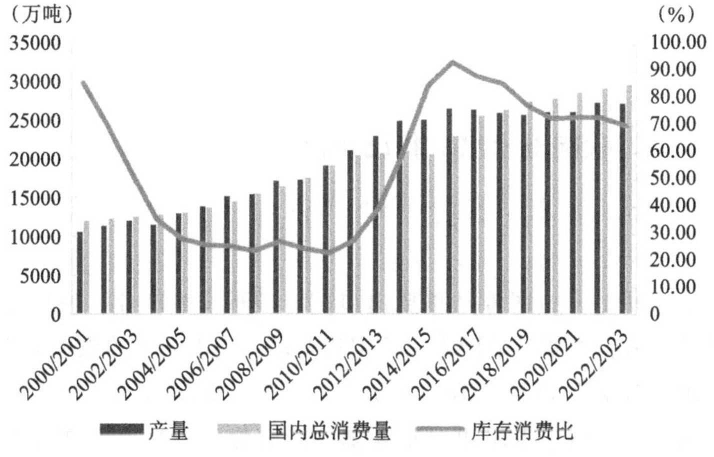


**图 7 - 10　2000/2001—2022/2023 年度中国玉米供需变化**

资料来源：方正中期、美国农业部。

从供应端来看，国内玉米以自给自足为主。近年来，玉米年产量达到2.6亿吨，种植面积增长空间有限，整体呈现稳定态势，产量对单产的依赖度较高。近年来，玉米单产基本呈现稳定增长态势，但是，由于当前气候变化比以前波动得剧烈，天气因素造成的产量波动时有发生。整体来看，国内产量稳步上升依然是我国玉米供应趋势。此外，当前库存消费处于高位区间，应继续增强国内供应保障。

从需求端来看，我国玉米需求增速放缓，近五年平均增长率为2.5%。21世纪初期，我国饲料行业以及玉米深加工行业呈现快速增长态势，推动玉米饲用消费以及深加工消费快速上升。目前，居民消费升级已经发展到一定水平，同时，伴随着国内人口增速放缓，饲料行业以及玉米深加工行业预期将进入稳定发展期，玉米饲料消费以及深加工消费预期也将进入稳定期，所以玉米消费将呈现缓增波动。

由于年度供应受到天气以及种植面积的一些影响，玉米供应情况相对不稳定，再加上国内外价差以及耕地的制约等因素，国内近年来进口量表现出增加倾向，未来我国可能会适度维持一定的进口量。我国种植面积增加的余地较小，近年来，玉米产量增加更多地依赖于技术进步、单产提高。目前来看，国内玉米品种改良已经在广泛进行之中，未来存在单产提高的瓶颈，因此这种提高的局限性是显而易见的，未来供给提升的空间可能会受到限制。

## 十二、我国玉米出口状况如何?

在玉米贸易上，中国曾是重要出口国。1996—2002年，我国玉米出口量呈现增长态势，主要是受国内供应宽松推动。由USDA的数据来看，2002年我国玉米出口量为1524万吨，为历史最高值。2003年开始，伴随着国内需求的快速增长，国内玉米出口量呈现下滑态势，2007年我国出口量降至55万吨，2008年之后我国基本不出口玉米。

我国玉米出口量下滑主要受两方面因素影响，既有市场原因，也有政策原因。一方面，国内玉米加工业迅速发展，对玉米的需求大增，可供出口的玉米量迅速减少。我国玉米产销基本平稳，但库存量处于较低的水平，自2003/2004年度起，我国玉米库存量逐渐下降。另一方面，国家压缩玉米出口市场。早在2006年11月，国家发展改革委就指出2007年2月底以后，不允许新签玉米出口合同，以保证日渐紧张的国内需求。2007年9月20日，国家发展改革委发布的《关于促进玉米深加工业健康发展的指导意见》指出，各地区原则上要减少玉米出口，以保证国内供求平衡；2008年玉米净出口量接近零。自2007年12月20日开始，国家先后出台取消玉米13%的出口退税和征收玉米5%的出口关税等政策。

## 十三、我国玉米出口政策有哪些变化？

2001年，中国入世后玉米的出口量开始迅速增长2001年玉米出口600万吨，2002年达1167.30万吨，同比增长了95%，2003年我国玉米的出口量达到顶峰，高达1638.90万吨，同比增长40个百分点。但2003年后出口量开始滑落，2004年仅出口231.79万吨，同比下降86%，2005年又略有回升，出口861万吨玉米。中国玉米出口额的变化与国家在玉米贸易上的宏观调控政策有密切的关系。2000年以后，我国政府加大了对玉米出口的扶持力度；2002年国家免征了大宗谷物的铁路建设基金，实现了玉米出口增值税零税率，极大地提高了我国玉米的国际竞争力。就在2003年玉米出口达到最高峰的时刻，国家开始调节玉米贸易政策，2004年取消了玉米的出口补贴，同时调减出口配额到300万吨，开始限制玉米的出口。因此2004年玉米出口开始急剧下降，直到2005年，玉米的出口量才有所反弹，但仍难与2002年、2003年的大规模出口相匹敌。

## 十四、我国玉米进口状况如何?

2006年以前，除1995年和2004年进口了几百万吨以外，其他年度，我国都是玉米出口国。2006年我国个别企业尝试从国外进口玉米，一些小批量集装箱进口玉米已经到货，山东等地的部分企业7月甚至出现了整船进口玉米现象。2006—2009年我国玉米年进口量在35万吨到80万吨之间波动，整体未超过100万吨。2010年之后，我国玉米年进口量都在100万吨之上，并且呈现相对扩大态势。其中，增幅比较明显的是2020年，2020年我国玉米进口量首次超过1000万吨，2021年进口量进一步上升至2835万吨。我国玉米进口量增长，既有政策的影响，也有国内需求扩张的影响，还有内外价差的推动。

我国玉米进口来源国主要是美国和乌克兰。2010—2014年，美国玉米进口量占比基本维持在九成以上。2012年，中国与乌克兰签署30亿美元贷款换玉米合作协议，自此中国从乌克兰进口玉米持续增长。2015年，我国从乌克兰进口的玉米数量首超美国，乌克兰跃升至我国玉米进口榜首，进口量占比为81.44%。2016—2020年，我国从乌克兰进口的玉米数量一直居进口量首位。2019年，中美贸易摩擦使我国从美国进口的玉米数量降至历史低位；2020年中美签订2000亿美元的贸易协议，我国从美国进口的玉米数量再度回升，年进口量为1130万吨。其中，从美国进口的玉米数量占比为38.41%，乌克兰占比为55.75%。2021年我国自美国进口的玉米数量进一步增长，上升至进口量榜首，年进口量为2835万吨，其中，美国占比为69.95%，乌克兰占比为29.07%。

## 十五、我国玉米进口政策有什么变化?

与出口锐减现状相反的是，近年来，我国玉米的进口量却在一直攀升。尽管从2002年到2005年的进口总量只有大概1万吨，但我们可以发现2003年以后我国玉米的进口量呈现相对上升的态势。2001年，加入WTO之后，我国对玉米等主要粮食产品实施降税，但继续保留进口关税配额管理制度。2002年，玉米进口配额数量为585万吨，其中，配额内进口关税为1%，配额外进口关税为71%，国营贸易比例为68%，私营贸易为32%。2004年，中国玉米进口配额数量小幅增长至720万吨，配额内进口关税仍为1%，配额外进口关税降至65%，国营贸易比例调整为60%，私营贸易比例增至40%。此后，该进口配额管理政策一直持续至今。目前，我国允许进口的国家主要有泰国、老挝、阿根廷、俄罗斯、乌克兰、保加利亚、巴西、柬埔寨、南非、匈牙利、美国、秘鲁（限大玉米）、哈萨克斯坦、墨西哥、乌拉圭。

## 十六、我国玉米市场将如何影响全球贸易格局?

美国是世界上玉米生产大国，播种面积占全球的近16%，产量占30%，国际贸易量达全球的1/3。而中国作为全球第一大玉米种植国，产量占全球的23%，消费量占全球的1/5。预计未来一段时间，我国将维持玉米净进口的状态，玉米进口国预期继续以主产国美国、乌克兰、巴西等为主。我国由纯出口玉米转向主要进口国，对全球玉米贸易格局的影响越来越重要。目前，我国作为全球第一大玉米进口国，进口量变化必然会对全球消费结构以及贸易流向产生较大影响，同时会加剧主要生产国美国、南美等地区的出口竞争，进而影响全球玉米的贸易价格。2020年以来，我国进口玉米量小幅增长，为国际玉米价格高位运行提供一定的支撑。

## 十七、近年来我国玉米贸易出现逆转的原因是什么?

### (一) 国内贸易政策的变化

中国在农产品贸易上作出的让步，在美国1999年4月8日“单方面公布”的资料中的农业条款里提到：中国同意大幅度增加最低关税限额的农产品进口数量，2004年玉米配额从450万吨增加到720万吨，此外，中国还承诺取消出口补贴，特别是取消对美国不利的玉米、棉花和大米等的出口补贴。另据“乌拉圭回合”的《农业协议》产生贸易扭曲的政策，我国承诺到2008年农产品的平均进口关税税率要降到15.10%，在很大程度上降低了国外农产品进入我国的门槛。

### (二) 国内玉米供需出现缺口

国内玉米进口增长，除了政策影响之外，核心依然是国内外价差所导致的贸易流动。“十三五”期间，玉米供给侧结构性改革措施的实施，使玉米供给增速放缓，同时，下游需求增速有所提升。随着临储库存对市场供应补充消失之后，玉米供需缺口有所显现，国内外价差扩大，带动了2020年以来玉米进口量的增长。从远期来看，国内玉米种植面积增长空间有限，供应端增速或继续维持缓增态势，同时需求端仍然存在刚性增长推动力，也就是说，玉米需求缺口仍然存在，或继续支撑玉米进口量维持高位波动。

### (三) 国内玉米种植成本不具优势

国内玉米种植成本远远高于美国和巴西，主要体现在人工成本和地租成本。劳动工资的快速上涨进一步弱化了我国玉米生产的竞争力，中国的劳动力成本（含雇工费用及自有人工机会成本）大大高于其他玉米主产国。此外，土地的租金成本（含租用土地及自有土地机会成本）也远高于美国和巴西。主要原因是房价的快速上涨使非农土地价格暴涨，而过去几年的国家收储政策使粮食生产有稳定且较高的收益，从而使土地生产要素的价格大幅提升，而土地的分散又使机械化操作的成本远高于美国和巴西。

### （四）国内玉米的生产力低、科技含量不高

随着转基因玉米在中国市场的准入，我国很多企业都开始争相大量购进转基因玉米。虽然目前转基因问题在国际上还有很多争议，但美国玉米凭借其转基因品种的抗虫性，在很大程度上节约了成本，使其价格更具竞争力，而国内玉米与之相较则失去了优势。如何提升国内玉米的整体竞争力，在实现玉米优质的同时，降低其生产成本，是中国玉米维持世界地位的一个关键问题。

## 十八、玉米贸易净进口对我国会产生什么影响?

进口玉米的大幅增长会对国内的玉米市场造成一定程度的冲击，但不会造成严重的后果，原因有三点：一是我国的玉米主要以自给为主，商品率不高，进口玉米的辐射力和影响面较小，很难让中国农民吃外国的玉米。二是2021年我国进口玉米的数量就达到了2835万吨，市场尚可承受，所以玉米贸易的逆差在短期内不会严重影响国内玉米市场的正常运作。三是关税配额仅仅是个指标，就像某个计划指标那样，能否完成取决于许多因素，这主要取决于国内玉米的供求状况。倘若供给充足，粮食的进口并非硬性的；反之，如果供不应求，还可能进口比关税配额更多的粮食。

但是，我们不能忽视玉米进出口贸易逆转所带来的负面影响，国外玉米进口的增长，使国内资金外流，国内玉米供应将相应增多，使国内南方销区

本来就有限的市场份额被更多的国内企业争抢，导致竞争更为激烈。此外，进口增加也会在一定程度上打压国内玉米价格，造成国内生产者收益的减少，打击农民种植玉米的积极性，使玉米种植面积有所下滑，进一步限制国内供应增速。

## 十九、中美两国对全球贸易格局影响如何？

CBOT 玉米期价仍然是国际玉米贸易的定价基础，同时，美国出口份额或继续保持第一的位置，国际玉米贸易仍将由美国主导。基差贸易在农产品国际贸易中的运用已经非常成熟，目前，玉米国际贸易主流仍是以 CBOT 玉米期价为基础的基差定价，基于国际贸易市场对 CBOT 玉米期价的认可度，未来很长一段时间，国际玉米贸易将延续以 CBOT 玉米期价为基础的贸易定价。由于 CBOT 玉米期价对美国供需情况的反映更为直接，美国市场对其的影响力仍然比较大。此外，目前美国仍然是全球玉米第一大出口国，其出口贸易量占全球玉米出口贸易量的 1/3，基于美国供需增速都放缓的预期，未来一段时间美国可供出口量或维持稳定态势，同时在其他有力竞争产量增速缓慢的预期下，美国出口份额第一的位置或将延续。

2021 年我国上升为全球第一大玉米进口国，我国玉米进口量变化对全球消费预期有重要的影响。2020 年以前，全球玉米进口国较为分散，同时体量都比较有限，对市场的主导性相对有限，2020 年在中美贸易协议的推动下，我国进口份额大幅提升，作为全球第二大玉米消费国，我国玉米消费以刚性饲料消费为主，进口量的提升必然会增强我国对全球贸易的主导性。基于我国目前的情况，即玉米种植面积增长空间有限，供应端增速或继续维持缓增态势，而需求端仍然存在刚性增长推动，相对缺口仍然存在，以上情况将继续支撑玉米进口量在高位波动。

## 二十、我国玉米贸易发展趋势对玉米贸易格局有哪些影响?

玉米净进口的发展可能会对目前我国的玉米贸易格局产生新的影响。首先，我国“南进北出”的玉米流通格局已经形成。“南进北出”实际上是国内南北两个区域市场玉米生产的空间置换向国际的延伸，即由进口玉米满足南方省份部分需求，北方省份玉米向主销区山东以及南方地区流动。2022年的中国农业展望报告预测，我国受耕地、水资源等刚性约束，粮食供求中长期仍将处于紧平衡态势，我国粮食仍将保持适度进口，不过，随着消费增速放缓，粮食进口量将在未来十年逐步回归低位区间波动，玉米进口量将从当前的历史高位逐步下降。预计2031年我国玉米进口量降至757万吨。我国南方省份进口玉米，将使国内玉米市场与世界市场的联系更加紧密，玉米价格将随世界玉米市场价格的变动而变化，国内玉米市场的供需平衡将更多地受世界市场的影响。通过国内玉米市场价格的传导机制，南方销区玉米价格的变动将直接影响北方主产区玉米价格的变动，使主产区玉米价格与世界玉米价格的联动性增强。

## 二十一、未来国内玉米贸易新格局将如何变化?

近年来，随着玉米深加工企业的飞速发展，主产区、销区的结构正在发生变化。山东、河北等华北黄淮主产区已经出现供应缺口，正在逐渐由产区转变为销区，这样当地玉米流出量将大大减少，而且还会分流市场的部分粮源。然而，东北地区玉米深加工的需求也在迅猛增长，按照目前的速度发展下去，东北地区可调出的玉米将越来越少，我国玉米供应自给自足的局面将彻底改变。后期，随着国内玉米供应紧张的趋势日益加深，长江流域以南地区会在国际市场价格有优势的时候适量进口一定数量的玉米。

我国玉米市场的一个特点就是生产和消费分布极不平衡。每年玉米进入我国流通领域的有2.5亿吨，因为我国玉米主产区在北方，销区在南方，所以形成了当前玉米市场格局，最长运距达2000公里以上。我国玉米的主产区主要集中在东北、华北和西南、西北，其中辽、吉、黑、鲁、豫等省份生产了全国70%以上的玉米，东北地区是我国最大的商品玉米生产基地，其他玉米产区分布在华南、华东和西南地区。长江流域以南地区由于饲料工业和畜牧业发达，虽然玉米产量占比只有20%，消费量却达全国总产量的50%以上。

未来玉米贸易将形成“南进北出”的格局。黄淮地区的玉米主要销往华东，东北地区的玉米主要销往华南和华东，西北的玉米主要销往西南。每年6月份之后，华北和南方生产的玉米所剩无几，南方客户开始转向北方购买玉米。20世纪90年代中后期，东北已经成为我国最大的粮食调出区，华北地区玉米调出量逐步减少，华中地区和华南地区则成为最大的玉米调入区。在我国玉米北粮南运的流通格局中，主要的玉米集散中心有五个，即产区的长春—四平—铁岭一带铁路沿线，大连、鲅鱼圈—锦州港沿海一线，华北黄淮地区，销区珠江三角地区和江浙沪地区。

了解研究玉米行业尤其是玉米的消费和需求必须要深入了解玉米产业链，产业链的每一个环节都影响玉米的供需，而这个方面也直接或间接地决定了市场价格变动的热点变化。本章从玉米产业链的角度出发，通过玉米在产业链中各个环节的使用情况展现了我国玉米的消费结构，进而为更清楚地了解我国玉米市场未来的动态走向提供依据。

## 自测题

### 一、选择题

1. 玉米种植面积最大的洲是（　　）。

A. 亚洲　　B. 北美洲　　C. 南美洲　　D. 欧洲

2. 世界主要生产玉米的国家和地区集中在美国、（　　）和欧盟。

A. 中国、印度　　B. 中国、巴西

C. 印度、阿根廷　　D. 俄罗斯、巴西

3. 全球有两大著名的玉米黄金带，分别位于（　　）和（　　）。

A. 中国　美国　　B. 美国　巴西

C. 巴西　阿根廷　　D. 中国　乌克兰

4. 全球饲用玉米消费 7.47 亿吨，占玉米消费总量的（　　）。

A. 63.4%　　B. 50%　　C. 60%　　D. 90%

5. 全球玉米出口国是美国、（　　）、（　　）以及乌克兰。

A. 中国　欧盟　　B. 巴西　阿根廷

C. 巴西　中国　　D. 阿根廷　欧盟

6. 全球玉米进口国集中在（　　）。

A. 非洲地区　　B. 欧洲地区　　C. 亚洲地区　　D. 南美洲地区

7. （　　），常年玉米播种面积为 1600 万公顷，正常年份玉米产量为 1.12 亿吨左右，占全国玉米总产量的 43% 左右，是我国最大的玉米商品粮产地。

A. 东北地区（含内蒙古）　　B. 华北地区

C. 华中地区　　D. 华南地区

8. 我国玉米消费主要用于饲料和深加工，二者占到了（　　）以上。

A. 65%　　B. 70%　　C. 75%　　D. 95%

9. 根据农业农村部的数据来看，2022/2023 年度玉米饲用消费量为 1.88 亿吨，在总消费量中的占比为（　　）。

A. 27.88%　　B. 64.7%　　C. 70%　　D. 50%

10. 我国玉米进口来源国主要是（　　）和（　　）。

A. 美国　巴西　　B. 美国　阿根廷

C. 美国　乌克兰　　D. 巴西　阿根廷

## 二、填空题

1. 玉米最大生产国和需求国是（　　）。

2. 玉米最大的进口国是（　　）。

3. 阿根廷是世界第（　　）大玉米出口国。

4. 21 世纪以来，我国玉米的年食用消费总量继续维持稳定，约（　　）万吨，占比总体上相对稳定在（　　）%左右。

5. 玉米国际贸易主流仍采用以（　　）为基础的基差定价。

## 参考答案

### 一、选择题

1. B　2. B　3. A　4. A　5. B　6. C　7. A　8. D　9. B　10. C

### 二、填空题

1. 美国　2. 中国　3. 三　4. 900；4　5. CBOT 玉米期价

# 第八章

# 玉米期权基本交易策略

**本章要点**

前面我们介绍了玉米期权的基础知识，包括相关概念、基本合约、影响因素等，从中可以很明显地看出期权交易要比期货交易复杂。不仅期权合约比期货合约多，期权交易策略也明显比期货交易策略复杂。为了大家更好地理解期权的套保以及套利策略，本章先给大家讲解玉米期权的基本交易策略，套保以及套利策略都是在基本策略基础上的延伸。

## 一、期权策略类型有哪些？

前面我们已经介绍过，期权可以分为看涨期权和看跌期权两种类型，而期权交易者又有买入期权或者卖出期权两种操作，所以期权交易有四种基本策略：买入看涨期权策略、卖出看涨期权策略、买入看跌期权策略和卖出看跌期权策略。期权交易策略可以是这四种基本策略中的一种，也可以是由这四种基本策略形成的组合策略。

## 二、买入看涨期权策略的应用场景是什么?

买入玉米看涨期权，是指买方支付权利金，获得以行权价格向卖方买入对应数量的玉米期货的权利。当投资者预期玉米期货价格上涨时，他可以支付一定的权利金买入看涨期权。一旦玉米期货价格如期上涨，并且远高于持有的看涨期权对应的行权价时，投资者可以选择执行看涨期权，以行权价获得玉米期货，然后按当前的期货价格水平卖出玉米期货，获得差价利润，在弥补支付的权利金后还有盈余；或者在权利金价格上涨时卖出期权平仓，从而获得权利金差价收入。本章对期权的盈亏讨论主要以行权为基础进行相关的损益分析。买入玉米看涨期权应用情景以及对应的盈亏情况如表 8 - 1 和图 8 - 1 所示。

**表 8 - 1　　买入看涨期权综合分析**

| 项目 | 买入看涨期权（Long Call） |
|---|---|
| 使用场合 | 期货市场受到利多题材刺激，多头气势如虹，预计后续还有一波不小的涨幅 |
| 操作方式 | 买入看涨期权 |
| 最大获利 | 无限制，期货价格涨得越多，获利越大 |
| 最大损失 | 权利金 |
| 损益平衡点 | 行权价格 + 权利金 |
| 保证金 | 不缴纳 |

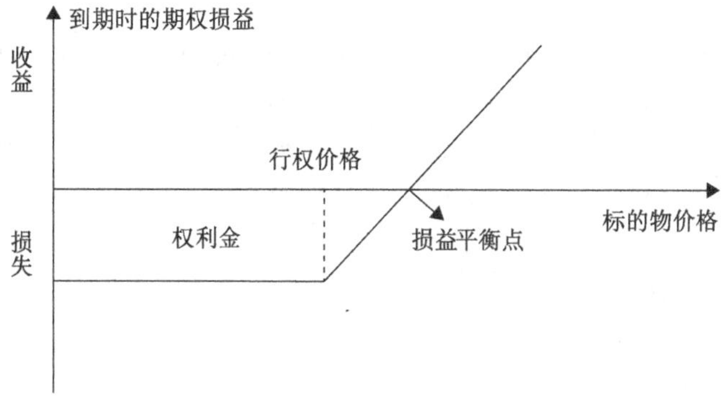


**图 8－1　买入玉米看涨期权的损益**

**案例 8－1**

某年 6 月，玉米期货 09 合约的价格为 2750 元/吨，某投资者预期未来玉米 09 合约价格将呈现先抑后扬的波动，涨幅较为可观，但是考虑到当下玉米期价或有一定幅度的下跌，直接买入玉米期货承受的风险较大，于是该投资者决定买入行权价格为 2800 元/吨的玉米 09 合约看涨期权，权利金为 70 元/吨。该策略对应的盈亏平衡点为 2870 元/吨（行权价格＋权利金），即未来玉米期货价格如果高于 2870 元/吨，则买入看涨期权获利；反之，如果低于 2870 元/吨，则买入看涨期权亏损。如果 8 月份，玉米 09 合约涨到 3000 元/吨，投资者选择行权，行权获利 200 元/吨（即期货价格－行权价格：3000－2800＝200 元/吨），净盈利 130 元/吨（行权获利－权利金：200－70＝130 元/吨）；反之，如果在到期前玉米期货延续下跌波动，到期时跌到 2600 元/吨，此时期权已经没有价值，应选择放弃行权，损失全部权利金 70 元/吨。未来不同期货价格对应的盈亏如表 8－2 和图 8－2 所示。

**表 8－2　买入玉米看涨期权损益情况**　（单位：元/吨）

| 标的价格 | 行权价格 | 期权盈亏 | 权利金支付（成本） | 净盈亏（期权盈亏－成本） |
|---|---|---|---|---|
| 2520 | 2800 | 0（放弃行权） | 70 | －70 |
| 2590 | 2800 | 0（放弃行权） | 70 | －70 |
| 2660 | 2800 | 0（放弃行权） | 70 | －70 |

续表

| 标的价格 | 行权价格 | 期权盈亏 | 权利金支付（成本） | 净盈亏（期权盈亏－成本） |
|---|---|---|---|---|
| 2730 | 2800 | 0（放弃行权） | 70 | －70 |
| 2800 | 2800 | 0（放弃行权） | 70 | －70 |
| 2870 | 2800 | 70（行权） | 70 | 0 |
| 2940 | 2800 | 140（行权） | 70 | 70 |
| 3010 | 2800 | 210（行权） | 70 | 140 |
| 3080 | 2800 | 280（行权） | 70 | 210 |
| 3150 | 2800 | 350（行权） | 70 | 280 |

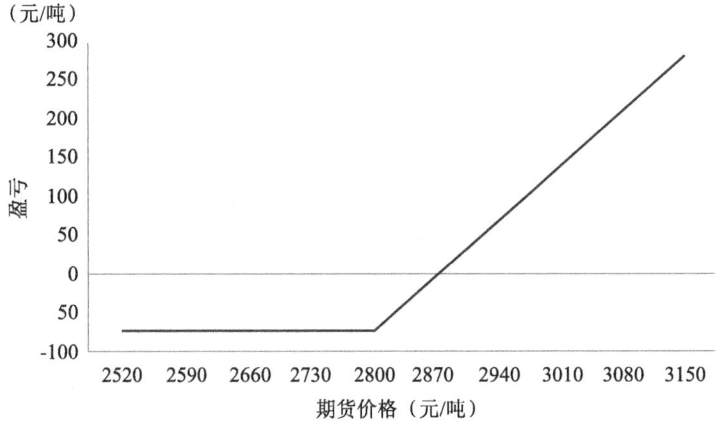


**图 8－2　买进玉米看涨期权的损益**

## 三、卖出看涨期权策略的应用场景是什么?

卖出玉米看涨期权，对应买入玉米看涨期权，是指卖方获得权利金，在买方要求行权的时候，卖方必须以行权价格向买方卖出对应数量的玉米期货。如果玉米期货价格低于行权价格，则买方不会行权，卖方可获得全部权利金，如果玉米期货价格在行权价格与损益平衡价格之间，卖方可以获取一部分权利金收入。如果玉米期货价格大于损益平衡点，则卖方将面临一定幅度的亏损。卖出玉米看涨期权应用情景以及对应的盈亏情况如表 8－3 和图 8－3 所示。

**表 8－3　　卖出看涨期权综合分析**

| 项目 | 卖出看涨期权（Short Call） |
|---|---|
| 使用场合 | 期货价格经过一段时间的上涨面临前期高点或技术阻力位，预计后市转空或者进行调整 |
| 操作方式 | 卖出看涨期权 |
| 最大获利 | 权利金 |
| 最大损失 | 无限制，期货价格涨得越多，亏损越大 |
| 损益平衡点 | 行权价格＋权利金 |
| 保证金 | 缴纳 |

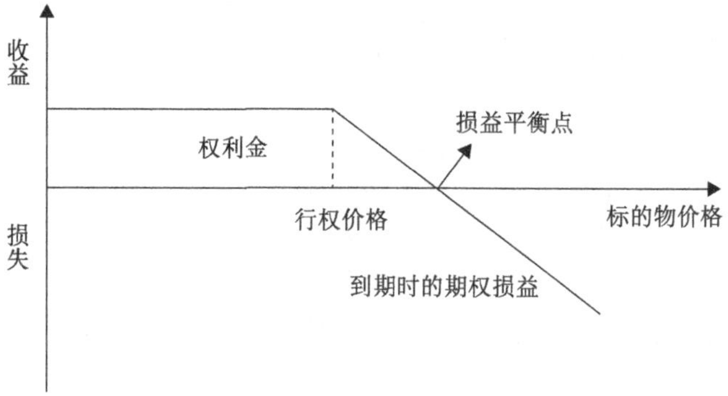


**图 8－3　卖出看涨期权损益**

**案例 8－2**

某年 9 月，玉米期货 01 合约的价格为 2650 元/吨，某投资者预期未来玉米 01 合约价格在 2700 元/吨附近很有可能会遇阻回落，但是考虑到当下玉米期价或有一定幅度的上涨，直接卖出玉米期货承受的风险较大，于是该投资者决定卖出行权价格为 2650 元/吨的玉米 01 合约看涨期权，权利金为 50 元/吨。该策略对应的盈亏平衡点为 2700 元/吨（行权价格＋权利金），即未来玉米期货价格如果高于 2700 元/吨，则卖出看涨期权亏损；反之，如果低于 2700 元/吨，则卖出看涨期权获利。如果 12 月份，玉米 01 合约涨到

2800元/吨，该投资者被行权，行权亏损150元/吨（期货价格－行权价格：2800－2650＝150元/吨），净亏损100元/吨（权利金－行权亏损：50－150＝－100元/吨）；反之，如果在到期前玉米期货持续下滑，到期时跌到2500元/吨，此时期权已经没有价值，投资者不会被行权，将获得全部权利金50元/吨。未来不同期货价格对应的盈亏如表8－4和图8－4所示。

**表8－4　　卖出玉米看涨期权损益情况**　　（单位：元/吨）

| 标的价格 | 行权价格 | 买方履约盈亏 | 权利金收入 | 净盈亏 |
|---|---|---|---|---|
| 2350 | 2650 | 未履约（0） | 50 | 50 |
| 2400 | 2650 | 未履约（0） | 50 | 50 |
| 2450 | 2650 | 未履约（0） | 50 | 50 |
| 2500 | 2650 | 未履约（0） | 50 | 50 |
| 2550 | 2650 | 未履约（0） | 50 | 50 |
| 2600 | 2650 | 未履约（0） | 50 | 50 |
| 2650 | 2650 | 未履约（0） | 50 | 50 |
| 2700 | 2650 | 履约（－50） | 50 | 0 |
| 2750 | 2650 | 履约（－100） | 50 | －50 |
| 2800 | 2650 | 履约（－150） | 50 | －100 |
| 2850 | 2650 | 履约（－200） | 50 | －150 |
| 2900 | 2650 | 履约（－250） | 50 | －200 |
| 2950 | 2650 | 履约（－300） | 50 | －250 |

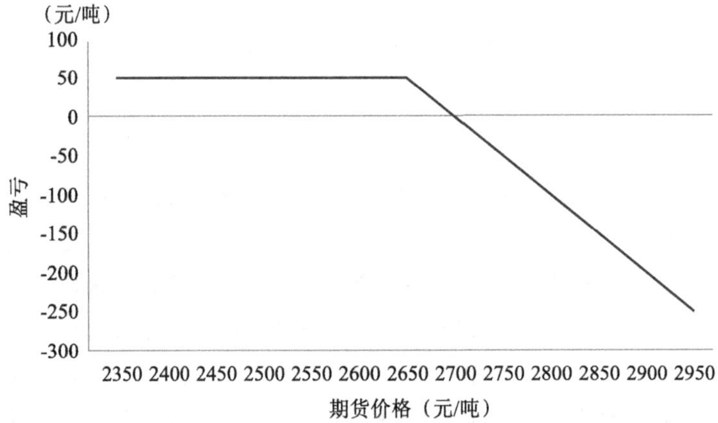


**图8－4　卖出玉米看涨期权损益**

## 四、买入看跌期权策略的应用场景是什么?

买入玉米看跌期权，是指买方支付权利金，获得以行权价格向期权卖方卖出对应数量的玉米期货的权利。如果未来玉米期货价格高于行权价格，买方就放弃行权，损失掉全部权利金。如果未来玉米期货价格在行权价格和损益平衡点之间，买方会损失部分权利金。如果未来玉米期货价格下跌至损益平衡点以下，则买方仍可以较高的行权价格卖出，只要价格一直下跌，就一直获利。因此，通过购买看跌期权，买方就锁定了未来期货价格大幅上涨的风险，同时又获得了未来价格下跌的收益。买入玉米看跌期权应用情景以及对应的盈亏情况如表 8 – 5 和图 8 – 5 所示。

**表 8 – 5　　　　买入看跌期权综合分析**

| 项目 | 买入看跌期权（Long Put) |
|---|---|
| 使用场合 | 期货市场受到利空消息打击或技术性转空，预计后市还有一波不小的跌幅 |
| 操作方式 | 买入看跌期权 |
| 最大获利 | 无限制，期货价格跌得越多，获利越大 |
| 最大损失 | 权利金 |
| 损益平衡点 | 行权价格 – 权利金 |
| 保证金 | 不缴纳 |

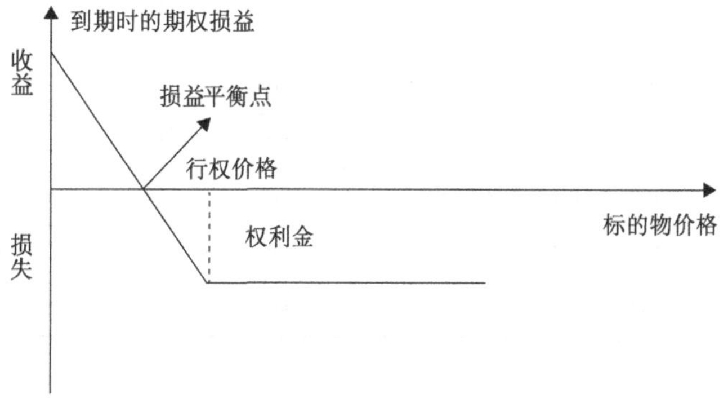


**图 8 – 5　买入看跌期权的损益**

**案例 8－3**

某年 1 月，玉米期货 05 合约的价格为 2750 元/吨，某投资者预期未来玉米 05 合约价格呈现先扬后抑的波动，未来跌幅较为客观，但是考虑到当下玉米期价或有一定幅度的上涨，直接卖出玉米期货承受的风险较大，于是该投资者决定买入行权价格为 2700 元/吨的玉米 05 合约看跌期权，权利金为 80 元/吨。该策略对应的盈亏平衡点为 2620 元/吨（行权价格－权利金），即未来玉米期货价格如果高于 2620 元/吨，则买入看跌期权亏损；反之，如果低于 2620 元/吨，则买入看跌期权获利。如果 4 月份，玉米 05 合约涨到 2900 元/吨，投资者放弃行权，亏损全部权利金 80 元/吨；反之，如果在到期前玉米期货价格持续下滑，到期时跌到 2500 元/吨，投资者应选择行权，行权盈利 200 元/吨（行权价格－当前价格），净盈利为 120 元/吨（行权获利－权利金）。未来不同期货价格对应的盈亏如表 8－6 和图 8－6 所示。

**表 8－6　　买入玉米看跌期权损益情况**　　（单位：元/吨）

| 标的价格 | 行权价格 | 期权盈亏 | 权利金支付（成本） | 净盈亏（期权盈亏－成本） |
|---|---|---|---|---|
| 2380 | 2700 | 320（行权） | 80 | 240 |
| 2460 | 2700 | 240（行权） | 80 | 160 |
| 2540 | 2700 | 160（行权） | 80 | 80 |
| 2620 | 2700 | 80（行权） | 80 | 0 |
| 2700 | 2700 | 0（放弃行权） | 80 | －80 |
| 2780 | 2700 | 0（放弃行权） | 80 | －80 |
| 2860 | 2700 | 0（放弃行权） | 80 | －80 |
| 2940 | 2700 | 0（放弃行权） | 80 | －80 |
| 3020 | 2700 | 0（放弃行权） | 80 | －80 |
| 3100 | 2700 | 0（放弃行权） | 80 | －80 |

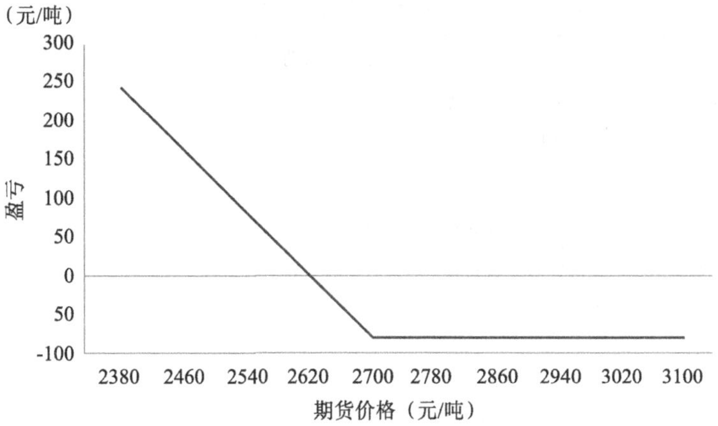


**图 8－6　买入玉米看跌期权损益**

## 五、卖出看跌期权策略的应用场景是什么？

卖出玉米看跌期权，对应买入玉米看跌期权，是指卖方获得权利金，在买方要求行权的时候，卖方必须以行权价格向期权买方买入对应数量的玉米期货。如果交易者预计玉米期货价格会出现小幅上涨，并预计不会出现大幅下跌时，通过卖出看跌期权可以获得权利金收益，可以避免玉米现货或期货价格上涨的风险，从而起到保值的作用。不过，在利用卖出看跌期权时需要注意，即使预测正确，期权交易带来的收益也是有限的，最高仅为权利金；如果预测错误，玉米期货价格大幅度下跌，期货价格跌至看跌期权的行权价格以下时，交易者可能会面临期权买方要求履约的风险，期权交易会给交易者带来一定的损失。卖出玉米看跌期权应用情况以及对应的盈亏情况如表 8－7 和图 8－7 所示。

表 8-7　　卖出看跌期权综合分析

| 项目 | 卖出看跌期权（Short Put） |
|---|---|
| 使用场合 | 市场向多或牛皮盘整 |
| 操作方式 | 卖出看跌期权 |
| 最大获利 | 权利金 |
| 最大损失 | 无限制，期货价格跌得越多，亏损越大 |
| 损益平衡点 | 行权价格 - 权利金 |
| 保证金 | 缴纳 |

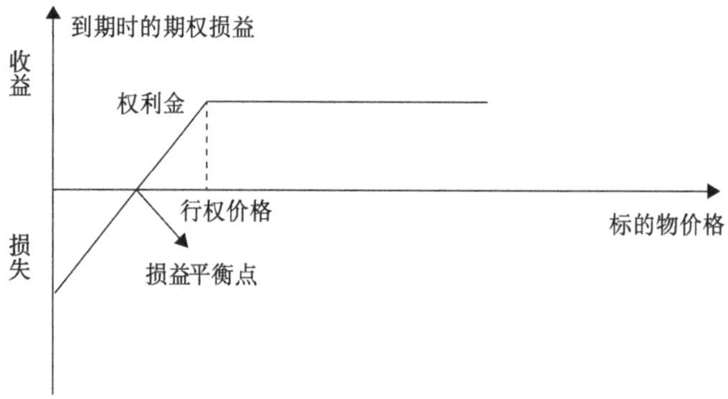


图 8-7　卖出看跌期权损益

**案例 8-4**

某年 5 月，玉米期货 09 合约的价格为 2600 元/吨，某投资者预期未来玉米 09 合约在 2500 元/吨附近有明显的支撑，未来玉米 09 合约下破 2500 元/吨的概率较小，不过考虑到当下玉米期价仍有一定幅度的下跌，直接买入玉米期货承受的风险较大，于是该投资者决定卖出行权价格为 2550 元/吨的玉米 09 合约看跌期权，权利金为 50 元/吨。该策略对应的盈亏平衡点为 2500 元/吨（行权价格 - 权利金），即未来玉米期货价格如果高于 2500 元/吨，则卖出看跌期权盈利；反之，如果低于 2500 元/吨，则卖出看跌期权亏损。

如果 8 月份，玉米 09 合约涨到 2800 元/吨，该期权已经没有价值，投资者不会被行权，将获得全部权利金 50 元/吨；反之，如果在到期前玉米期货价格持续下滑，到期时跌到 2400 元/吨，投资者将会被行权，行权亏损 150 元/吨（行权价格 - 期货价格：2550 - 2400 = 150 元/吨），净亏损 100 元/吨（权利金 - 履约亏损：50 - 150 = -100 元/吨）。未来不同期货价格对应的盈亏如表 8 - 8 和图 8 - 8 所示。

**表 8 - 8　　卖出玉米看跌期权损益情况**　　（单位：元/吨）

| 标的价格 | 行权价格 | 买方履约盈亏 | 权利金收入 | 净盈亏 |
|---|---|---|---|---|
| 2250 | 2550 | 履约（-300） | 50 | -250 |
| 2300 | 2550 | 履约（-250） | 50 | -200 |
| 2350 | 2550 | 履约（-200） | 50 | -150 |
| 2400 | 2550 | 履约（-150） | 50 | -100 |
| 2450 | 2550 | 履约（-100） | 50 | -50 |
| 2500 | 2550 | 履约（-50） | 50 | 0 |
| 2550 | 2550 | 未履约（0） | 50 | 50 |
| 2600 | 2550 | 未履约（0） | 50 | 50 |
| 2650 | 2550 | 未履约（0） | 50 | 50 |
| 2700 | 2550 | 未履约（0） | 50 | 50 |
| 2750 | 2550 | 未履约（0） | 50 | 50 |
| 2800 | 2550 | 未履约（0） | 50 | 50 |
| 2850 | 2550 | 未履约（0） | 50 | 50 |

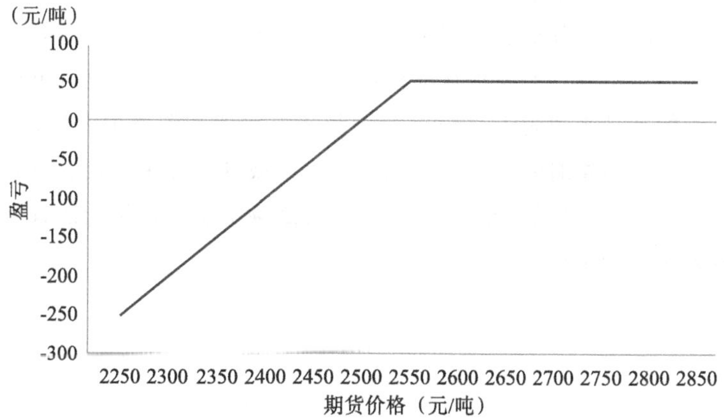


**图 8 - 8　卖出玉米看跌期权损益**

## 六、期权交易中存在哪些风险?

期权交易过程中同样面临诸多风险，主要包括权利金波动风险、市场流动性风险、合约到期风险等内容。期权合约在到期日之后，合约就会失效，不再存续。

交易风险，或者说价格风险，是期权投资者面临的主要风险。期权的价格，即权利金。期权交易中，买方与卖方头寸均面临权利金变动方向不利的风险，这点与做期货相同。对于期权买方来说，如果买得低而卖得高，平仓就能获利；相反则亏损。结合行权来考虑的话，期权与期货不同的是，期权多头的风险底线已经确定和支付，其风险控制在权利金范围内，期权空头的风险则存在与期货相同的不确定性。由于期权卖方收到的权利金能够为其提供相应的保护，从而在价格发生不利变动时，能够抵消期权卖方的部分损失。一旦价格的不利变化超出了权利金的幅度，卖方就开始亏损，因此，与期货相比，期权卖方风险具有延迟性。

市场流动性风险，主要是指由于市场深度、广度不够，使期权投资者无法在合理价位上对冲平仓而产生的风险。即使发生了损失，交易者也不能够及时止损，只能眼睁睁地看着损失不断扩大。由于期权具有合约多、交易分散、原理复杂等特点，期权市场的流动性风险通常高于标的期货市场，而且期权交易的特点是平值附近合约较为活跃，深实值和深虚值合约成交稀少，甚至无人问津。随着时间的推移和期货价格的波动，如果投资者持有的合约行权价格偏离期货市价越来越远，交易就会逐渐清淡，甚至无法成交，投资者也可能无法平仓出局。

## 自测题

### 一、不定项选择题

1. 期权交易的基本策略有（　　）。

A. 买入看涨期权　　B. 卖出看涨期权

C. 买入看跌期权　　D. 卖出看跌期权

2. 期权交易的风险有（　　）。

A. 交易风险　　B. 市场流动性风险

C. 合约到期风险　　D. 卖出看跌期权

3. 买入玉米看涨期权，是指买方支付权利金，获得以（　　）向卖方买入对应数量的玉米期货的权利。

A. 行权价格　　B. 开盘价格　　C. 收盘价格　　D. 协议价格

4. 如果交易者预计玉米期货价格会出现小幅上涨，并预计不会出现大幅下跌时，通过（　　）可以获得权利金收益，可以避免玉米现货或期货价格上涨的风险，从而起到保值的作用。

A. 买入看涨期权　　B. 卖出看涨期权

C. 买入看跌期权　　D. 卖出看跌期权

### 二、判断题

1. 与期货相比，期权卖方风险具有延迟性。（　　）

2. 卖出玉米看涨期权，对应买入玉米看涨期权，是指卖方获得权利金，在买方要求行权的时候，卖方可以选择是否以行权价格向买方卖出对应数量的玉米期货。（　　）

3. 在利用卖出看跌期权时需要注意，即使预测正确，期权交易带来的收益也是有限的，最高为权利金；如果预测错误，期货价格跌至看跌期权的行权价格以下时，期权交易会带来一定的损失。（　　）

### 三、填空题

1. 结合行权来考虑的话，期权与期货不同的是，期权（　　）的风险底线已经确定和支付，其风险控制在权利金范围内，期权（　　）的风险则存在与期货相同的不确定性。

2. 由于期权具有合约多、交易分散、原理复杂等特点，期权市场的流动性风险通常（　　）标的期货市场。

3. 通过购买（　　），买方就锁定了未来期货价格大幅上涨的风险，同时又获得了未来价格下跌的收益。

## 参考答案

### 一、不定项选择题

1. ABCD　　2. ABC　　3. A　　4. D

### 二、判断题

1. √　　2. ×　　3. √

### 三、填空题

1. 多头、空头　　2. 高于　　3. 看跌期权

# 第九章

# 玉米种植者如何利用衍生品市场

**本章要点**

作为玉米产业链的第一环节，玉米种植者面临“卖粮难、收入低”“丰产不丰收”的情况，而我们知道衍生品市场具有价格发现和规避风险两大功能，如果广大种植者能够合理利用衍生品市场，则“卖粮难、收入低”的问题将会被解决。种植者如何利用衍生品市场实现增产增收呢，本章将对此进行详细说明。

## 一、玉米种植者面临的主要问题是什么？

玉米是农民脱贫致富和增加收入的重要农产品之一，在东北及华北地区农民的收入中占比较高。但是，在传统的种植和销售模式中，农民通过种植玉米所获得的收入往往偏低，销售方面难以得到保障，经常出现“卖粮难，收入低”“丰产不丰收”的情况。玉米产区的农户或许都有过这样的卖粮经历：前一年玉米价格高企，种植利润较高，第二年农民赶紧增加了玉米的种植面积，结果来年收获之后，玉米价格却一路走低。面对变幻的市场，种什么、什么时候卖一直困扰着广大农民。

造成这种情况的主要原因有以下两个方面：

一是玉米集中上市销售，容易造成价格低谷。东北及华北地区是我国玉米的主要产区，产量占到全国产量的近 80%，收获上市也比较集中，一般在每年的 9 月至 10 月，之后需要一个月左右的时间进行晒（烘）干、脱粒，10 月至 11 月玉米便开始大量上市，短期内供过于求是不争的事实，此时玉米价格自然很难上去。但是农民需要还贷，也急需下一季的耕种资金，所以为了尽快取得收入，不惜低价出售。

然而，由于数量庞大的商品粮无法在当地消费，绝大部分要运往外地，但运力短缺又成为另一大难题。商品粮并不能被全部收购，即使被全部收购又不能被完全贮存，于是粮食产销经常出现“收贮运”老大难问题。同时，贸易商及加工企业收粮数量一时受限，结果就出现了农民想卖粮但卖粮难的局面。

二是玉米价格影响因素较多，但农村信息相对闭塞，农民难以对玉米的价格走势作出判断，在播种时盲目安排种植面积，在收获时只能被动接受收购单位或者玉米商贩的报价，从而在价格的博弈上处于被动和劣势地位，进而出现农民在价格上不具有话语权的问题，结果造成农民收入低的局面。

从上面分析我们可以看到，造成农民“卖粮难、收入低”的根本原因还是产销结构问题。为此近几年国家也利用政策进行调控，稳定玉米市场价格，保障农民收益，但是仍然遇到很多问题，比如导致玉米价格过快增长，产业受创。国家调控并不能解决所有问题，农民增收、农业可持续发展，这一切都无法绕开市场这一环节。我国加入世界贸易组织后，农民开始直面激烈的国际竞争，农民乃至农业产业开始面对更大的市场风险。如何让农民进入市场、把握市场，成为农业生产中一个亟待解决的命题。

## 二、玉米种植者风险管理模式有哪些？

为了解决农民“卖粮难、卖价低”的问题，推动农业发展，一些地方政府也尝试推动大型加工企业与种植户之间建立“企业 + 农户”的订单模式。这种模式的做法是：政府代表农户与企业签订订单，约定玉米收获上市时，企业以略高于市场价收购农户的玉米。

这是最早的“订单农业”模式，主要特点就是企业直接面对农户。缺点是，这样的模式在实践中存在不少问题，突出的一点就是预先签订的订单在执行中约束性差，履约率根本没有保障。常见的情况是，当市场行情好的时候，农民纷纷向市场出售，并不留给签约企业，企业无法让农户履行订单，实际平均履约率是很低的，因此企业往往无法完成预期的收购目标，严重影响了企业的原料供应，给企业生产造成损失；当行情不好的时候，农民积极履行订单，但企业一旦履行订单，按照订单的价格收购，受到下游产品价格下跌的影响，企业又无法避免地会出现经营亏损，往往不堪重负。

为了解决履约率问题，人们又尝试“企业 + 专业合作社 + 农户”的模式，即由企业在资金、技术等方面给专业合作社提供帮助，再与专业合作社建立订单关系，借助合作社来保障农户的玉米供应。这样有助于解决玉米供应保障问题，但是仍然存在一个关键的风险，即玉米下游产品波动的市场风险。即使双方严格履约，企业按照订单约定的价格收购玉米，也会出现玉米下游产品价格低，企业原料收购价格过高，从而导致企业产生亏损。当加工企业面临巨大的价格风险时，“企业 + 专业合作社 + 农户”的模式也无法顺利实施。

伴随着国家对农产品价格限制逐步放宽和我国农产品期货及衍生品市场发展日渐成熟，农产品风险管理模式也越来越多样化，农民的风险管理产品也越来越丰富，国内玉米种植户的风险管理模式也由“企业 + 农户”“企业 + 专业合作社 + 农户”的模式扩展到“保险 + 期货”、场外期权以及场内期权等模式。2015 年，大商所推动期货公司和保险公司首创了“保险 + 期货”模式，推动了农产品相关保险的发展，也开启了农户风险管理新模式。之后，在政策的推动下，应用规模不断扩大，应用方式也不断优化，目前发展已经初见成效，得到了市场以及农户的认可。与“保险 + 期货”同时发展的还有农产品期权，“保险 + 期货”带动了期货公司风险管理子公司场外期权的发展，进一步丰富了农户风险管理产品，此外，2017 年 3 月 31 日豆粕期权的上市开启了场内商品期权的发展历程，之后各大交易所陆续推出了多个期权品种，玉米期权于 2019 年 1 月 8 日上市，场内期权的发展进一步推动了整体期权市场的发展。

## 三、玉米期货的价格发现功能可以指导种植者进行种植、销售吗?

我们知道，价格发现功能是玉米期货市场的基本功能之一，玉米种植者可以关注、利用期货价格包含的信息和变化来指导自身的种植、销售。

第一，从价格形成机制来看，玉米期货市场通过期货交易形成的价格不是个别交易的结果，而是在一个集约化程度较高的市场上形成的价格，能够比较真实地反映市场供求状况，从而成为玉米的基准价格。这个基准价格是现在市场对未来价格的预期，集中体现了即期与未来不同时点的市场供求状况，计算的基础是现货价格加上各种利息、仓储、运输、管理等费用，场内交易双方再以自己的风险预测经验和知识水平决定了玉米期货价格。玉米期货价格具有很强的导向作用，在一定的范围内给现货交易提供了重要的参考，同时也为企业和农户开展生产经营活动提供了决策依据。

第二，我国玉米期货市场一次会挂出 12 个月期的玉米期货合约，投资者现在即可了解未来一年后的玉米期货合约价格，这充分体现了期货市场的引导性。能够了解未来一年期的价格，给企业生产经营提供了极其重要和充分的参考。

2004 年，我国玉米期货上市以后，为广大农民以更合理的价格销售玉米提供了一条畅通的渠道。广大农民也开始尝试通过期货市场的价格信号自己给玉米定价，而不是像以前那样只能被动地接受中间商和加工企业的收购价格，这是玉米期货上市给农民销售玉米带来的变化。

玉米期货市场的价格和现货市场的价格走势有很强的联动性，再加上期货市场对市场波动的反应更快，所以期货市场可以对现货市场进行有效的指导。经过相关性检验，大连港现货与期货价格相关系数为 0.94，长春现货与期货价格相关系数为 0.91，可见，玉米期货与现货市场高度相关，期货市场的走势与现货市场高度一致，而期货市场运行效率较高，能够充分发挥其价格发现功能。这就为玉米种植户利用期货市场确保收入创造了条件。这方面的基本做法有两个。

一是在玉米播种时期，农民可以根据期货市场远期月份的合约价格及走势信息，提前合理安排种植面积，掌握主动权。如果收获期的期货价格低迷，或者预期期货市场在未来若干月份中的价格走势趋向熊市，农民也可以相应减少种植面积；如果收获期的价格高涨，则可以增加种植面积，并且按照该期货价格倒推出玉米在未来收获期可能达到的价格，然后与收购企业签订预售订单，确保自己在未来收获期能获得预想的收入（该收购企业也可以通过套期保值、锁定成本，实现盈利）。

**案例 9－1**

2006 年，受燃料乙醇加工产业厚积薄发、异军突起的刺激，国内外玉米市场一改前些年相对沉寂的局面，价格总体呈现大幅上涨趋势，同时，市场成交也异常火爆。尤其是 8 月中旬之后，内外盘呈现联动上涨走势，CBOT 玉米期货价格的累计涨幅为 62%，国内玉米期货价格累计涨幅为 25%。一般情况下，农民会在年底制订来年的玉米种植计划，2006 年底，国内外玉米联手上行的良好势头给了农民一定的信心，在中国产区，大豆和玉米存在争地情况，而此时大豆市场呈现波澜不惊状态，于是农民纷纷选择种植玉米。当年玉米种植面积大幅增加至 29.5 百万公顷，同比增幅高达 4%。

二是在玉米收获季节，及时掌握并分析期货市场价格走势信息，可以增强农民在价格上的谈判能力，改变先前在价格博弈上不对等的被动局面。

**案例 9－2**

**农户惜售，丰收之际玉米价格上行**

2010 年 10 月中下旬，全国秋季玉米收割基本结束，此时正值粮食集中上市之际，国家收储还没有启动，此时玉米价格不容易形成上行，但农户通过大商所发布的信息了解到 2011 年 1 月份玉米期货价格为 2122 元/吨，而长春地区新玉米挂牌折干价仅为 1750 元/吨，期现价差高达 375 元/吨。一般情况下，期现价差应该在 40 元/吨至 180 元/吨之间，如果超过这个价格，后期便有靠拢的倾向。相对于期货，玉米现货价格后期应该还有一定的上行空间，所以农民惜售情绪不断升温，进而使玉米的上市数量长期维持在较低水平，而企业的库存却不断降低，企业为维持正常生产只能提价收购。东北产地粮商收购积极，一方面因为粮食质量好，另一方面新粮烘干外运后存在利润空间，因此形成了华北企业和东北局部粮商积极收购的局面。虽然这种状况存在被动和主动上的差异，但对市场价格都形成了明显的支撑。

以上事实证明，农民种植、销售玉米完全可以利用玉米期货的“风向标”。当然，期货市场是高度专业化的市场，农民要真正用好期货市场的功能，还需要主动学习期货知识，增强风险意识，了解市场最新的信息动态。在这方面，交易所、期货公司及行业协会都应尽力提供有益的帮助。比如，“千村万户工程”就为农民利用期货市场提供了很好的帮助。

## 四、“千村万户工程”对农民利用期货市场有什么帮助?

从前文我们可以看到，农户“卖粮难、收入低”，传统的订单农业存在缺陷，而期货市场可以有效地解决这个问题。尽管期货市场具有价格发现功能，农民可以利用期货市场来指导种植和销售，但是由于农村信息闭塞，农民对期货市场的认识相对有限，如何有效地将农民引入期货市场，实现稳定收益，则成为政府及相关部门应积极探讨的问题。

从发达国家的情况来看，直接进入玉米期货市场的往往是一些规模较大的农场，更多的中小规模的农场是通过与合作社合作进入市场的。农民合作社一般是由农民自愿发起组织的，主要功能是从农民手中收购粮食，帮助农民卖粮，向农民提供市场信息咨询，成为当地农民进入玉米期货市场的有效途径。同时，合作社还聘用职业经理人，提高了农民合作社的经营管理水平。如何利用玉米期货市场服务农民增收，对接期现市场，创新流通模式，推动产业发展，地方政府及大商所也进行了一定的探索。

2005 年初，大商所旨在引导广大农民利用市场机制指导生产经营的“千村万户市场服务工程”（以下简称“千村万户工程”）正式启动实施。

“千村万户工程”有三方面内容：一是效仿美国早期建立公益性“天使基金”培训农民的做法，把种粮大户、基层干部、农村经纪人等请到大连，提供免费培训；二是广泛开展市场信息免费下乡活动，通过网络、电视等各种手段，为广大产区农民和基层政府提供及时、准确的市场信息；三是在有条件的地方开展“公司 + 农户、期货 + 订单”试点，促进粮食产业化发展，探索市场化的粮食流通新模式。通过这一整套系统化的工作，帮助农民树立市场理念，学会利用市场机制种粮卖粮、规避风险、持续增收，推动农业产业化发展，从而带动期货市场更好地扎根产业，夯实发展基础，增强发展后劲。

信息是农民进入市场的“金钥匙”，为了将这把“金钥匙”送到农民手中，大商所投资 100 多万元建立起信息采集和发布体系。大商所订阅了中国农业信息网、中国农产品供求信息网、中国大豆网、中国玉米网等国内权威机构的市场信息，并与国内 100 多家专业网站进行合作，对农民免费开放。大商所每周收集和整理国际国内期现货市场价格信息上千条，编辑成“千村万户工程”信息周报，定时寄到农民手中；大商所与十多家地方电视台、2 家广播电台每日向农民传送市场信息；大商所还与中国大豆网和中国玉米网合作，委托网站每周一、周三、周五按时向农民发送手机短信，同时设立专家热线电话，24 小时为农民提供咨询服务。大商所还于春播时和秋收时在东北三省一区举办大规模的市场形势分析会，邀请专家向农民讲解市场形势，帮助农民调整种植结构、调节卖粮节奏。如今，在东北三省一区的许多地区，看大盘、上电脑，看着期货做现货，已成为当地农民、粮食企业生产经营的主要方式。及时准确的信息，减少了农民生产经营的盲目性，以往靠感觉、靠经验、随大流的种地卖粮习惯正在被依靠信息科学决策所取代。在价格形成的过程中，农民有了发言权，有了讨价还价的依据，改变了农民在市场中的弱势地位。大商所实施“千村万户工程”后，由于信息及时准确地被传送到农民手中，农民改变了秋收、春节、春耕三阶段卖粮的传统习惯，也改变了农民依靠经验、感觉种地的习惯。

为使多、小、散的农民能进入市场、利用市场，大商所对传统订单这一组织化经营形式进行了创新，探索出了“公司 + 农户、期货 + 订单”这一小农户与大市场对接的新型经营模式，并将新型经营模式作为实施“千村万户工程”的重要一项内容来推进。期货的引入使农业订单价格更为科学合理，农民也可通过期货市场回避市场风险。这一新型经营模式得到了农民的热烈响应，仅在黑龙江省，为实践这一模式，学员们回去后自发成立的协会或中介组织就有 20 多个；正在筹备或进行职能调整的中介机构有 50 多个，覆盖当地种粮农民近数十万人。

“千村万户工程”探索出了一个农民增收和农业产业可持续发展的长效机制，改变了农民千百年来的生产经营方式。

## 五、“千村万户工程”给农民带来了哪些实际改变？

玉米期货上市交易不久，大商所“千村万户工程”便如火如荼地开展起来。对东北农民进行期货知识培训，引导其转变观念，增强市场意识，为农民发送玉米等期货价格信息，引导农民种粮卖粮方式的转变，成为大商所努力的方向。在这一工作推动下，玉米期货市场功能得到有效利用。

2009 年 11 月，吉林省扶余县新万发镇集厂村村民裁福林在新玉米收获后，根据玉米期货价格上涨趋势，没有像往年那样一收获就急于出售，而是将玉米留存起来。当年，同村农户多以 0.4 元/斤出售了新粮，但裁福林将玉米存放了大约一个月后以 0.44 元/斤的价格售出，多收入了近 2000 元，相当于 5 亩地的纯收入。事后他感叹地说，是玉米期货市场让他多了 5 亩地的纯收入。在吉林省扶余县的双胜村，在市场专家的指导下，2022 年当地农民玉米卖价普遍比周边其他地区每斤高出 5 分钱，这 5 分钱就体现了信息服务的作用。

玉米期货的有效运作，也使大商所推行的“公司 + 农户、期货 + 订单”试点得以顺利开展。吉林玉米主产区许多粮食企业与当地农户开展了“公司 + 农户、期货 + 订单”的试点，保证了农民的收益，也使企业获得稳定利润，实现了多方共同赢的局面。

在四平市叶赫镇房身村农民与四平市平东粮库通过“公司 + 农户、期货 + 订单”的模式签订玉米订单 2 万多吨，年末部分农户还与粮库进行了二次结算，仅二次结算部分，农民就多增收了 27 万元。一般，在春播期间，平东粮库即开始与周边农户签订订单，与叶赫镇砬子沟村农业合作社 70 多户农民以“合作套期保值”和“二次、三次结算”的方式分别签订了玉米订单，通过期货市场套期保值操作转移了风险。这一新的粮食经营模式使粮库在现货市场上掌握了粮源，在期货市场上规避了风险，农民则实现了“先卖后种”，提前锁定了收益，二次、三次结算部分，农民还可获得出售后涨价的部分利润，企业和农民实现了双赢。他们的经验带动了周边订单农业的开展。通过玉米期货，当地的农民探索出了通过期货市场实现增收的新途径，开创了小生产与大市场对接的新路，展示了现代农民与现代农业前进的新方向。

作为低附加值的大宗粮食品种，经营成本的锁定关系到企业的生存根本。在玉米价格的大幅波动中，一些在价格高点买入玉米的企业面临很大的成本压力，而一部分企业通过参与玉米期货市场，在高位购进玉米的同时在期货市场做了卖出套保。由于玉米期货市场与现货市场高度相关，玉米期货市场和现货市场的趋同使企业实现了利润锁定，规避了风险，使生产得以顺利进行。

## 六、什么是“订单+期货”模式？生产企业如何制定更合理的销售策略和价格？

多年来，尽管有关各方积极探索，但无论政府、企业、中介组织、农户采取何种模式，只是解决了现货的产销问题，始终无法解决市场价格波动给双方带来的利益分配难题，也无法实现真正的双赢局面。因此，订单履约率低的现象在农业生产中普遍存在。直到玉米期货被推出，经过各方的努力探索，才找到了解决利益分配难题的办法。

所谓期货订单，就是借助中间组织（如龙头企业、专业协会）以“公司+农户”的方式开展订单农业，将小农户整合在一起，化零为整，再通过“期货+订单”的方式，将订单通过期货市场提前卖出保值，使分散的农民能够利用期货市场提前锁定种植利润。期货市场的套期保值功能嫁接到订单农业后，为订单加了一个“价格保险”，解决困扰订单农业实际运行的难点，从而更好地把分散的农户捆绑在一起，解决我国农业“小生产、大市场”的矛盾，实现粮食流通方式的根本转变，推动农民与企业建立风险共担、利益共享、稳定和谐的经济关系，从而促进了农业规模化生产，提高了组织化程度。

目前，在与地方龙头企业合作的基础上，一大批了解期货、关注期货的农民开始自发成立农民协会，集中开展粮食种植、田间管理，并通过期现货市场集中销售粮食，提前锁定了种植利润，实现了生产的组织化和规模化。一些地方和机构还长年聘请期货机构和信息专家指导农民合作组织参与利用期货市场，由此，东北粮食规模化、组织化生产步入了一个新的水平。

在期货市场促农增收的实践基础上，大商所对传统订单加以创新，总结出了数种“订单+期货”模式。种粮大户可以直接先卖后种；分散的农户也可以通过中介组织或龙头企业一起开展“订单+期货”模式；收储企业也可以将粮食银行业务与期货结合；银行的信贷服务也可延伸至保值企业的期货交割。我国玉米种植者大多为散户，下面通过例子给大家讲解分散的农户通过中介组织或龙头企业一起开展“订单+期货”模式的情况。

**案例9-3**

### “公司+农户、期货+订单”生产经营方式为当地粮食产业发展带来新活力

2005年4月，在大商所和大通期货公司指导下，望奎县宽五东村的17户农民，以土地为股份成立了农副产品经贸公司。经贸公司与大通期货公司签订了合作协议，大通期货公司为经贸公司提供市场信息、期货套保服务。经贸公司与17家农户签订了销售订单，统一购进优质的种子、化肥、农药，统一实行大机械化耕种、管理，土地连片，规模经营。这一系列操作给农民吃了定心丸，没等到秋天收获，农民就知道自己的粮食能卖出多少钱了，价格是多少钱一斤，是赚钱还是赔钱，真正实现了心中有数。

如今，不仅在望奎、黑河，在东北三省一区的许多地区，农民纷纷成立公司、协会，发展组织化生产，通过与期货公司协作，参与期货交易，规避市场风险，同时也实现了农业技术、仓储、物流、市场等农业生产要素和资源的优化配置，“公司+农户、期货+订单”的生产经营方式正在给当地粮食产业发展带来新的活力。

**案例9-4**

### 期货订单改变农民种植思路

“我们正在尝试根据期货价格减少大豆种植面积、扩大玉米种植，用期货订单将扩种的玉米通过期货市场提前卖出，锁住秋天的收益。”近日，当记者来到黑龙江省海伦市长发乡长建村时，村委会主任张青春高兴地向我们介绍该村在种植结构调整方面的新尝试。

海伦是有名的大豆之乡，但是2006年以来，大豆价格不断走低。2007年春天要种什么？张青春等村干部一直在琢磨。这时，配合大商所组织的“千村万户工程”活动，黑龙江三力期货公司专家来到了长建村并为当地农民算了一笔账：大豆单产按3500斤/公顷计，按照期货市场价格折合当地价格为每斤1.2元，每公顷毛收入4200元；而玉米单产按18000斤/公顷计，当时显示的期货市场价格折合当地市场价为每斤0.45元，每公顷毛收入

8100元。每公顷玉米的种植成本比大豆高700元左右。也就是说，根据期货市场价格，种植玉米比种植大豆每亩多收入200多元。三力期货专家建议，为了锁定这每亩200多元的收益，农户还可以与有能力在期货市场进行套期保值的企业签订收购合同，由企业通过期货市场择机卖出。这时，参加过“千村万户工程”培训的海伦市双龙粮贸有限公司经理刘少双也找上门来。看到期货市场玉米价格比较高，刘少双想到了大商所倡导的“公司+农户、期货+订单”经营模式，于是想通过与农户签订订单的方式引导农户多种玉米，由公司进行收购经营。

2006年5月初，由三力期货公司牵头，村民代表和双龙公司代表刘少双坐到了一起，开始了期货订单的合作。企业挑选出信用较好的农户进行订单合作；为了使农户免除企业违约风险的担忧，双龙公司决定给农民支付合同价款10%的预付金，农户则以土地承包权作为担保，并借鉴小额贷款经验，在签约农户间实行联保。5月中旬，双龙公司与部分村民签订了“2007年1月把玉米送到双龙公司院内、以水分24%的玉米每公斤0.90元的价格支付余款”的订单。这一订单价格，高于当时的市场价格，也高于往年平均收购价格，农民对这一价格极为认可。随后，双龙公司寻机先后以每吨1416元和每吨1504元的价格在期货市场上卖出50吨玉米。

张青春告诉记者，长建村共有9730亩耕地，2007年有5000亩种了玉米，而且这些农户都陆续签订了期货订单。这一模式一方面有效地引导了农民种植结构的调整，另一方面提前将播种的玉米卖了出去，使扩种玉米的农户打消了秋天无人收购的顾虑。

**案例9-5**

## 盛大谷物公司带领粮农搞期货经营实现双赢

2006年5月份，内蒙古盛大谷物公司以“订单+期货”方式，开展“玉米期货套期保值”项目试点，先后与开鲁县东风镇东明村700多户农民签了5000吨玉米的收购订单，让种粮农民实现了“先卖后种”。

内蒙古盛大谷物公司从企业长远发展和为农民服务角度出发，决定带领千家万户共同进行期货经营，通过套期保值转移风险。在确保农民预期收益的同时，把农户变成公司的生产基地，这样不仅能解决公司收粮难的问题，还减少了粮食交易的中间环节，实现公司和农户双赢。公司选择东明村作为“玉米期货套期保值”项目示范基地，在东明村党支部、村委会的协助下，与该村及周边几个村的700多农户签订了为期5年的“公司+基地+农户”合作合同书，主要内容是每年春季公司与农户签订玉米收购订单，但具体数量、价格、交粮时间、地点等事项一年一定。根据合同，2006年公司收购农户玉米的标的数量为5000吨，价格为1280元/吨，如公司违约，按标的数量以60元/吨的价格向农户赔偿。

与盛大谷物公司签了合同的东明村农户认为这种“期货+订单”的方式，对自己极为有利。农户在种地前通过签订出售合同，明确了价格和数量，做到了“先卖后种”，锁定了当年利润，可以说是保赚不赔。

盛大谷物公司负责人表示，期货价格能够比较准确、全面地反映供给和需求的变化趋势，农业生产与期货市场对接后，不仅可以通过期货的价格发现功能按照利益最大化进行生产，还可以通过套期保值功能转移价格风险。第一年签订5000吨收购合同，只是做一个试点，因为农民对这种经营方式还不了解，不可能一下子全面推广。2007年，这一模式在更大范围继续开展。

农产品期货的成功运作，吸引了大量金融资金进入农业产业。比如长春友联农业科技有限公司也看好玉米后市，便开始以资本联结农业产业各环节，开展玉米期现货经营的尝试，将农户、仓库、技术公司联合起来，盘活了玉米经营。公司为农民提供优质种子并与农民签订收购订单，在各项生产服务配套措施完成后，以合适的价格把玉米订单在期货市场上抛出，使企业和农户都获得了稳定的收益。

在一般的玉米生产中，农民混种、混收、混储、混销，造成商品品质的稳定性和一致性较差，而高品质的专一品种生产有较好的市场前景，且直接符合期货交割标准。所以长春友联农业科技有限公司（以下简称“友联公司”）从美国引进了高淀粉含量的玉米品种，并以每斤高出市场价2分钱的价格与农民签订了回购订单。

订单从每年收获粮食到第二年春节之前，历时五个月。期间，农民可以按照其交售粮食当年的价格跟公司兑现订单，公司现款收购农民的粮食。每年，公司落实种植任务之后，按照落实的面积有计划进行期货套保交易。

在与农民签订订单的同时，友联公司还与地方农技推广站合作，为农民提供技术服务，与吉粮集团下属粮库签订协议，由粮库专收、专储农户的玉米，使玉米商品品种的一致性得到保证。友联公司的这种“公司＋农户、订单＋期货”的专种、专收、专储的双封闭生产经营，为专一品种的生产提供了组织制度、技术服务、规避市场风险等多重保障，使农民、流通企业改变了自己的经营方式，也使众多加工企业以“公司＋农户、订单＋期货”的模式将企业和农民的利益捆绑起来，共抗市场风险。

## 七、什么是“保险＋期货”？农户如何运用“保险＋期货”？

“保险＋期货”这一金融支农创新模式发端于国家推行市场定价、价补分离的农产品目标价格制度改革之初。为了有效控制和分散农产品价格风险，解决农户面临多重农业风险加剧的问题，中央一号文件明确提出，发挥“保险＋期货”在分散或转嫁涉农的自然与市场风险的作用。我国农产品“保险＋期货”的实际操作过程中一般包括农业生产经营主体、保险公司、期货公司、地方政府、商品交易所等多元主体，其运行机制是指保险公司以期货市场提供的期货合约为标的，设计保险产品来确定保险理赔额，并利用期货市场工具转嫁保险赔付风险。

具体来看，农业生产经营主体向保险公司购买依据期货合约价格定价的保险产品，转移农产品现货跌价风险，若农产品现货价格上涨，农产品现货生产经营主体可随行就市进行销售，获得利润；若现货价格下跌触发农业保险理赔，农产品生产经营主体可获得保险金赔付。保险公司以期货合约标的设立相应价格险，当采购期内期货日均结算价低于目标价格时，理赔金额公式如下：

理赔金额＝Max（目标价格－结算价格，0）×保险数量

保险公司向期货风险管理公司购买场外期权产品，通过缴纳期权权利金，实现转移敞口风险。

与此同时，期货风险管理公司也通过期货市场进行风险对冲交易。在整个交易过程中，大型农业企业主体与期货公司还可以利用期货合约套期保值的方式转嫁自身风险，实现多重保障（见图9－1）。

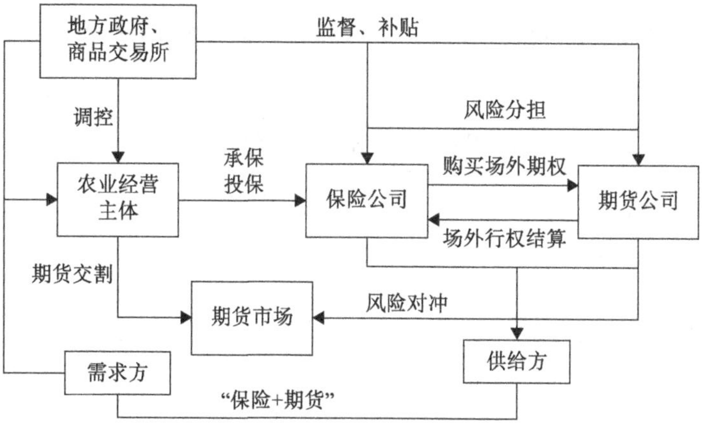


**图9－1　“保险＋期货”的实现**

2015年大商所在辽宁义县实施首个农产品“保险＋期货”试点以来，相关方面都在积极参与“保险＋期货”推广，保险公司、期货公司参加项目的数量逐渐增加，试点品种、规模和范围逐年扩大。截至2021年底，大商所共开展“保险＋期货”项目600个，合计投入资金9亿元，覆盖2892万亩土地，总现货量1457万吨，涵盖玉米、大豆、生猪等9个品种和指数，理赔12.76亿元，160万户农户受益。

玉米“保险＋期货”具体流程是怎么样的？下面通过一个具体案例给大家讲解一下。

**案例9－6**

**玉米保价帮扶项目在大名县试点成功**

2018年5月，方正中期期货有限公司（以下简称“方正中期”）、中国太平洋财产保险股份有限公司（以下简称“太平洋保险”）与河北省邯郸市大名县政府达成玉米“保险＋期货”合作协议，为大名县的13299位玉米种植户提供基于玉米期货的价格保险产品。该项目具体操作流程如下：

（1）太平洋保险河北分公司及大名支公司和方正中期风险管理子公司

上海际丰投资管理有限责任公司（以下简称“上海际丰”）根据需求设计保险产品以及场外期权产品。

（2）大名县的13299位玉米种植户向太平洋保险大名支公司购买了玉米价格保险产品，总共投保玉米数量为3万吨，保费总计为105.19万元，其中大名县政府支付39.79万元，上海际丰补贴保费65.4万元。具体保单条款见表9－1。

**表9－1　保险产品设计及保单条款**

| 项目 | 内容 |
|---|---|
| 标的 | 玉米 |
| 投保数量 | 3万吨 |
| 目标价格 | 1820元/吨 |
| 目标合约 | 1901玉米期货合约 |
| 保险费率 | 1.92% |
| 投保期限 | 2018年6月29日至2018年11月23日 |
| 理赔结算价 | 1901玉米期货合约在约定周期内收盘价的算术平均值 |
| 理赔金额 | （1）S≥1820元/吨，每吨赔付C＝0元 |
| | （2）1820元/吨≥S≥1720元/吨，每吨赔付C＝1820－S元 |
| | （3）1720元/吨＞S≥1620元/吨，每吨赔付C＝100＋0.5×（1720－S）元 |
| | （4）1620元/吨＞S，每吨赔付C＝150＋0.25×（1620－S）元 |

注：S为理赔结算价，C为赔偿金额。

（3）太平洋保险大名支公司向上海际丰购买场外看跌期权，支付权利金96万元，期权具体条款见表9－2。

**表9－2　场外看跌期权条款**

| 项目 | 内容 |
|---|---|
| 下单日期 | 2018年6月25日 |
| 行权价格 | 1819元/吨 |
| 合约标的 | 大连商品交易所1901玉米期货合约 |

续表

| 项目 | 内容 |
| --- | --- |
| 执行方式 | 亚美式看跌期权 |
| 交易单位 | 1 手玉米期货合约（10 吨） |
| 交易数量 | 3000 手 |
| 合约到期日 | 2018 年 11 月 23 日 |
| 行权日期 | 2018 年 8 月 24 日至 2018 年 11 月 23 日 |
| 权利金 | 96 万元 |
| 结算价 | 最近 20 个交易日标的资产收盘价的算术平均值 |

（4）上海际丰在期货市场对冲风险。由于当时玉米场内期权尚未上市，上海际丰只能通过复制期权在场内期货市场对冲风险，其场内对冲风险的方式采用的是 delta 中性策略。

本项目中，1901 玉米期货合约价格在到期时结算价格高于 1820 元/吨，因此，保险公司没有发生赔付，也没有向上海际丰行权。

## 八、什么是场外期权？农户如何运用场外期权？

前文我们介绍了期权的基本概念。期权，实际上是赋予持有人在某一特定日期或者该日之前的任何时间以固定的价格购买或售出一种资产的权利。期权市场分为场内交易市场和场外交易市场，两个市场都是全球风险管理的重要组成部分。

场外期权，是指在非集中性的交易场所进行的非标准化的期权合约，是根据场外双方的洽谈或者中间商的撮合，按照双方需求自行指定交易的衍生品。其性质与交易所内进行的期权交易差别不大，二者最根本的区别在于期权合约是否标准化。场外期权是根据客户的需求设计的，是个性化的，更加灵活，虽然没有统一的挂牌和指令规则，但其在交易量和交易额上占据明显的优势。

我国场外权益期权产品始于2013年，证券公司及其子公司成为其发展的主要推手，沪深个股和沪深股票指数是其交易业务的主要标的，即个股期权和股指期权。我国商品类场外期权市场相比金融类场外期权市场起步较晚。2014年，期货公司及其风险管理公司对场外商品类期权产品进行了探索，主要以农产品、金属和能源商品为合约标的，交易规模很小。从2016年起，中央一号文件连续三年提出探索“订单农业+保险+期货（权）”试点，推动了场外商品期权市场的发展。根据中期协的数据来看，2021年期货风险管理公司商品类场外期权业务新增名义本金9840.41亿元，同比增长65%。

玉米场外期权具体流程是怎么样的？我们同样用一个具体案例来给大家进行讲解。

**案例9-7**

**玉米场外期权试点项目**

2017年8月24日，在辽宁监管局和朝阳市政府的组织下，永安期货与杨树岭村海鑫种植专业合作社正式签约。为规避农民担心的秋收时玉米可能面临的跌价风险，合同约定在2017年9月12日至10月12日玉米集中上市期间，以大商所玉米期货1801合约收盘价的平均值作为市场价格购买农民收获的玉米，如果低于合同规定的执行价格（1739元/吨），杨树岭村海鑫种植专业合作社将代表贫困户获得差额赔偿，试点数量为1000吨，保价权利金全部由永安期货提供支持。10月12日，场外期权到期，大商所1801合约收盘价的平均值为1694.67元/吨，低于执行价格1739元/吨，实现赔付：每吨赔付1739-1694.67=44.33元，永安期货总计赔付杨树岭村海鑫种植专业合作社44.33元/吨×1000吨=44330元。

玉米场外期权扶贫项目的实施，帮助扶贫对象有效地规避了玉米价格剧烈波动的风险，使贫困农民收入有了基本保障，实现了贫困农民增产增收的帮扶目标，更为以单一农业种植收益为主要收入来源的扶贫对象指出了一条市场化、持续化的扶贫道路。

## 自测题

### 一、判断题

1. 种植者在制订播种计划的时候，也可以参考期货市场价格，通过期货市场的价格发现功能，合理安排种植规模和品种。 (  )

2. 在“公司+农户、期货+订单”的新模式推广中，农民们的种粮收益得到了保障，同时促进了农业组织化和产业化发展。 (  )

3. 期货订单，就是借助中间组织（如龙头企业、专业协会）先以“公司+农户”的方式开展订单农业，将小农户整合在一起，化零为整，再通过“期货+订单”的方式，将订单通过期货市场提前卖出保值，使分散的农民能够利用期货市场提前锁定种植利润。 (  )

4. 农产品“保险+期货”实际操作过程中一般包括农业生产经营主体、保险公司、期货公司、地方政府、商品交易所等多元主体，其运行机制是指保险公司以期货市场提供的期货合约为标的，设计保险产品来确定保险理赔额，并利用期货市场工具转嫁保险赔付风险。 (  )

5. 场外期权是指在非集中性的交易场所进行的非标准化的期权合约，是根据场外双方的洽谈或者中间商的撮合，按照双方需求自行指定交易的衍生品。 (  )

6. 种植者套期保值时需要注意入市理念的确立：不能把套期保值做成投机交易。 (  )

### 二、选择题

1. 玉米种植者风险管理模式有（  ）。

A. “企业+农户”模式

B. “企业+专业合作社+农户”模式

C. “保险+期货”

D. 场外期权

E. 场内期权

## 参考答案

### 一、判断题

1. √　　2. √　　3. √　　4. √　　5. √　　6. √

### 二、选择题

1. ABCDE

# 第十章

# 玉米现货企业如何运用期货进行风险对冲

**本章要点**

本章分析了玉米期货对企业经营的重要作用，详细介绍了产业链中具有风险敞口的各主体企业如何利用玉米期货市场进行套期保值，规避价格波动风险。本章采用了大量的案例，针对企业面临的不同风险情况的套期保值进行了具体的讲解，使广大企业可以对比自身的经营特点和经营过程中可能面临的风险状况，从有关案例中找到并掌握有关做法，尽快掌握如何利用期货市场规避自身企业经营过程中的价格波动风险，利用期货市场规避风险，锁定利润。

## 一、玉米现货企业为什么要参与玉米期货套期保值对冲风险呢？

近年来，随着原油价格的疯狂上涨，玉米生物能源的概念被适时提出，导致其工业需求蒸蒸日上，以玉米乙醇、淀粉、淀粉糖加工为主的玉米深加工产业在世界范围内尤其在中国迅速扩张。同时，饲料用玉米的数量也在稳步增加，玉米需求的增速整体大于供应的增速，使国际玉米市场的供需关系长期处于趋紧的状态。此外，全球性的通货膨胀使商品价格总体上出现了较大规模的上涨，身处通货膨胀中的农民的种植成本不断增加，惜售心理严重，进而对玉米价格构成强劲的成本及心理支撑。国家的宏观调控对农产品的加大拍卖数量虽然一度导致玉米市场产生阶段性的调整，但从长期来看，玉米供需趋紧的状态仍没有得到明显改善。供需趋紧的格局、影响因素的增加，导致近年玉米现货市场的价格波动非常剧烈，这给种植者、贸易商及以玉米为原料的加工企业都带来了很大的挑战。在这种情况下，如何规避玉米原料价格波动风险、控制成本成为相关企业及个人都在思考的问题。

我们知道，玉米期货市场与现货市场高度相关，具有一致的走势，且玉米的期货价格和现货价格在交割月份是基本趋同的，给现货企业通过期货市场的虚拟操作来锁定利润提供了条件。比如，如果玉米生产经营者在玉米现货市场上买进或卖出一定量现货的同时，在期货市场上卖出或买进与玉米现货数量相当但方向相反的玉米期货合约，那么以后无论玉米价格怎样变化，不管是上涨还是下跌，都会因为期货与现货走势具有一致性，进而使该生产经营者总能以一个市场的盈利来弥补另一个市场的亏损，使企业成本及利润能够维持在一个比较稳定合理的状态，从而达到规避价格波动风险的目的。这就是我们经常说的套期保值。也是这章要讲的重点。当然，企业利用期货市场的方式不止套期保值一种，但是套期保值是企业利用期货市场控制风险的重要方式。

不管玉米相关企业身处产业链的什么位置，只要经营中存在购销风险敞口，就有进行玉米套期保值的需求，特别是那些涉及玉米数量较大、对玉米价格波动异常敏感的企业，更应该从事套期保值。正确分析经营中的风险敞口，有利于风险控制措施的制定和落实。回避价格波动风险，保障企业稳健运营，是经营者关注的头等大事，作为风险控制手段的套期保值，亦将为企业平稳运行保驾护航。

**小贴士**

## 玉米能进行套期保值的原理?

套期保值，是指生产经营者在玉米现货市场上买进或卖出一定量的现货商品的同时，在期货市场上卖出或买进与玉米现货数量相当但方向相反的玉米期货（期货合约），以一个市场的盈利弥补另一个市场的亏损，达到规避价格波动风险的目的（见图 10－1）。

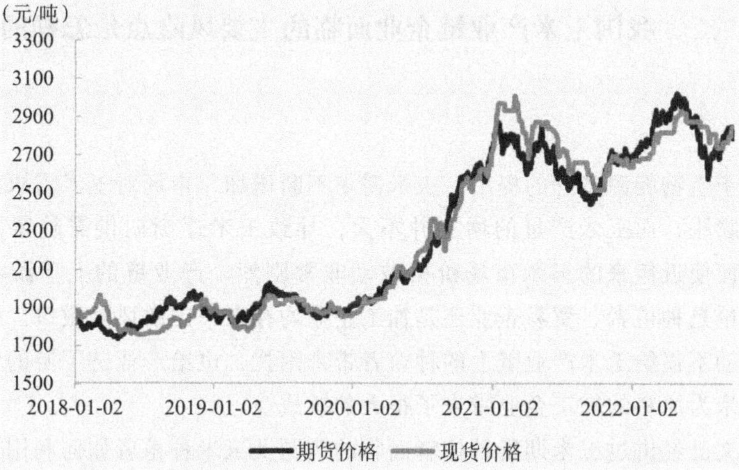


**图 10－1 玉米期现货（指数期价与锦州港平仓价）走势**

资料来源：方正中期。

玉米套期保值之所以能够以一个市场的盈利来弥补另一个市场的亏损，进而规避风险，其原理主要包括以下两个方面。

第一，玉米期货走势与现货价格走势大致相同。现货市场和期货市场虽然是两个各自独立的市场，但因为是同一品种，玉米的期货价格和现货价格在同一市场环境内，会受到相同经济因素的影响和制约，所以一般情况下两个市场的价格变动趋同。玉米的套期保值就是利用这两个市场上的价格关系，分别在玉米期货市场和现货市场做方向相反的买卖，取得在一个市场上亏损的同时，在另一个市场上盈利的结果，以达到锁定生产经营成本的目的。

第二，一般来讲，玉米的期货价格和现货价格在交割月份是趋同的，如果在交割月，期货价格高于现货价格，现货企业可以买入现货商品，同时出售期货合约，然后再交割获利；如果现货价格高于期货价格，则现货商可以买入期货合约并进行实物交割，来获取更便宜的商品。

## 二、我国玉米产业链企业面临的主要风险点是怎样的？

由于生物能源概念的提出，玉米需求不断增加，市场对玉米需求的预期亦不断膨胀，而玉米产量的增加并不大，导致玉米逐渐向供需趋紧格局转变，进而使近年来的玉米市场价格波动非常剧烈，产业链的上下游各类企业，无论是种植者、贸易企业还是加工企业均存在一定的风险敞口。剧烈的价格波动不仅给玉米产业链上的种植者带来困扰，也给产业链下游的贸易商及以玉米为原料的加工企业带来了很大的挑战。

前文已经讲过玉米期货种植者面临的问题及玉米种植者如何利用期货市场来指导种植、规避风险，进而实现稳定的收益。

对玉米贸易企业来讲，一方面，进货价格受到上游种植户及生产企业报价的约束，另一方面，销售渠道为下游的买方市场，又受到零售价格的约束，可谓是前后夹击。当市场处于平稳的时候，玉米经销商可获得稳定的价格收入和利润空间，但当市场出现大幅波动的时候，特别是上游市场出现价格波动的时候，对库存消化速度慢的经销商来说，可谓是损失惨重。玉米贸易企业从生产企业或者农户处采购玉米到将玉米销售给市场，期间最大的风险点归结起来就是库存，很多玉米经销商通过快进快出策略来规避市场风险，尽可能缩小库存量，价格低的时候也不敢大量增加库存。这种方式虽然可以适当地回避风险，但其代价是丧失了经营的灵活性。

对于玉米消费企业来讲，在生产中亦面临两方面的风险：一是上游原料价格的波动风险；二是下游产品的波动风险。原料玉米价格波动的风险对企业利润影响比较大。部分玉米消费企业担心价格上涨，多采购一些玉米做储备，但多采购原材料需要大量资金和仓库，成本不菲。即使有的企业建立了原料库存，但一旦遇到玉米现货价格连续下跌及产品销售不畅，企业也同样面临库存敞口风险。

通过前文对企业套期保值的原理及意义的讲解，我们已经了解到企业参与期货市场进行套期保值是可以解决以上诸多问题的。现在越来越多的玉米现货企业通过期货市场寻求价格保障，尽可能地消除现货交易风险，从而能够集中精力于本行业的生产经营业务上，并以此取得正常的生产利润。

当然，玉米加工企业的下游产品亦存在波动风险。目前下游产品如淀粉、生猪等期货品种已经上市，企业同样可以通过相关期货品种对下游产品进行保值操作，这里我们主要讨论与玉米相关的套期保值操作。通过上面的分析，大家应明白进行套期保值并不是为了规避所有经营风险，而是将企业面临的整体风险尽可能地降低至可以承受的范围之内。

## 三、中间贸易商如何利用期货市场为已经签订的购销合同规避价格风险？

刚才我们讲到贸易企业的风险点。在流通环节，中间贸易商往往需要提前签订购销合同，其经营风险主要来自现货价格下跌。通常情况下，中间贸易商可以采取在期货市场上为现货进行卖出保值，规避价格下跌带来的风险。

**案例 10－1**

### 利用期货市场为已签订的购销合同进行卖出保值

2020 年是“十三五”的收官之年，也是玉米市场的“惊喜”之年。2020 年是实行玉米供给侧结构性改革政策的第五年，临储玉米去库存迎来尾声、种植面积继续下滑以及较大台风袭击玉米主产区，以上因素使国内玉米供应处于相对下滑态势。此时，需求端又恰逢生猪养殖利润超预期高位，以及政策端对于生猪复养的高支持力度，需求的持续好转对市场的正向驱动引发了市场高涨的囤粮情绪，玉米市场阶段性的供需不平衡矛盾被放大，玉米价格出现了较大幅度的上涨。玉米价格的大幅上涨对现货市场各方都产生了较大影响。在下游养殖需求预期延续增长的背景下，贸易商以及下游企业的囤粮意愿较高，因此在2020年第四季度新粮上市之际，某贸易商大量收购玉米，准备囤积待涨后再转手卖出。然而，进入2021年，市场出现了新的变化。在玉米价格居高不下的背景下，其他谷物的相对优势显现，叠加政策端调控力度加大，玉米进口量持续走高，定向小麦、稻谷销售信息不断，玉米供应偏紧预期出现松动。2021年初，玉米价格表现掉头向下的态势，整体市场预期出现变化，价格持续上涨预期减弱。为了保护其订单已有利润，企业计划通过期货市场来进行保值。

具体的卖出套期保值的操作过程见表10－1。

**表10－1　　　　卖出套期保值的操作过程**

| 日期 | 现货市场 | 期货市场 | 基差（元/吨） |
|---|---|---|---|
| 3月初 | 玉米现货价格2880元/吨，该贸易商手中有3万吨玉米现货合同待执行，平均成本2880元/吨 | 卖出玉米期货2109合约3000手，平均建仓成本2750元/吨 | 130 |
| 3月末 | 贸易商月度累计出货1万吨，平均销售价格2750元/吨。这部分玉米亏损1300000元，即（2750－2880）×10000＝－1300000元 | 平掉玉米期货2109合约1000手，平均平仓价格2600元/吨。这部分盈利（2750－2600）×10000＝1500000元 | 150 |
| 5月末 | 贸易商累计出货1.5万吨，平均销售价格2810元/吨。这部分玉米亏损1050000元，即（2810－2880）×15000＝－1050000元 | 平掉玉米期货2109合约1500手，平均平仓价格2650元/吨。这部分盈利（2750－2650）×15000＝1500000元 | 160 |
| 6月末 | 贸易商完成剩余5000吨销售，平均销售价格2700元/吨。这部分玉米亏损900000元，即（2700－2880）×5000＝－900000元 | 平掉玉米期货2109合约500手，平均平仓价格2580元/吨。这部分盈利（2750－2580）×5000＝850000元 | 120 |
| 盈亏合计 | 现货市场总盈亏：－1300000＋（－1050000）＋（－900000）＝－3250000元 | 期货市场总盈亏：1500000＋1500000＋850000＝3850000元 | |

结论：该贸易商最终的盈亏情况为 3850000 - 3250000 = 600000 元。但如果不进行套期保值操作，该贸易商在这波下跌中要亏损 3250000 元。由于贸易商进行了套期保值操作，不仅弥补了亏损，还有 600000 元的额外盈利。该贸易商通过期货套期保值有效地规避了价格下跌时流通和库存环节的风险。

此外，在套保过程中，期现之间价差不可能是一成不变的，这个现货与期货之间的价差被称为基差。该案例中基差的变化如表 10 - 1 所示，基差的不同变化对企业的套保效果会产生不同的影响：在第一批和第二批套保对冲平仓时，由于基差扩大，对该经销商卖出套保有利，因此经销商实现了完全的套保，且还有额外的盈余。但在第三批套保对冲平仓时，由于基差是缩小的，对该经销商的卖出套保是不利的，因此没有完全规避价格进一步下跌的风险。不过，进行卖出套期保值操作比不进行套保操作的结果要好，因为可以减少很大的一部分损失。

**小贴士**

**举例说明基差的不同变动会对买入套期保值效果产生怎样的影响？**

因为现货和期货走势并不完全相同，存在基差，这个基差便是导致企业套保时所面临的风险。在套保过程中，基差的不同变化对企业的套保效果会产生不同的影响。刚才给大家讲了一个基差变动对卖出套保效果影响的案例，那么买入套保时基差变动对套期保值有什么影响呢？下面具体给大家简单地举例讲一下。

**案例 10 - 2**

**基差变动对套期保值的影响**

12 月份，假设一家饲料企业了解到玉米现货价格为 2800 元/吨，市场有短缺迹象，预计到 2 月 1 日该企业库存已经降至低点，需要补库。企业担心 1 月份价格会出现上涨。因此该饲料企业 12 月 1 日决定在大连商品交易所进行玉米期货交易。12 月 1 日，该企业以 2900 元/吨的价格买入 100 手 3 月份到期的玉米期货合约。到了 2 月 1 日，现货价格已经涨到了 2900 元/吨，而此时期货价格已经涨到了 3050 元/吨。此时，该饲料企业按照当前的现货价格购入 1000 吨玉米现货，同时在期货市场将期货多头头寸对冲平仓，结束套期保值。该饲料企业的套期保值过程及结果见表 10－2。

**表 10－2　　买入套期保值案例（基差走弱）**

| 时间及盈亏 | 现货市场 | 期货市场 | 基差（元/吨） |
|---|---|---|---|
| 12 月 1 日 | 玉米现货价格 2800 元/吨 | 买入 100 手 3 月玉米期货合约，价格 2900 元/吨 | －100 |
| 2 月 1 日 | 买入 1000 吨玉米，价格为 2900 元/吨 | 卖出 100 手 3 月玉米期货合约，价格 3050 元/吨 | －150 |
| 盈亏情况 | （2800－2900）×1000＝－100000 元 | （3050－2900）×100×10＝150000 元 | |

通过以上案例我们可以看出：

该饲料企业的买入套期保值操作是在基差向弱势转化的过程中发生的，对买入套期保值操作是有利的，基差从 12 月 1 日的－100 元/吨变为 2 月 1 日的－150 元/吨，基差走弱，买方套期保值操作结果是盈利大于亏损，保值者得到了完全的保护。

虽然玉米现货价格出现了大幅上涨，给该饲料企业带来了不利影响，最终采购价格高达 2900 元/吨，同 12 月的 2800 元/吨相比，上涨了 100 元/吨，导致了该企业在现货市场上亏损 10 万元，但由于在期货市场采取了套期保值操作，在基差缩小的情况下，在期货市场的买入套期保值头寸给该企业带来了盈利，盈利达到 15 万元，在弥补了现货价格上涨产生的损失后还有 5 万元的盈余，企业通过套期保值实现了盈利。

基差走强的买入套期保值案例见表 10－3。

表 10－3 买入套期保值案例（基差走强）

| 时间及盈亏 | 现货市场 | 期货市场 | 基差（元/吨） |
|---|---|---|---|
| 12月1日 | 玉米价格2800元/吨 | 买入100手3月玉米期货合约，价格2900元/吨 | －100 |
| 2月1日 | 买入1000吨玉米，价格2900元/吨 | 卖出100手3月玉米期货合约，价格2950元/吨 | －50 |
| 盈亏情况 | （2800－2900）×1000＝－100000元 | （2950－2900）×100×10＝50000元 | |

该饲料企业的套期保值操作是在基差向强势转化的过程中发生的，对买入套期保值操作不利，基差从12月1日的－100元/吨变为2月1日的－50元/吨，基差走强，买方套期保值操作结果是亏损大于盈利，但通过套期保值，缩减了部分亏损，效果要好于不做套期保值。

根据以上的分析，我们可以将买入套期保值和卖出套期保值在基差不同变化情形下的效果概括成表10－4。

表 10－4 基差变动与套期保值效果

| 操作 | 基差变动 | 套期保值效果 |
|---|---|---|
| 买入套期保值 | 基差不变 | 期货市场和现货市场盈亏相抵，实现了完全套期保值 |
| | 基差走强 | 期货市场和现货市场盈亏未完全相抵，存在净损失，未完全套期保值 |
| | 基差走弱 | 期货市场和现货市场盈亏完全相抵，且存在净盈利，实现了完全套期保值 |
| 卖出套期保值 | 基差不变 | 期货市场和现货市场盈亏相抵，实现完全套期保值 |
| | 基差走强 | 期货市场和现货市场盈亏完全相抵，且存在净盈利，实现了完全套期保值 |
| | 基差走弱 | 期货市场和现货市场盈亏未完全相抵，存在净损失，未完全套期保值 |

## 四、中间贸易商如何利用玉米期货市场为库存玉米保值？

达到一定规模的中间商往往都需要有一定的库存量来维持经营。但对许多大型玉米中间贸易商来讲，如果库存过高，一方面需要付出高额的存储成本，另一方面则会大量地占用资金，增加资金使用成本，影响企业的投资回报率，企业因此备受困扰。而通过期现结合，即适当地卖出套期保值与期货交割相结合的方式，可以很好地解决这一问题。

**案例 10－3**

**吉粮集团审慎套保创利润**

2007 年 5 月份之前的大连玉米期货市场总体呈现振荡整理走势，玉米深加工业的发展对玉米需求的增加以及去年断档期的出现标志着国内玉米库存水平较低，将对国内玉米的价格产生强烈支撑，但基本面上也有一些利空因素压制着价格上升。所以，这段时间玉米基本上在下有支撑、上有阻力的情况下呈现区间震荡行情。国家粮油信息中心 3 月份发布的 2007 年主要粮油作物播种面积和产量预测数据显示，2007 年中国玉米播种面积为 2740 万公顷，较 2006 年增加 28 万公顷。如果天气状况正常，2007 年中国玉米产量将达 14600 万吨，较 2006 年增长 200 万吨。贸易商库存庞大，对中期玉米价格的压制作用突出。中大型贸易企业库存普遍在万吨以上，加工企业现有库存充足，收购量稳定，市场总体供应充沛。

而需求恢复却比较缓慢，对价格支撑作用有限。当时饲料行情依然处于低迷状态，对玉米需求的恢复并不明显。深加工企业一方面库存充裕，另一方面处于亏损状态，也无力承受较高的现货价格，因此需求方面无力在短期刺激价格走高。

进入 5 月后，国内玉米市场整体表现不尽如人意，贸易商玉米销售面临一定压力，心态开始发生变化，同时冬小麦替代玉米数量增加，深加工企业、养殖饲料企业对玉米采购需求增长缓慢，均对玉米价格继续上行产生阻碍。

这段时间玉米成本上涨，而淀粉及淀粉糖等终端产品价格未能相应上涨，深加工企业整体利润下降。深加工产业受原料价格居高不下、下游产品（主要是淀粉）价格持续偏弱、生产污染问题难以解决等诸多问题的影响开工不足。

由于玉米库存充足，贸易商仍在待价而沽。一直对后市看好的贸易商在玉米深加工被叫停、开工不足的情况下，难以将手中存量玉米出手，从而造成玉米存量较上年同期大幅增加。吉林省部分贸易商手中的玉米持仓成本已达 1500 元/吨，与大连港标准玉米 1550 元/吨的平仓价相比，已出现了明显倒挂。在北方港口，当时营口港内现货玉米成本价在 1410 元/吨左右，而销区广东地区的价格在 1520 元/吨左右，发货到广东的运费大约为 100 元/吨，几乎没有利润，因此大多数贸易商将粮食留港，等待南方价格的上涨。人们预期 8 月至 9 月是贸易商承受的最后期限，迫于还贷压力，贸易商只能忍痛清库，所以那个时候现货价格将出现较大幅度的下跌，大连玉米期货也会在这段时间内出现 200 多点的下跌，因此，大多数有前期库存的贸易企业在这轮下跌过程中出现了巨额亏损。

但和其他现货生产企业及中间贸易商不同的是，吉粮集团对期货功能的认识比较到位，在收购玉米的同时就已经考虑在期货市场进行套保操作了。2007 年 5 月至 6 月期间，吉粮集团预计国内玉米现货价格的上升压力比较大，于是拟定了在期货市场卖出库存玉米的经营策略，果然，进入 5 月份，玉米期货和现货均一路下跌，该企业虽然在现货销售上出现了亏损，但是由于其在期货市场上出现盈利，且期货市场的盈利还大于现货市场的亏损，在众多企业都溃不成军之际，吉粮集团却全身而退。

进入 7 月份，辽宁、吉林、黑龙江地区均出现持续高温少雨天气，导致辽宁 1300 多万亩耕地出现了不同程度的旱情，这对玉米的拔节较为不利，并影响玉米的后期品质。此时吉粮集团根据库存的不断减少不断在期货市场上进行平仓，始终严格按照套期保值进行操作，目标明确，就是注重企业的长期稳定发展。结果，进入 8 月份，我国玉米主产区气温明显偏高，降水同比略少，使一度有所缓解的旱情再次抬头，对玉米的生长造成了不利影响。玉米主产区黑龙江以及吉林北部等部分地区的干旱尤其严重，局部减产迹象日益明显，使玉米市场受到一定支撑，期现货止跌反弹。而此时，吉粮集团已经将期货市场仓单全部平掉。

在 2007 年玉米价格大幅下跌、玉米销售极其疲软的市场状况下，吉粮集团利用期货市场成功地转移了库存玉米的风险，并且实现了部分盈利，保证了企业的正常经营。

几年的期货市场操作经验使吉粮集团经营者对参与期货套保有了深刻的

认识。他们认为，现货经营和期货套保就像人的两条腿，均不可缺少，必须把期货当作管理风险的手段，而且越是经营规模大的企业，越应该参与期货市场。

2007 年 12 月到 2008 年 1 月，公司又在现货市场收购了 50 万吨玉米，考虑到春节期间存在玉米价格下跌的风险，公司同时在 0805 合约上于 1820 元/吨 ~ 1830 元/吨 ~ 1850 元/吨价格区域卖出玉米 5 万手。1 月 25 日玉米价格下跌到 1700 元/吨附近，公司以 1710 元/吨 ~ 1730 元/吨区域将玉米平仓，通过本次玉米期货的套期保值，公司在期货市场盈利 4000 万元，弥补了现货市场的损失。春节过后，公司根据现货库存情况，于 3 月 7 日前后在 0809 合约 1880 元/吨 ~ 1820 元/吨价格区间累计抛售 3 万手合约，4 月 10 日在 1730 元/吨 ~ 1750 元/吨区域陆续平仓，再度成功保值。

## 五、顺价销售难以实现时，中间贸易商（粮库）如何寻求退路？

顺价销售，是指国有粮站、粮库等粮食购销企业出售的原料及其加工的成品粮，必须以粮食收购价格为基础，加上合理的费用和最低利润形成的价格进行销售，不允许以任何粮食加工、批发和零售企业亏本销售。顺价销售政策是国家在 20 世纪 90 年代末期提出的，初衷是保护农民的利益，加大农业支持和保护力度，稳定粮食产量，体现了从长期以农养工到工业反哺农业的政策底蕴。因为顺价销售的本质就是要托市、托价格，就是要让农民受益、农业受益。顺价销售在玉米、小麦等粮食品种上取得了一定的成效，国家初步实现了扶植农业的目标。

对于玉米中间贸易商而言，通俗地讲，顺价销售就是指其售出的玉米价格应高于玉米的综合成本价。但在玉米价格波动剧烈的行情中，中间贸易商包括粮库在内想要实现顺价销售是有一定困难的。

对国内贸易商来讲，2019 年是非常困难的一年。在玉米产业链条上，数量最多的是贸易企业，已形成了“北方采购—南方销售”的经营模式。但近年来，不少贸易企业遭受了来自各方的“冲击波”。全球谷物供应充足、非瘟持续拖累消费、临储玉米拍卖继续等多重因素不断夹击玉米行业，使贸易商在本年度度日如年。顺价销售实现起来比较困难。

面对如此严峻的形势，中间贸易商如何寻找应对之策，是一个十分迫切的问题。从利用期货市场为现货服务的角度出发，此时，中间贸易商如果想维持企业的生存，不妨考虑以下几个途径：

一是采取降价销售，结合期货市场卖出保值，挽回部分损失，维持企业经营。此项操作方法可参考“中间贸易商如何利用期货市场为库存玉米进行保值”案例中的做法。

二是灵活利用期现货市场的价差。比如，在期现价格倒挂时，中间贸易商或从期货市场买入玉米，通过交割投放到现货市场，以降低过高的现货采购成本；还可以通过“现货做空”，向其他玉米企业“借粮”销售，再在相对低价位时买入未来相应月份的玉米期货，到期“归还”给“借出”的企业，并赚取其中的价差。总之，灵活利用期现市场价差，要求中间贸易商要对期现价格走势有一个正确的判断，对期货市场操作较为熟悉，能够熟练运用期货工具，并对价格高度敏感。

综上所述，企业要在危机中维持生存，关键在于积极面对危机，灵活应变，将现货与期货市场结合起来，充分利用期货市场价格发现和规避风险的功能，为企业的生产经营服务。从多个案例，我们可以看出，期货市场对保障企业生产的连续性和销售的稳定性能起到很大的作用，只要同时把握好期货和现货行情，基本上能保证中间贸易商会有一个相对稳定的利润空间。在顺价销售难以实现时，利用期货市场，是中间贸易商寻求退路的一个重要途径。

**案例 10 -4**

**期现价格倒挂时利用期货市场进行采购以降低成本**

2015 年 7 月，期货先于现货“探测”到跌势的到来，玉米期货价格一举跌破现货价格并迅速拉开价差，价差最大时达到约 150 元/吨（历史上玉米期现价差均值为 -50 元/吨），形成比较明显的期现倒挂。尽管这种价格发现在这一特殊的时期稍显“过度”，但也确实为众多的玉米种植者和中间贸易商提供了保值空间。

2015年，东北某贸易公司除了在前期期价过高时对远期合约进行卖期保值外，还在下半年价格低于现货价格过多时，从期货市场上买进玉米，然后通过交割投放到现货市场，以降低当时相对过高的现货成本。此次危机中，该贸易企业虽然部分产品未实现顺价销售，但是由于其灵活利用期货市场降低了现货成本，最终不但没有亏损，反而还获得了一定的利润。

## 六、怎样使价格策略符合中间贸易商角色的转变?

贸易企业相对于生产企业和加工企业而言，有自身的特殊性，生产企业和加工企业分别是产业链条的两端，也就是说，相对于同一种商品而言，它们是单纯的买方或卖方。所以，它们参与期货市场的方式也比较简单，要么是买入套期保值，要么是卖出套期保值。而贸易企业则不同，其处于产业链条的中间，对于同一种商品而言，其既是买方又是卖方。也就是说，贸易企业购买某一商品的目的是再把它卖出去，中间并不对商品进行任何加工。这就是贸易企业的特殊性，而这一特殊性决定了其参与期货市场套期保值方式的复杂性。

那么，贸易企业如何参与期货市场规避风险呢？我们先来分析一下这一行为的可行性。如果我们把贸易企业的经济行为看成相对独立的经济行为，那么贸易企业在购进商品的时候扮演的是买方的角色，其就要规避商品价格上涨的风险，在这一时期贸易企业就要以买方的角色参与买入套期保值，规避商品价格上涨风险。在贸易企业卖出商品的时候扮演的是卖方的角色，其就要规避价格下跌的风险，在这一时期贸易企业就要以卖方的角色参与卖出套期保值，规避价格下跌风险。这样贸易企业分别针对不同情况参与期货市场就行了。当贸易企业扮演买方角色时，就做买入套期保值；当贸易企业扮演卖方角色时，就做卖出套期保值。

事实上，贸易企业的经济行为不可能是独立进行的，而是交互进行的。也就是说，贸易企业在同一时间段内既是买方又是卖方。在复杂的市场经济行为中，贸易企业何时参与买入套期保值，何时参与卖出套期保值呢？这就要运用期货市场的另一功能来判断了。期货市场除了具有规避价格风险的功能，还具有发现价格的功能。通俗地说，期货市场的价格具有预测性。我们利用这一功能就可以判断我们何时、以哪种角色进入期货市场了。当期货市场的价格走势是上涨的时候，交易者面临的就是购进商品时价格上涨的风险，这时交易者不用担心以高价出售商品，而应担心高价购进商品。这种情况下，交易者就可以以买方的角色参与期货市场，规避价格上涨风险。当期货市场价格走势是下跌的时候，交易者面临的就是卖出商品价格下跌的风险，这时交易者不会担心低价购进商品，而应担心低价出售商品。这种情况下，交易者就可以以卖方的角色参与期货市场，规避价格下跌风险。

比如，当玉米期货价格呈现较为稳定的上涨时，玉米中间贸易商面临的就是购进玉米时价格上涨的风险，此时不用担心出售玉米价格时价格下跌的风险，这种情况下，中间贸易商可以以买方的角色进入期货市场进行买入套期保值，规避价格上涨的风险。

当玉米期货价格走势震荡，趋势不明确的时候，中间贸易商可以根据订单情况组织生产，做好风险控制，综合考虑采购和销售情况，确定需要进行套期保值的现货数量，并将库存和占用资金限定在可以维持企业安全经营的范围之内。

为了能更清楚地说明上面的情况，我们可以举两个例子：先以玉米作为商品来说明第一种情况。如果我们通过期货市场发现价格的功能，判断出近期玉米的价格是上涨的，那么作为经销玉米的贸易商，就要以买方的角色参与期货市场规避玉米价格上涨的风险。

具体操作方法如下：假设贸易商目前有 100 吨存货，足够 3 个月的销售。现在是 6 月份，也就是说，要在 9 月份购进货物 100 吨。而目前玉米价格又处于上涨阶段，9 月份购货肯定会增加成本。为了降低成本，贸易商现在就可以在期货市场上买入 100 吨 9 月份交割的玉米期货合约。现在现货玉米价格为 2500 元/吨，期货价格为 2750 元/吨。到了 9 月份，玉米现货价格上涨了 100 元/吨，期货价格也上涨了 100 元/吨。贸易商买入现货成本增加了 10000 元，但同时贸易商在期货市场上卖出期货合约平仓，这样贸易商就赚了 10000 元。期货市场与现货市场盈亏相抵，贸易商的成本并没有增加。如果贸易商没有参与套期保值，其成本就增加了，那么我们出售的价格也要上涨，若其他公司参与了套期保值，它们的成本没有增加，它们出售的商品的价格就不会上涨。这就会使我们在经营中处于不利地位。

我们还是以玉米为例来说明一下第二种情况：首先我们通过期货市场的价格发现功能，判断出近期玉米价格是下跌的，那么作为玉米的贸易商，就要以卖方的角色参与期货市场，规避玉米价格下跌的风险。具体操作方法如下：假设我们现在有 100 吨的存货，在今后 3 个月才能销售完。现在是 6 月份，目前玉米价处于下跌阶段，根据经验我们预测 7 月份销售 30 吨，8 月份销售 30 吨，9 月份销售 40 吨。为了规避玉米价格下跌的风险，贸易商就可以相应地在期货市场上卖出 7 月份交割的玉米 30 吨、8 月份交割的玉米 30 吨、9 月份交割的玉米 40 吨，共 100 吨玉米合约。6 月份玉米现货价格为 2500 元/吨，期货价格为 2750 元/吨。7 月份现货跌到了 2450 元/吨，期货跌到了 2700 元/吨。8 月份现货跌到了 2400 元/吨，期货跌到了 2650 元/吨。9 月份现货跌到了 2350 元/吨，期货跌到了 2600 元/吨。这样到 9 月份为止，贸易商出售现货每吨损失 150 元，而贸易商在期货市场上相继买入平仓，到期合约每吨赚了 150 元。期货市场盈利弥补了现货市场的亏损，盈亏相抵，贸易商既没有损失应得利润，还稳定了客户。

总结以上内容，中间贸易商要使价格策略符合角色的转变，关键仍在于控制好商品价格波动风险，并对自己有清晰的定位，明确在何时应该扮演何种角色，才能采取正确的措施控制价格风险。同时，中间贸易商需要对期现货行情趋势有清醒的认识，才能有效地利用期货市场功能规避风险，保证企业的平稳运营。

**案例 10－5**

2006/2007 作物年度，国际市场玉米库存大幅下降，国际玉米快速上涨。在国内，从 2006 年 9 月开始，受国际玉米市场的刺激和国内深加工企业扩张抢购原料的推动，国内玉米期现价格开始大幅上涨。在这样的背景下，某公司通过深入调研得出结论：在公司收购玉米时期，玉米期现货价格将保持上涨态势；但是后期由于国内玉米的供需基本面和国家调控措施的实施，玉米价格大幅下跌的可能性非常大。所以公司在东北收购新玉米的同时，决定在大连商品交易所进行期货套期保值来对冲风险。后来市场的走势验证了公司的分析判断，并通过套期保值实现了预期目的。其决策和操作结构是：

2006年9月到2007年1月，长春地区的玉米现货收购价从1240元/吨上涨到1440元/吨；玉米709合约期货价格从1460元/吨上涨到最高的1795元/吨，涨幅为23%。公司也在该轮上涨中累计收购玉米现货110万吨，在价格上涨时，该公司有节奏地在期货市场建立套保头寸，使其在尚未开始大量销售库存玉米时，就锁定了部分利润，也给后期的现货销售提供了十分有效的头寸保护。从2007年7月开始，在长达5个月的时间里，玉米价格出现大幅回调，现货平均下跌了200元/吨，期货c709合约也下跌了300点，达到了1500点附近。由于公司在销售现货的同时，有节奏地进行套保头寸的平仓，现货价格下跌所造成的现货贸易损失就被期货套保交易有效弥补了。

从表10－5可以看出，近年来，在国际市场玉米价格波动幅度增大、粮食贸易风险加剧和一大批贸易企业出现巨大亏损的情况下，该企业的玉米进出口贸易反而取得了大规模快速扩大、利润大幅增加的成效。特别是在2008年金融危机的极端情况下，企业仍实现了净利润同比增长12%的好成绩。这其中，套期保值功不可没，2008年套期保值账户盈利占企业净利润的82%。

**表10－5　　企业玉米贸易套期保值效果**

| 时间 | 贸易量（元/吨） | 销售收入（元/吨） | 现货盈亏（元/吨） | 期货盈亏（元/吨） | 净利润（元/吨） | 净利润增长（%） |
|---|---|---|---|---|---|---|
| 2006年 | 90 | 46343 | 953 | 372 | 960 | 168 |
| 2007年 | 190 | 142367 | 990 | 2936 | 3926 | 309 |
| 2008年 | 497 | 391169 | 1952 | 3589 | 4400 | 12 |

**案例 10 - 6**

2020 年 9 月份，由于我国玉米减产预期强烈，玉米形成一轮涨势良好的单边行情。10 月份，玉米期货处于高位，当时东北某玉米中间贸易商与几个中小经销商签订合同，约定在未来的 3 个月内，向几位经销商供应玉米共 3 万吨，该贸易商手中已经持有 1 万吨左右的玉米期货。根据合同，尚需采购 2 万吨的玉米现货。

随着玉米价格的节节高涨，该中间贸易商的订单利润也在逐渐减少，并有出现亏损的可能。此时，该贸易商根据当时国际国内大宗商品走势判断，玉米价格将进一步走高，但受到资金周转的限制，无法一次性购入大量玉米，因此该贸易商决定在期货盘面上进行保值，以锁定采购成本。考虑到目前正处于玉米价格上涨过程中，库存玉米不存在价格风险，因此，针对该笔贸易，贸易商决定实行部分套保，即只对未采购的 2 万吨玉米进行买入保值。

2020 年 10 月 9 日，该贸易商以 2400 元/吨左右的价格，分两次在 2105 合约上买入 2000 手玉米期货合约，对未采购的 2 万吨玉米进行保值。12 月中旬，该贸易商在现货市场上买入 2 万吨玉米，随即在期货市场上以 2650 元/吨的价格全部平仓。在期货上，该中间商盈利 500 万元，基本弥补了因现货市场价格上涨而出现的订单利润的减少。由于该中间商原库存玉米成本较低，本次现货交易，该贸易商仍获得了可观利润。

从上述案例可以看出，中间贸易商在经营活动中，要根据自己角色的不同，灵活制订套保方案，比如套保部位的选择、套保方向的选择等。对于每笔交易，贸易商可以参考资金情况和风险状况，选择套期保值部位。但对于套期保值来讲，中间贸易商进行套期保值的范围可以小于或者等于贸易量，但不能大于贸易量，否则就会存在部分投机头寸，放大中间贸易商经营风险。

## 七、中间贸易商采购和销售平衡，是不是就没有风险敞口了呢？

在采购和销售平衡的情况下，玉米贸易商在经营过程中是否还存在风险？答案是肯定的，因为价格永远存在不可控的风险。虽然贸易商采购和销售在数量上是平衡的，但是由于两端定价时间不对称，极容易出现时间风险敞口。造成这种现象的主要原因有以下几点：第一是运输的周期性和加工的周期性；第二是主动备库或者被动库存积压的原因；第三是合同定价时间方面的原因。除了时间敞口风险以外还有合同履约风险。中间贸易商根据签订的合同进行采购销售，虽然在数量和价格上都已经确定，但若玉米价格变动剧烈，其波动幅度超过了合同违约赔偿的幅度，那么上游的生产企业和下游的经销商可能会选择违约。因此，即使中间贸易商在采购和销售平衡的状态下，其在经营过程中仍然存在风险敞口。对于这类原因造成的风险，其基本保值思路同样依照“种类相同、数量相等、方向相反、时间相同”的原则，在原料定价的同时卖出保值，在产品定价的同时买入保值，现货的买入与卖出实现对冲，期货的买入与卖出实现对冲。

1. 贸易企业的买入套期保值操作

**案例 10－7**

一贸易商与玉米加工企业在 5 月份签订了一份 7 月份交货的远期现货合同，价格为 2520 元/吨，数量为 1000 吨。贸易商担心，到了 7 月份，现货价格会出现上涨，使企业蒙受损失，因此该贸易商决定在期货市场上买入玉米 7 月份合约进行套期保值，数量为 100 手。当时期货价格为 2550 元/吨。到了 7 月，正如贸易商所料，现货价格出现了上扬，交货时，玉米现货价格已涨至 2560 元/吨，而此时期货价格也已涨至 2600 元/吨，于是，该贸易商在现货市场买入1000吨玉米，价格为2560元/吨，同时在期货市场卖出100手7月合约进行平仓对冲，盈亏分析见表10－6。

**表10－6　　　　买入套期保值操作盈亏分析**

| 市场 | 5月1日 | 7月1日 | 盈亏分析 |
|---|---|---|---|
| 现货市场 | 签订玉米远期销售合同，价格2520元/吨 | 买入1000吨玉米现货，价格为2560元/吨 | (2520－2560)×1000＝－40000元 |
| 期货市场 | 买入100手7月玉米期货合约，价格为2550元/吨 | 卖出100手7月玉米期货合约，价格为2600元/吨 | (2600－2550)×100×10＝50000元 |

盈亏变化状况＝期货盈亏变化＋现货盈亏变化＝50000－40000＝10000元

通过以上案例我们可以看出：由于该贸易商在期货市场上做了买入套期保值，利用期货市场的盈利弥补了现货市场的损失，也就是利用期货市场的套期保值操作实现了期货市场5万元的盈利，在弥补现货市场损失的同时，还获得了额外的盈利。这最终使该企业在现货市场上履行了合同，企业的信誉得到了保障。

2. 贸易企业的卖出套期保值操作

一个玉米贸易商与一个玉米种植者签订了长期的供货合同，价格敲定在2550元/吨，数量敲定500吨。由于11月份新玉米上市，该贸易商担心11月销售价格下滑，因此贸易商9月1日在期货市场上以2580元/吨的价格卖出50手11月玉米合约。到了11月份，玉米现货价格已经跌至2390元/吨，贸易商向下游销售500吨玉米，同时在期货市场上以2400元/吨的价格买入50手玉米合约。套期保值盈亏分析见表10－7。

**表10－7　　　　卖出套期保值操作盈亏分析**

| 市场 | 9月1日 | 11月1日 | 盈亏分析 |
|---|---|---|---|
| 现货市场 | 玉米采购500吨，价格2550元/吨 | 卖出500吨玉米现货，价格为2390元/吨 | (2390－2550)×500＝－80000元 |
| 期货市场 | 卖出50手11月玉米期货合约，价格为2580元/吨 | 买入50手11月玉米期货合约，价格为2400元/吨 | (2580－2400)×50×10＝90000元 |

盈亏变化状况 = 期货盈亏变化 + 现货盈亏变化 = 90000 − 80000 = 10000 元

通过以上案例我们可以看出：贸易商虽然在现货市场承受了相当的损失，但由于其在期货市场上卖出套期保值，利用期货市场的操作弥补了现货市场 8 万元的损失，同时还有 1 万元的盈利。如果贸易商不做套期保值，那么其要么承担损失，要么撤销合同、形成违约，这都会令贸易商有所损失。

但是，我们在看到价格变化对套期保值操作有利一面的同时，也应看到市场存在价格反向变化的一面。比如，到秋收时节，玉米价格出现上涨，那么该企业可能会最终实现用现货盈利来弥补期货亏损的结局。这时，如果该贸易商没有在期货市场做卖出套期保值，而是在秋季直接采购，在现货市场的单一买入操作可能会给其带来暴利，但潜在的不确定风险同样是巨大的。比如上例的情况，如果没有进行套期保值操作，损失将会是惨重的。

## 八、玉米消费企业怎样才能保护利润不被玉米价格上涨侵蚀？

作为玉米消费企业，诸如饲料加工企业、淀粉加工企业，以及酒精加工企业等，它们在玉米现货市场上充当买方的角色，希望自己能买到最为便宜的原料，使利润最大化。如果玉米价格不断上涨，加工企业的采购成本将不断上升，企业为了保证利润，只能提价，但这又会影响销售。因此，加工企业可以在期货市场上做买入套期保值，来规避玉米上涨所带来的损失。一般而言，企业在生产或签订销售合同的同时，就在期货市场进行相应的买入套保。也就是说，在确定未来玉米需求量和价格的时候，就在期货市场开仓建立一个相应多头部位，等到未来需要购买原料生产时，将期货市场多头平仓。这样用一个市场的盈利弥补另外一个市场的亏损，从而达到规避价格上涨风险，锁定生产成本和利润的目的。

**案例 10 -8**

## 某玉米深加工企业套期保值

2010/2011 年度，全球粮食产量预计达到 17.35 亿吨，同比降低 3.1%；全球粮食总消费量为 17.91 亿吨，同比增加 2.1%；期末结转库存达 3.38 亿吨，同比大幅降低 14.2%。整体来看，全球粮食呈供求趋紧的局面。美国玉米减产已成定局，美国玉米库存大幅调低至 2114 万吨，较上年的 4337 万吨大幅下降，为近 15 年来的新低，玉米市场供需趋紧预期强烈，对玉米市场形成强有力的支撑。11 月初，在美国宽松货币政策的助推下，意欲掀起农产品的第三波上涨潮之际，我国政策组合拳接踵而来，令市场承压，国内外市场均出现应激性回落调整，但外围宽松的经济政策及粮食市场趋紧的供需格局对农产品依然形成较强的底部支撑。经过短期调整踩实牛四浪过后，市场后期有望进一步踏上牛五浪的上涨征程。

南美玉米播种以来遭遇恶劣天气，产区干旱程度已超过同样被“拉尼娜”困扰的 2008 年同期。据美国海洋和大气管理局预计，“拉尼娜”后期将继续盘踞太平洋至第二年春季，对南美的玉米产量构成严重威胁。

第二轮“量化宽松”既成事实的市况之下，美元的长期弱势不会改变。受益于新兴经济体经济复苏及若干一次性因素推动石油消费，全球石油需求已恢复到衰退之前的峰值水平，第二年油价将突破每桶 100 美元。随着原油持续保持强劲，玉米乙醇生产逐渐恢复，出口更是创了纪录，令玉米与原油的联动性有所增强。在原油居高不下且有望冲击 100 美元/桶、美国玉米乙醇出口强劲的情况下，用于燃料乙醇生产的玉米用量可能会继续增加，并成为美国玉米用量增加的主因。近年来，我国玉米需求强劲，从 2009 年开始，我国便成为玉米净进口国，2010 年前 10 个月，我国玉米进口量达 147.9 万吨，较 2009 年同期的 3.4 万吨增长了近 43 倍，从侧面反映出中国需求之强劲，也反映出一种趋势，后期进口量有望逐年增加，国内玉米市场有望进一步与国际接轨，也将进一步加强国内玉米市场的金融属性，届时受到的影响将更加多元化，波动将更加剧烈。从技术面来看，按照波浪理论，从 2006 年 10 月开始运行的本轮波浪周期已经走出完整的波浪周期，从 2009 年底开始进入新的波浪周期，目前市场处在牛四浪调整行情，后期有望进一步冲击牛五浪，引发一波强劲的上涨行情。

前期农产品涨势过猛，CPI跟随上涨，2010年11月，国家各部委合理出台相关措施来调控农产品市场，令农产品及玉米市场进一步承压。政策调控对玉米市场确实是有影响的，但是其影响仅限于短期内调控玉米价格，防止其暴涨暴跌，但是仍未能有效改变玉米长期上涨的趋势。玉米长期上行的内在原因是，我国玉米需求尤其是深加工需求强劲，而玉米产量的增幅要小于需求的增加幅度，整体呈趋紧态势，对玉米市场构成强劲支撑。此外，种植成本、劳动力成本均在上涨，农民也由原料“省吃俭用”的生产者向消费者转变，农民售粮模式也由原来的收获季节集中售粮向分散型售粮转变，这一系列转变成为构成玉米相对平稳中不断上涨的助推因素。

其实，国家调控的目的就在于保证市场平稳运行，允许“市场合理的小幅的平稳的上涨”，宗旨是“保证粮贱不伤农，粮贵不伤民”。从国家政策调控以来，大连玉米跌幅近200个点，现货亦是止涨回落，国家政策调控已见成效，后期进一步继续调控的可能也随之减少，如果后期玉米现货出现较大幅度的回落，则农民收入缩减，进而影响农民种粮积极性，不利于农业的长远发展及稳定。故后期国家继续采取调控措施的可能性已不大，玉米经过一段时间的调整后仍有望上行。

此外，从玉米季节性行情统计分析来看，当年12月至来年3月份的这段时间内均呈现震荡上行态势。

通过对以上基本面的分析，某深加工企业认为，玉米在12月到3月这几个月里，趋涨的可能性还是比较大，但库存容纳有限，只能分批进货。该企业在采购量为1月份5万吨、2月份3万吨、3月份2万吨时，而又担心后期价格上涨。在这种情况下，该企业决定借助期货工具，通过期货市场套期保值来锁定成本。

决定要进行套保后，企业初步确定了买入玉米期货的合约月份、时间、价位。

因为期货与现货具有趋同性，为实现保值的效果，在合约的选择上要尽量保证该合约的交割日期与现货的采购时间接近，此外还要考虑合约的流动性情况。因为自身条件受制约，所以企业最终要通过平仓来实现套保。这样的话，为确保届时期货头寸能顺利平掉，企业需要选择流动性相对较好的合约。流动性比较好的合约一般是1月、5月、9月合约，而当时已经进入12

月中旬，距1月合约交割时间较短，已经不适宜对该合约再做套保。从这方面考虑的话，仅5月、9月合约比较适合做套保。该企业对5月、9月合约研究后，发现两者价差相对较大，有缩减的可能，如果用9月合约套保会更有利，所以该企业初步拟定1月至3月份的采购量用1109合约来保值比较合适。

在需求恢复可期、农户惜售依旧的市况下，国家的调控政策只是暂时抑制期价，基于政策强力调控的回落调整或已结束的情况，回落应是战略性多单建仓之时。当时来看，基差或有短期走弱迹象，对买入套保是相对有利的。不过基差走势也有可能走强，即便如此，只要趋势方向正确的话，我们也可实现减亏保值（减亏保值，就是期货上涨幅度小于现货上涨幅度的情况下，在期货市场上的收益可以部分弥补现货方面的亏损的情况）。在综合考虑基本面、技术面及对基差走势进行分析后，该企业认为12月份择机入市是相对比较合适的。于是该企业在12月份入市对玉米进行套期保值，以后在采购现货的同时在期货市场了结对应数量的仓单。

该企业套保过程及结果见表10-8。

**表10-8　套保过程及结果**

| 时间及盈亏分析 | 现货市场 | 期货市场 |
|---|---|---|
| 12月1日 | 玉米现货价格为2100元/吨 | 买入C1109合约1万手，均价为2280元/吨 |
| 1月4日 | 买入5万吨玉米现货，价格为2150元/吨 | 卖出5000手玉米期货合约，价格为2340元/吨 |
| 2月1日 | 买入3万吨玉米现货，价格为2170元/吨 | 卖出3000手玉米期货合约，价格为2380元/吨 |
| 3月2日 | 买入2万吨玉米现货，价格为2200元/吨 | 逢高卖出2000手玉米期货合约，均价为2420元/吨 |
| 盈亏分析 | （2100-2150）×50000+（2100-2170）×30000+（2100-2200）×20000=-6600000元 | （2340-2280）×5000×10+（2380-2280）×3000×10+（2420-2280）×2000×10=8800000元 |
| 套保结果 | 盈亏=期货盈亏+现货盈亏=8800000-6600000=2200000元 | |

该加工企业通过在期货市场上买入套期保值，用期货市场的880万元盈利弥补了现货市场660万元的亏损，还有220万元的盈余。如果该企业不在期货市场做套期保值，当现货价格上涨时，该企业将蒙受较大的损失，采购成本将提高，企业利润也将大幅缩减。饲料企业的买入套期保值稳妥地规避了现货市场波动的巨大风险，无论这种波动是有利还是不利，采购成本的锁定、未来利润的锁定都是企业获得正常利润的真谛所在。

## 九、玉米消费企业在流动资金不足的情况下如何利用期货市场采购原料？

玉米消费企业由于经常跟原材料市场打交道，且本身也对现货市场的供求关系比较了解，往往能够提前掌握原材料供求状况发生变化的信息。本来，这些企业可以通过提前储备原材料来应对价格上涨，但是，由于提前储备原材料需要占用大量的资金，而且还需要解决库存问题、支付库存的费用，特别是农产品原材料不仅储存不便，还有保质期等问题。有了期货市场以后，当企业看涨原材料价格时，就可以用少量的资金买入期货合约，提前订购原料，或进行买入套期保值，锁定成本价格。这样既节约了大量资金占用成本，又避免了原材料价格上涨的风险。

**案例10－9**

2017年5月份，某玉米淀粉加工企业认为后续市场随着玉米阶段性供应的下滑，价格上涨的可能性较大，而且玉米期货走势技术图表保持健康。此时该企业已经安排了下半年的生产计划，在进入10月份后需要消耗2000吨玉米。然而，当时企业流动资金比较紧张，无法提前囤积玉米。于是该公司利用大连商品交易所玉米期货合约进行交易，在期货市场上进行买入套期保值。

2017年5月29日，该企业所在地区玉米现货价格为1500元/吨，企业决定在期货市场进行买入套保，即以1560元/吨的价格买入200手1711玉米期货合约。2017年9月29日，玉米现货价格上涨到1650元/吨，该企业买入2000吨玉米现货，同时以1720元/吨的价格卖出300吨玉米期货合约。套保过程及结果见表10－9。

**表10－9　　　　套保过程及结果**

| 市场类别 | 5月29日 | 9月29日 | 盈亏分析 |
|---|---|---|---|
| 现货市场 | 玉米价格1500元/吨 | 买入2000吨玉米，价格1650元/吨 | （1650－1500）×2000＝－300000元 |
| 期货市场 | 买入200手11月玉米期货合约，价格为1560元/吨 | 卖出200手11月玉米期货合约，价格为1720元/吨 | （1720－1560）×200×10＝320000元 |

盈亏变化状况＝期货盈亏变化＋现货盈亏变化＝320000－300000＝20000元

从表10－9中可见，该企业虽然在现货市场上损失了30万元，但是由于在期货市场上成功地进行了套期保值，最终结果是盈利2万元。期货市场的存在使该企业在资金紧张的情况下，顺利地实现了生产的稳定性。

## 十、玉米价格下跌了，玉米消费企业就不会受到冲击了吗？

一般而言，玉米消费企业的终端产品（比如淀粉、酒精等）的价格和玉米原料价格的相关性有限，在产品销售价格相对固定的情况下，如果玉米价格上涨就会提高企业的生产成本，从而减少其利润。因此，作为玉米加工企业的玉米消费企业对玉米的上涨较为担心，却往往不畏惧原料价格的下跌，甚至把玉米价格的下跌看作采购便宜原料的机会。

然而，玉米价格下跌真的对玉米消费企业不会产生任何冲击吗？

实际上，玉米消费企业并不能完全避开玉米价格下跌带来的不良影响，无论是生产企业还是消费企业，价格的剧烈波动都不容易把握。对于消费企业来说，如果在玉米价格下跌前期高价购入的原料不能顺利地转嫁出去，那么利润将大大缩小，玉米价格下跌固然在现货市场上可以买到更便宜的原料，但手中的存货却出现大幅亏损，如果存货过多，企业资金周转将会受到影响。

总之，相对于生产和流通企业而言，玉米消费企业在玉米价格下跌中所受到的冲击较小，但由于库存和远期采购合同等问题，价格的下跌也会在一定程度上对消费企业产生直接的影响。不过可以在期货市场上为库存进行套期保值，具体的做法可以参考前面中间贸易商利用玉米期货市场为库存玉米保值的做法。

## 十一、套期保值可以实物交割吗？

以上套期保值的例子大部分均以对冲平仓方式来了结期货头寸，套期保值可以进行交割吗？期货市场规定，只要持有期货合约在交割月份不平仓的单位客户，都可以进行交割。无论是套保买方还是卖方，都持有期货合约头寸，只要在交割月份之前不平仓都可以进行实物交割。玉米消费企业在流动资金不足的情况下如何利用期货市场采购原料，我们前面已经有所涉猎。

以上套期保值的例子均以对冲平仓方式来了结期货头寸，是因为期货市场的反方向头寸的建立，就是为了规避现货市场价格波动所带来的风险，所以，在大多数情况下，企业的期货市场头寸操作仅仅是保护性的，最终结果也是对冲平仓。

绝大部分期货合约都采用对冲方式了结，这就意味着，期货交易者大都是在买进合约后又卖出，或卖出后又买进，很少交付或收受实货商品。这是因为对于期货市场上最基本的交易者——套期保值者来说，他们进入期货市场的目的不是进行实物交割，而是把期货合约当作一种避险工具，期货合约只是现货市场买卖现货商品的保值手段，因此，套期保值并不等于实物交割。但是，实物交割对有的现货企业而言，也是一条最终实现保值的途径。

在实际的期货市场套期保值操作中，有的客户还是采取了实物交割式的卖出或买入套期保值操作。套期保值客户最终选择对冲平仓还是交割，要根据期货和现货市场头寸盈亏的具体情况来决定。如果采取实物交割平仓，玉米的生产企业或者流通企业，其作为期货市场的卖方，需要把其中相应的货源运到交易所指定交割仓库，注册成标准仓单，完成其交割式的卖出套期保值；玉米消费企业，或者流通企业，其作为期货市场的买方，需要把相应的货款缴纳到期货经纪公司，由期货经纪公司转交到大连商品交易所，同时完成票据交换过程。

期货市场的套期保值交割管理严格，有助于卖方及时稳妥地拿到货款，买方稳妥地得到仓单，解决现货市场存在的“三角债”问题。

## 十二、企业参与玉米期货套期保值需要注意哪些问题?

尽管参与期货套期保值对企业有上述诸多的好处，但在实际的操作过程中，企业在套期保值中常见的问题有定位不明确、认为套期保值没有风险、认为不需要分析行情、管理运作不规范、教条式套期保值等。这些都是企业在套保时需要注意的，以避免不必要的损失。

(1) 企业进行套期保值以锁定产品价格波动风险为目的，因此，不要随意地将套保头寸转为投机头寸。

(2) 套期保值并不意味着一定要进行交割，企业进行实物交割要根据市场情况而定，并考虑交割的运输成本等。

(3) 企业要根据自己的生产规模灵活地设计合理的套期保值头寸，并且合约月份要尽量与实际相近。

套期保值的实践发展表明，套期保值企业应结合市场实际情况，设计适用于企业的套期保值机制，市场瞬息万变，很多事情的发生不可预知。如果教条套保、不根据市场变化随时调整风险工具及所持仓位，则企业可能将蒙受巨大的损失，套保也失去了意义。随着套保业务的发展，套保的方式已经不拘泥于传统的套保，而是衍生出多种灵活的套保方式，现列出供企业套保时借鉴。

一是循环套保。期货市场各类期货品种中，并不是所有月份的合约都有足够的交易量，一般只有近月合约成交量较大，远月合约成交量较少，如果按照时间对等和相近的原则进行操作，企业一旦在不活跃合约上进行套保，很容易陷入流动性风险中，因此企业可以利用期货市场不断地进行移仓换月来达到循环保值的目的，从而规避主力合约和非主力合约成交的显著差异所带来的不利影响。

二是套利套保。套利套保是指企业通过套利的思维进行保值，又叫调期交易，也称展期，是指交易者将近期期货部分平仓的同时建立远期期货部位，用远期期货来换掉近期期货的交易。通常，调期交易与套期保值交易相结合，调期交易的目的主要有以下几个：

第一，当现货头寸发生推延时，通过调期交易相应推延套期保值头寸。例如，某套期保值者持有3月份玉米期货空头部位即将到期，而他已经进行套期保值的玉米现货尚未卖出去，考虑到现货市场上玉米价格太低，且他预计到5月份玉米期价才有可能溢价，因此他不想交割3月份玉米期货，而选择了调期交易。他买进3月份玉米期货，同时将原有的空头套期保值头寸平仓，再卖出5月份玉米期货，从而完成以5月份空头部分代替3月份空头头寸的交易。

第二，以更理想的基差来持有套期保值头寸。例如，某一个交易者通过卖出3月份玉米期货合约建立了套期保值空头部位，当时的期货价格高出现货价格30个点，也就是说，拥有一个基差为30点的套期保值空头部位。但过了一段时间，交易者发现5月份期货合约价格高出现货价格45个点，扣除持仓费用5个点之外，要比现有的套期保值头寸拥有的基差多出10个点。于是这个交易者将已经持有的空头期货买入平仓，同时卖出下一个交割月的期货，从而以较远交割月的期货部位替换了原有的期货头寸。从这个例子中可以看到，这个交易者通过调期交易重新建立了具有较好基差的套期保值部位。

三是预期套保。传统的套期保值者认为，现货交易行为与期货交易行为要“同时”交易才能完全锁定利润或者规避风险，但是，现货企业的经营日益复杂，市场环境千变万化，企业在实际交易中很难严格做到“同时进行”。这个时候就要根据企业采购、生产和营销情况，结合市场走向预期分析，灵活地确定套保的时机。一般来讲，期货的决策要与现货同步，或快于现货交易，因为企业经常会在对价格趋势判断的基础上调整其采购量，所以在期货套期保值上也要进行相应的调整。如果认为价格将上涨，则企业应该在未来很长的一段时间内逐步完成采购量的过程；而如果期货价格有利，则可以提早进行套期保值，从而在预期价格上涨的过程中赚取超额利润。

某玉米加工企业知道3个月后的玉米用量大概是每周50吨，总共需要300吨。加工企业预期3个月后玉米价格要逐步上升，并可能超过当前价格2000元/吨，该企业就可以采取预期套保的操作方法进行操作。操作过程见表10－10。

**表10－10　　预期套保操作过程**

| 时间及结果 | 现货市场 | 期货市场 |
|---|---|---|
| 当前 | | 买入300吨 |
| 3个月后第1周 | 买入50吨 | 平仓50吨 |
| 3个月后第2周 | 买入50吨 | 平仓50吨 |
| 3个月后第3周 | 买入50吨 | 平仓50吨 |
| 3个月后第4周 | 买入50吨 | 平仓50吨 |
| 3个月后第5周 | 买入50吨 | 平仓50吨 |
| 3个月后第6周 | 买入50吨 | 平仓50吨 |
| 结果 | 玉米上涨（大概率事件）买入高价玉米，低买高卖，盈利 | |
| | 玉米下跌（小概率事件）买入低价玉米，高买低卖，亏损 | |

四是策略保值。传统的套期保值认为，套期保值的期货合约应当与现货数量相等或者相当，企业不应当有风险敞口。但是从实践的角度来看，因为基差不断的变化，数量完全对等、效果完全相抵都难以做到。对于一般企业来讲，套保的动机既不是风险的最小化，也不是利益的最大化，而是两者的统一，即将企业的利润曲线的波动幅度压缩到企业可以稳健经营的可接受程度，这样的效果往往是最佳的。因此，企业应该根据风险偏好和可承受度，

灵活地选择套保比率，进行具有策略性的套期保值。

（4）企业要注意玉米期货仓单的有效期是1年，每年4月之前（含该月）注册的标准仓单在4月份最后一个工作日注销。

（5）企业进行套期保值应通过专业的期货经纪公司参与，并设置专门的部门或者人员进行风险控制和操作监督。

**小贴士**

### 什么是传统的套期保值？

玉米套期保值经历了传统套保和现代套保两个阶段。传统的玉米套期保值操作是针对特定的玉米现货交易的，强调期货市场的头寸与现货市场的一一对应关系，具体体现在：

1. 种类相同或相关原则

种类相同或相关原则，是指在做套期保值交易时，所选择的期货品种必须和套期保值者在现货市场中买进或者卖出的现货商品或资产在种类上相同，或者期货价格与该现货商品或资产的价格有较强的相关性。只有如此，在套期保值操作中，所选择的期货品种的价格与现货价格才能有大致相同的趋势，从而在两个市场上采取反向买卖行动，取得保值效果。

不过，因为并非所有的现货商品或者资产都能有对应的期货品种，这时就只能选择价格上具有较强相关性的期货品种来代替，即“交叉套期保值交易”的做法。所谓交叉套期保值，就是当套期保值者为其在现货市场上将要买进或者卖出的现货商品或资产进行套期保值时，若无相对应的期货合约可用，则可以选择其他与该现货的种类不同但在价格走势上大致相同的期货合约做套期保值。一般而言，选择作为替代物的期货品种最好是该现货商品的替代商品，两种商品的相互替代性越强，套期保值交易的效果就会越好。

2. 数量相等或相当原则

数量相等或相当原则，是指在做套期保值交易时，买卖期货合约的规模必须与套期保值者在现货市场上所买卖的商品或者资产的规模相等或者相当。只有如此，才能使一个市场上的盈利额与另一个市场上的亏损额相等或接近。

3. 月份相同或相近原则

月份相同或相近原则，是指在做期货套期保值交易时，所选用的期货合约的交割月份最好与交易者将来在现货市场上实际买进或者卖出现货商品的时间相同或相近。在选用期货合约时，之所以必须遵循交割月份相同或相近原则，是因为两个市场上出现的亏损额和盈利额受两个市场上价格变动幅度的影响，只有使用相同或相近时间段的期货合约，期货价格和现货价格之间的联系才会更加紧密，套期保值效果才更明显。

4. 交易方向相反原则

交易方向相反原则，是指在做套期保值交易时，套期保值者必须同时或在相近时间段内在现货市场和期货市场上采取相反的买卖行为，即进行反向操作。在两个市场上处于相反的买卖位置，只有遵循交易方向相反原则，交易者才能取得在一个市场上亏损的同时，在另一个市场上必定会出现盈利的结果，从而在两个市场建立盈亏冲抵机制，达到套期保值的目的。如果违反了交易方向相反原则，所做的期货交易就不能称为套期保值交易，其结果是要么在两个市场同时亏损，要么两个市场同时盈利，这样不仅达不到规避价格风险的目的，反而增加了价格风险。

传统的套期保值操作是针对特定的现货交易的，强调期货市场的头寸与现货市场的一一对应关系，但现代套期保值就比较灵活，不一定非要按照期现数量完全相等进行操作，只要是风险敞口在企业可承受的范围内就可以，不一定非要严格按照交割月相近原则进行，因为在实际的操作中还要考虑合约的流动性问题。一般，在进行套保时还需要选择那些相对活跃月份的合约。随着套期保值的发展，套期保值的操作方式也在不断创新。

## 十三、除了套期保值，现货企业参与玉米期货市场的其他方式有哪些？

中国的玉米现货企业可以分为玉米贸易企业、加工企业。现货企业参与玉米期货市场的方式有很多，最主要的方式有套期保值、期现套利、期转现交易。此外，企业还可以进行标准仓单的质押业务。

### （一）玉米期现套利

玉米期现套利是利用玉米期货市场和现货市场之间的价差进行的套利行为，是指在期货市场上（卖出）某一月份商品期货合约的同时在现货市场上（买入）同种合约商品，以期在有利时机对冲获利了结的方式，是基于现货交割的基础上的套利形式。比如，如果半年之后的玉米期货价格比现在的现货市场上的玉米价格高出许多，且高于这段时间的现货持仓成本，交易者便可以考虑进行玉米的期现套利，即在玉米现货市场买入现货，同时在期货市场卖出玉米期货。后期，随着合约交割日的临近，期现价差一般会逐渐缩小，可以卖出手中的玉米现货，同时买进玉米期货进行平仓，从而实现套利，即使后来发现玉米期现价差并没有缩小，期货价格相对现货价格还是偏高，此时交易者手中还持有未平仓合约头寸，那么交易者此时便可以采用实物交割的方式来实现套利利润。关于企业参与期货市场的这种形式，将在后面章节给大家详细讲解。

### （二）玉米期转现交易

玉米期转现交易是指持有交易方向相反的同一月份玉米期货合约的会员协商一致并向交易所提出申请；获得交易所批准后，分别将各自持有的合约按照双方达成的平仓价格由交易所代为平仓；同时，按照双方协议的价格与玉米期货头寸相当的玉米仓单进行交换的行为。期转现交易也会在后面的章节详细讲解。

### （三）现货企业还可以进行标准仓单的质押业务

所谓标准仓单的质押贷款，是指借款人以其自有的，经过期货交易所注册的标准仓单为质押物向商业银行申请正常的生产经营周转的短期流动资金贷款业务，从而既有利于缓解企业生产经营过程中流动资金紧缺的问题，又有利于商业银行控制信贷风险。

## 十四、什么是期转现，套期保值可以与期转现结合使用吗？

可以。对现货交易进行套期保值时，恰当地使用期转现交易，可以在完成现货交易的同时实现商品的保值。

例如，一个出口商与客户签订了一项出售玉米现货的远期合约，但是他没有现货库存，为防止交货时玉米价格上涨，他在 CBOT 进行买入保值。某存储商持有玉米的现货，为防止玉米价格下跌，他在 CBOT 进行卖出保值，所卖出的合约月份和该出口商相同，该出口商向该存储商收购玉米现货，并协商进行期货转现货交易。也就是说，在期货合约到期前，双方向交易所申请期转现交易，出口商通过换取存储商的空头部位来对冲自己先前持有的多头期货部分，结束套期保值交易。存储商通过换取出口商的空头部位来对冲自己先前持有的空头期货部位，也结束了套期保值交易。与此同时，交易双方按照协商好的价格、商品品质、交割地点进行现货商品的交收。

在这个例子中，交易双方将套期保值交易和期转现交易结合在一起，这种做法对交易双方都是有利的。对出口商来说，不仅获得了所需要的现货，同时避免了价格上涨的风险。存储商既出售了现货，也避免了价格下跌的风险。

## 十五、企业如何利用玉米期货进行期现套利操作?

吉粮集团全资子公司吉林粮食集团收购经销有限公司对于期货套期保值的利用也非常深入，其期货市场套保规模达到了现货经营规模的80%以上，该公司期货套期保值策略主要是利用基差来进行期现之间的套利，此基差是期货价格与现货收购玉米到大连的总成本的价差，当基差达到80元/吨时，企业开始陆续建仓，在基差达到100元/吨、120元/吨时，企业加仓直到与企业现货数量持平，建仓完成后当期货价格下跌时，企业出售现货，了结期货头寸；当期货价格上涨时，企业可以申请交割。在这里简单地提一下期现套利，是为了给大家展示企业利用期货市场的灵活多样性，关于期现套利的具体做法，我们在后面的章节里会给大家详细讲解。

**延伸阅读**

### 期货市场套保功能发挥　企业开户数7年翻了17倍[①]

2007年12月，在北京召开的“中国农业行业国际论坛”上，大连商品交易所副总经理郭晓利在为论坛所作的书面发言中指出，近年来，我国农产品期货市场发展迅速，上市品种增加，市场规模不断扩大，市场运行质量显著提高，对农业产业的积极促进作用越来越明显。新形势下，我国应进一步加强国内农产品期货市场建设，使中国农产品期货市场在中国农业产业发展中发挥更大的作用。

郭晓利表示，当前我国农产品期货市场呈现以下几个特点：(1) 上市品种迅速增加，覆盖的领域越来越广。目前国内上市的18个期货品种（不含未开展交易的啤酒大麦和绿豆）中，农产品占了12个；国内适合

① 资料来源：郭晓利：《上海证券报》，2007年12月31日。

开展期货交易的大宗农产品大部分已经上市了；市场规模迅速扩大，市场流动性显著增强。2007 年期货成交金额已经超过 30 万亿元，国内农产品期货成交量占总成交量的比重始终保持在 2/3 以上，高的时候在 90% 以上；市场参与者数量增长迅速，投资者结构得到改善。目前，参与大连期货市场的企业数量和参与规模大幅增加，企业开户数在近七年时间里翻了 17 倍。目前有 11000 多家现货企业参与期货交易，企业客户的交易量占到大商所总交易量的 16.36%，持仓量占总持仓量的 54.54%；市场运行质量不断提高，市场功能有效发挥，一方面近几年虽然经历了国际上几次农产品价格的大起大落，但国内期货市场始终保持平稳运行，说明我国期货市场抗风险能力增强了；另一方面，期货市场价格发现和风险管理的功能得到有效发挥，大豆、玉米、小麦等农产品期货价格已经成为国内外相关企业开展生产、贸易的重要参考。我国农产品期货市场之所以有这样大的发展，主要是因为农业发展本身的需要、国家的高度重视、监管部门的有效监管和投资者的不断成熟。

郭晓利说，中国是一个农业大国，是一个发展中的大国，建设现代农业和现代市场体系，都离不开期货市场。我们非常欣喜地看到，在中国农业产业和期货市场发展历程中，期货市场和中国农业产业发展、国内农产品市场和国际市场从来没有像今天这样紧密地联系在一起。近年来，中国农产品期货市场对中国农业发展起到了积极的促进作用，至少在三个层面发挥重要作用。

首先，从生产者来看，期货市场成为农民种地卖粮的好指导。经过大连商品交易所的多年努力和实践。目前看期货价格卖粮已经成为很多东北农民卖粮的常规模式。大豆、玉米期货价格，已经成为农民种地卖粮的“望远镜”和“风向标”。其次，期货市场成为企业改善经营和保值避险的有效工具。整体上看，国内规模以上玉米、大豆经营企业基本上都参与了套期保值交易，通过期货回避价格大幅波动中的经营风险。再次，现货企业将期货市场作为调整经营策略和方向的指示器，在长期参与期货市场的过程中，摸索出一套利用期货市场价格信息进行经营的有效策略。最后，期货市场成为国家宏观调控的参考，增强了宏观调控的效果。

郭晓利同时表示，要使中国的农产品期货市场发展成与芝加哥互有分工的东方农产品期货交易中心，在中国农业产业发展中发挥更大的作用，应当在以下几个层面做出不懈努力：

首先，从政策层面来说，一是需要继续支持大宗农产品期货品种的上市；二是从金融政策上支持农业企业进行套期保值；三是在农产品期货市场开展对外开放试点，引入期货市场的 QFII 制度。

其次，从农民的角度来说，迫切需要加强对农民的期货知识培训，加大对农民信息服务工作的力度；需要在现有培训体系中，加强对农民的市场知识、期货知识的培训。

再次，应该切实有效推动期货信息的及时准确传播。

最后，从产业的角度来说，需要积极培育农村中介服务组织和农业龙头企业，引导开展期货加订单的生产模式。

## 自测题

### 一、选择题

1. 套期保值之所以能够以一个市场的盈利来弥补另一个市场的亏损进而规避风险，其原理主要包括两个方面：第一，玉米期货走势与现货价格走势大致（　　），第二，一般来讲，玉米的期货价格和现货价格在交割月份是（　　）的。

A. 相同；趋同　　B. 相反；相反　　C. 相同；相反

2. 在流通环节，中间贸易商往往需要提前签订购销合同，其经营风险主要来自现货价格下跌。通常情况下，中间贸易商可以采取在期货市场上为现货进行（　　），规避价格下跌带来的风险。

A. 卖出套期保值　　B. 买入套期保值　　C. 投机

3. 套期保值可以（　　）抵消玉米相关企业在现货市场的风险。

A. 完全可以　　B. 不好说　　C. 一般不可以

4. 基差是指某一时刻、同一地点、同一品种的（　　）之间的价差。

A. 现货与期货

B. 期货与现货

C. 不同月份的期货与期货

5. 投机的风险性比较大。作为贸易企业来说，其主要目的在于规避风险，所以企业最好的交易方式是（　　）。

A. 套期保值　　B. 套利

C. 期现交割　　D. 以上三种

## 二、填空题

1.（　　）是指把期货市场当作转移价格风险的场所，利用（　　）作为将来在现货市场上买卖商品的临时替代物，对其现在买进准备以后售出的商品或对将来需要买进商品的（　　）进行保险的交易活动。

2. 玉米加工企业在利用期货市场对玉米进行买入套期保值时，只要（　　）扩大，现货市场的盈利只能部分弥补期货市场的损失，结果仍是（　　）；只要（　　）缩小，现货市场的盈利不仅能弥补期货市场的全部损失，而且会有（　　）。

3. 贸易企业处于产业链条的中间，对于同一种商品而言，既是买方又是卖方，这一特殊性决定了其参与期货市场套期保值方式的复杂性。在购进商品时要规避商品价格上涨的风险，贸易企业就要以买方的角色参与（　　）；在卖出商品时要规避价格下跌的风险，贸易企业要以卖方的角色参与（　　）。

4. 企业在套期保值中常见的问题有：（　　）、（　　）、（　　）、（　　）、（　　）。

5.（　　）并不等于（　　）。但是（　　）对有的现货企业而言，也是一条最终实现保值的途径。

## 三、判断题

1. 玉米生产、流通、加工企业都可以利用玉米期货市场进行套期保值。（　　）

2. 顺价销售实现困难时，中间贸易商要维持企业生存，可以采取降价销售，结合期货市场卖出保值，挽回部分损失，维持企业经营。（ ）

3. 对于套期保值来讲，套期保值的范围可以小于或者等于贸易量，但不能大于贸易量，否则就会存在部分投机头寸，放大了经营风险。（ ）

4. 进行套期保值操作虽不能肯定带来收益，但可以降低商品价格波动可能造成的潜在损失和风险。（ ）

5. 套期保值一定要进行实物交割。（ ）

6. 玉米贸易商在采购和销售平衡的情况下，不存在风险敞口。（ ）

7. 利用期货市场进行套期保值是粮油企业构建可持续商业模式必不可少的要素。（ ）

8. 玉米现货企业参与玉米期货市场的方式有很多，最主要的方式有套期保值、期现套利、期转现交易。此外，企业还可以进行标准仓单的质押业务。（ ）

## 四、计算题

1. 一个玉米贸易商与一个玉米种植者签订了长期的供货合同，价格敲定在2700元/吨。假定该贸易商在10月份需要500吨玉米，10月份新玉米上市，价格普遍偏低，因此贸易商8月1日在期货市场上以2680元/吨的价格卖出50手11月玉米合约（当时的现货价格为2700元/吨）。到了10月份，玉米现货价格已经跌至2400元/吨，贸易商不得不高价从种植户手中买下500吨玉米，同时在期货市场上以2450元/吨的价格买入50手玉米合约。该玉米贸易商套期保值的效果怎样？

2. 假设某年5月份，一家饲料企业了解到玉米现货价格为2600元/吨，市场有短缺迹象，预计到7月1日该企业库存已经降至低点，需要补库1000吨。企业担心到7月份价格出现上涨，因此该饲料企业5月1日决定在大连商品交易所进行玉米期货交易，于是以2800元/吨的价格买入100手9月份玉米期货合约。结果，到了7月份，玉米现货涨到了2750元/吨，同时9月份期货合约也出现了上涨，该企业以3000元/吨的价格卖出期货合约，则该饲料企业套期保值的效果怎样？

# 参考答案

## 一、选择题

1. A　　2. A　　3. C　　4. A　　5. A

## 二、填空题

1. 套期保值，期货合约，价格　　2. 基差，净损失，基差，净盈利　3. 买入套期保值，卖出套期保值　　4. 定位不明确、认为套期保值没有风险、认为不需要分析行情、管理运作不规范、教条式套期保值　　5. 套期保值、实物交割、实物交割

## 三、判断题

1. √　　2. √　　3. √　　4. √　　5. ×　　6. √　　7. √　　8. √

## 四、计算题

1. 玉米贸易商套期的操作及结果：

| 时间及盈亏分析 | 现货市场 | 期货市场 | 基差（元/吨） |
|---|---|---|---|
| 8月1日 | 签订采购合同，现货价格2700元/吨 | 卖出50手11月玉米期货合约，价格2680元/吨 | 20 |
| 10月1日 | 现货价格2400元/吨 | 买入50手11月玉米期货合约，价格2450元/吨 | -50 |
| 盈亏情况 | (2400-2700)×500=-150000元 | (2680-2450)×50×10=115000元 | |

通过套期保值共实现盈利：(230-300)×500=-35000元

该贸易商在该套期保值中亏损35000元，如果其不进行套期保值，其亏损将达150000元。

2. 饲料企业的操作过程及结果如下：

| 时间及盈亏分析 | 现货市场 | 期货市场 | 基差（元/吨） |
|---|---|---|---|
| 5月1日 | 现货价格2600元/吨 | 买入100手9月玉米期货合约，价格2800元/吨 | -200 |
| 7月1日 | 买入1000吨玉米，价格2750元/吨 | 卖出100手9月玉米期货合约，价格3000元/吨 | -250 |
| 盈亏情况 | （2600-2750）×1000=-150000元 | （3000-2800）×100×10=200000元 | |

饲料企业通过在期货市场进行套期保值，共实现盈利：（200-150）×1000=50000元。

# 第十一章

# 玉米现货企业运用期权进行风险对冲的方法和策略

**本章要点**

前面我们介绍了玉米期权交易的基本策略以及玉米期货套保策略，本章进一步分析玉米期权套保的原理以及期权套保特点，同时结合产业链中各主体企业风险敞口，来分析各企业主体可以采用的期权套保策略。本章采用了大量案例，针对企业面临的不同风险情况的套期保值进行具体的讲解，使广大企业可以对比自身的经营特点与经营过程中可能面临的风险状况，找到解决自身问题的答案，利用期权市场规避企业经营过程中的价格波动风险，锁定利润。

## 一、玉米期权套期保值的原理是什么？

玉米期货是玉米现货的衍生品，投资者可以根据方向相反、数量相等、月份相同或相近的操作原则建立期货头寸，为现货进行套期保值，对冲现货价格变动风险。玉米期权以玉米期货为交易标的，期权价格与现货和期货价格之间存在相关性，通过期权交易，既可以为现货头寸进行套期保值，也可以对冲期货头寸的风险。

期货套期保值交易中，买进期货对冲现货头寸风险，称为买期保值；卖出期货对冲现货头寸风险，称为卖期保值。期权交易有四个基本交易策略：买入看涨期权、卖出看涨期权、买入看跌期权和卖出看跌期权。其他因素不变时，若现货和标的期货价格上涨，则看涨期权价格上涨，看跌期权价格下跌；若现货和标的价格下跌，则看涨期权价格下跌，看跌期权价格上涨。因此，企业可以通过买入看涨期权和卖出看跌期权（行权都转化为期货多头），对冲期货或现货价格上涨的风险；通过买入看跌期权或卖出看涨期权（行权都转化为期货空头），对冲期货和现货价格下跌的风险。

## 二、玉米期权套期保值的特点是什么？

玉米期权以期货合约为标的，即期货期权。由于存在期权行权、期货交割机制，期权价格与期货价格相关，进而与现货价格相关。利用这种相关关系，通过期权交易也可以为现货保值。

与期货套期保值相比，利用期权进行保值有如下特点：

### （一）既可保值，又能增值

期货套期保值原理在于利用期货与现货头寸相反、价格变化方向相同，从而达到规避风险、锁定成本的目的。随着价格的变化，一个头寸盈利，另一个头寸亏损。投资者运用期货为现货保值，如果现货头寸在价格发生不利变化亏损时，期货头寸盈利将弥补现货头寸损失；反过来，现货头寸在价格朝有利方向变动时，其获取更多盈利的机会将会被期货头寸的亏损抵消，投资者在规避风险的同时，也丧失了获取更多利润的机会。

买入期权套期保值，一方面，若现货头寸亏损，期权头寸盈利，则期权与期货进行保值的效果相同，均可以规避价格不利变化时的风险。另一方面，若现货头寸盈利，期权头寸亏损，则不论价格变化多大，买方亏损也仅限于支付的权利金。因此，买入期权等于为企业买入了“价格保险”。

卖出期权套期保值时，卖方获得了权利金，实现了有限保值，可以减少现货价格不利变动造成的亏损。

### （二）资金占用低，无保证金追加

对于期权买方，期权具有较强的杠杆作用，特别是虚值期权，权利金很低。与期货交易相比，期权的资金使用效率更高。对于期权卖方，收取的权利金可抵补部分保证金，降低资金成本。因此，利用期权套保，企业资金成本更低。

在运用期货为现货保值过程中，如果期货头寸亏损，就要追加交易保证金。若资金不能及时补足，会被强行平仓，套期保值计划将无法实现。利用期权进行套期保值时，买方只支付权利金，不缴纳保证金，无论价格如何变化，都不需要追加保证金，因此，不存在资金不足无法实现套保计划的问题，资金管理也更加便利。

### （三）方式多样，策略灵活

在期货保值策略中，为对冲价格上涨或下跌的风险，只能买入或卖出期货。利用期权保值时，可以有更多的策略选择，如买入看涨期权或卖出看跌期权，可以规避价格上涨的风险；买入看跌期权或卖出看涨期权可以规避价格下跌的风险。可以使用不同行权价格、不同到期月份的期权合约进行套保，在包含买入和卖出期权的套保策略组合中，保值者卖出期权获得的权利金可以抵补买入期权的权利金支出，降低成本。因此，利用期权保值，方式多样，策略灵活，可以满足企业各种各样的保值需求。

## 三、玉米期权套期保值的基本策略有哪些?

期权套期保值策略基本包括保护性（买入期权）保值策略、抵补性（卖出期权）保值策略和双限性（买卖期权）保值策略。对于玉米买方（即下游饲料企业或者深加工企业）而言，需要对冲玉米价格上涨风险，而卖方（即上游贸易企业），需要对冲玉米价格下跌风险。根据价格变动方向、变动幅度、保值成本及目标需要，买方和卖方可以有多样化的保值策略选择。具体情况参见表 11－1。

**表 11－1　期权套期保值策略**

| 保值策略 | 现货空头（买家）（对冲价格上涨风险） | 现货多头（卖家）（对冲价格下跌风险） |
|---|---|---|
| 保护性保值策略 | 买入看涨期权 | 买入看跌期权 |
| 抵补性保值策略 | 卖出看跌期权 | 卖出看涨期权 |
| 双限性保值策略 | 买入看涨期权并卖出看跌期权 | 买入看跌期权并卖出看涨期权 |

## 四、什么是保护性期权套期保值策略?

保护性套期保值策略，是指通过买入期权，为现（期）货头寸进行保值的策略。这种策略是最基本的期权保值策略，可以有效地保护现（期）货头寸的风险，最大损失是确定的。如果预期价格大幅变动，投资者想利用期权套期保值，在锁定损失的同时拥有收益的可能，那么保护性套期保值策略是最优的选择。

保护性套期保值策略最大优势是保值的同时拥有增值的可能。如果价格朝着有利的方向变动，那么现货、期货头寸会出现盈利，现货朝着有利方向变动的幅度越大，则盈利也越大。这种策略的弊端是需要付出权利金作为保值成本。

根据套保者使用意图的不同，保护性期权套期保值策略有两种类型，具体情况见表 11－2。

表 11－2　　保护性套期保值策略类型

| 套保者类型 | 动机 | 策略类型 |
| --- | --- | --- |
| 现货（期货）空头——买家 | 未来计划买入 | 买入看涨期权 |
| | 担心价格大幅上涨 | |
| 现货（期货）多头——卖家 | 未来计划卖出 | 买入看跌期权 |
| | 担心价格大幅下跌 | |

### （一）买入看涨期权保值及案例

买入看涨期权策略，主要适用于需要购买原材料的企业，可以是生产加工企业，也可以是仓储商，还可以是贸易商，只要净库存为负，均有价格上涨的担忧。为了防止采购价格上涨，增加采购成本，企业均可采取该保值策略。采用该策略可以同时实现以下目标：保护现（期）货空头头寸，规避价格大幅上涨成本增加的风险，同时保留价格下跌所带来成本降低的机会。下面以具体案例让交易者直观地感受一下。

**案例 11－1**

假定期货与现货价差不变，期权权利金按波动率 20% 和无风险利率 5% 确定，期权盈亏以行权转为期货持仓的盈亏计算（期权还可以平仓了结，但因有不确定性，在此暂不涉及）。

某年 5 月，玉米现货价格为 1850 元/吨，此时 09 合约价格为 1750 元/吨。某饲料公司根据生产和库存情况，拟在 8 月初购买 1 万吨玉米，但担心价格会因为天气原因造成减产而大涨，为防止价格上涨风险，同时保留价格下跌成本降低的机会，该饲料公司应该如何利用期权进行套期保值？

由于该饲料企业的目的是规避玉米现货价格大幅上涨的风险，进而锁定生产成本，故应该采取买入看涨期权保护性套期保值策略。具体措施可在5月买入09合约执行价格为1850元/吨的看涨期权，支付权利金50元/吨。

未来盈亏有以下两种情况：

情形1：8月初，玉米现货价格上涨为2300元/吨，对应期货合约价格上涨为2200元/吨，则现货亏损（采购成本上升）、期权盈利，玉米现货、期权的损益情况如表11-3所示。

**表11-3　　玉米价格上涨时买入看涨期权套保损益**

| 时间与损益 | 玉米现货（元/吨） | C **09-C-1850（元/吨） |
|---|---|---|
| 5月 | 1850 | -50 |
| 8月 | 2300 | 350 |
| 单项损益 | -450 | 300 |
| 综合损益 | -150元/吨 | |

如果不进行买入看涨期权套保，则现货亏损（采购成本增加）-450元/吨；买入看涨期权套保，期权盈利350元/吨，扣除权利金成本50元/吨，期权盈利300元/吨。综合计算，现货加期权总亏损（总采购成本上升）150元/吨。

情形2：8月初，玉米现货价格下跌为1600元/吨，对应期货合约价格变为1500元/吨，则玉米现货、期权的损益情况如表11-4所示。

**表11-4　　玉米价格下跌时买入看涨期权套保损益**

| 时间与损益 | 玉米现货（元/吨） | C **09-C-1850（元/吨） |
|---|---|---|
| 5月 | 1850 | -50 |
| 8月 | 1600 | 0 |
| 单项损益 | 250 | -50 |
| 综合损益 | 200元/吨 | |

如果不进行买入看涨期权保值，现货盈利（采购成本降低）200元/吨；买入看涨期权保值，期权盈利0元/吨，扣除掉权利金成本50元/吨，则期权亏损50元/吨。综合计算，现货与期权总盈利（总采购成本降低）200元/吨。

结合前面买入看涨期权基本策略以及两种主要情况分析，我们可以得到损益情况以及损益图（见表11-5和图11-1）。

**表 11－5　　买入看涨期权套保损益**　　（单位：元/吨）

| 现货价格 | 现货损益 | 期货价格 | 期权损益 | 套保综合损益 |
|---|---|---|---|---|
| 1400 | 450 | 1300 | －50 | 400 |
| 1450 | 400 | 1350 | －50 | 350 |
| 1500 | 350 | 1400 | －50 | 300 |
| 1550 | 300 | 1450 | －50 | 250 |
| 1600 | 250 | 1500 | －50 | 200 |
| 1650 | 200 | 1550 | －50 | 150 |
| 1700 | 150 | 1600 | －50 | 100 |
| 1750 | 100 | 1650 | －50 | 50 |
| 1800 | 50 | 1700 | －50 | 0 |
| 1850 | 0 | 1750 | －50 | －50 |
| 1900 | －50 | 1800 | 0 | －50 |
| 1950 | －100 | 1850 | 50 | －50 |
| 2000 | －150 | 1900 | 100 | －50 |
| 2050 | －200 | 1950 | 150 | －50 |
| 2100 | －250 | 2000 | 200 | －50 |
| 2150 | －300 | 2050 | 250 | －50 |
| 2200 | －350 | 2100 | 300 | －50 |
| 2250 | －400 | 2150 | 350 | －50 |
| 2300 | －450 | 2200 | 400 | －50 |

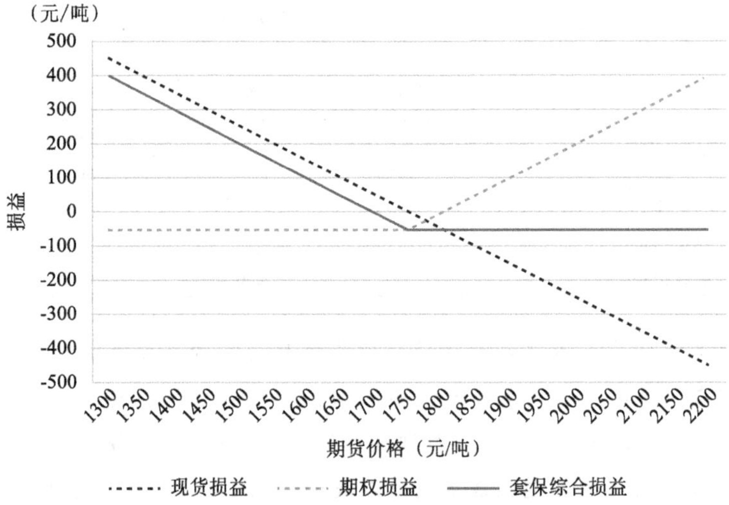


**图 11－1　买入看涨期权套保损益**

由图 11－1 可知，如果 8 月份玉米期货价格高于 1800 元/吨，对应现货价格高于 1900 元/吨，投资者行权并且平仓，期权获得盈利，现货出现损失，期权盈利可以弥补现货的损失。同时，现货价格大幅上行时，期权套保组合的损失（总采购成本上升）是有限的，最大损失为 50 元/吨；反之，如果玉米期货价格低于 1800 元/吨，对应现货价格低于 1900 元/吨，那么现货逐渐出现盈利，且呈线性增长。同时，期权出现亏损，此时，套保者可以放弃行权，最大损失只是权利金 50 元/吨。也就是说，当价格下行时，保值组合保留了盈利增加的机会。

### （二）买入看跌期权保值案例

买入看跌期权的保护性保值策略，一般适用于持有现货和期货多头头寸的生产企业或贸易商，如销售玉米的贸易商，主要目的是防止现货价格大幅下跌带来的损失。采用这一策略可以同时实现以下目标：保护现（期）货多头头寸，规避价格大幅下跌的风险，同时保留价格上涨所带来的盈利机会。

**案例 11－2**

某年 6 月，玉米现货价格为 1850 元/吨，09 合约价格 1750 元/吨。某玉米贸易企业综合自己所了解的现货信息以及市场专业人士分析认为，9 月份玉米丰产上市压力增加，届时企业库存压力将会很大，而该企业尚有 50 万吨的风险敞口，担心价格下跌造成损失。为对冲价格大幅下跌带来的损失，并保留价格上涨的盈利机会，该生产企业应该如何利用期权进行套期保值？

由于生产企业的目的是规避玉米现货价格大幅下跌的风险，故应该采取买入看跌期权的保护性套期保值策略。具体措施可采用 6 月买入 09 合约执行价格为 1750 元/吨的看跌期权，支付权利金 50 元/吨。

未来盈亏有以下两种情况：

情形 1：8 月份，玉米现货上涨至 2200 元/吨，对应期货合约价格为 2100 元/吨，则现货盈利，期权放弃行权，损失权利金，玉米现货、期权的损益情况如表 11－6 所示。

表 11－6　　玉米价格上涨时买入看跌期权套保损益

| 时间与损益 | 玉米现货（元/吨） | C ** 09－P－1750（元/吨） |
|---|---|---|
| 6 月 | 1850 | －50 |
| 8 月 | 2200 | 0 |
| 单项损益 | 350 | －50 |
| 综合损益 | 300 元/吨 | |

如果不进行买入看跌期权套保，现货盈利或销售收入增加 350 元/吨；买入看跌期权套保，期权盈利 0 元/吨，扣除权利金成本 50 元/吨，期权亏损 50 元/吨，现货加期权总盈利（总销售收入增加）300 元/吨。

情形 2：8 月份，玉米现货价格下跌至 1600 元/吨，对应期货合约价格下跌为 1500 元/吨，则现货亏损，期权盈利，玉米现货、期权的损益情况如表 11－7 所示。

表 11－7　　玉米价格下跌时买入看跌期权套保损益

| 时间与损益 | 玉米现货（元/吨） | C ** 09－P－1750（元/吨） |
|---|---|---|
| 5 月 | 1850 | －50 |
| 8 月 | 1600 | 250 |
| 单项损益 | －250 | 200 |
| 综合损益 | －50 元/吨 | |

如果不进行买入看跌期权保值，现货亏损或者销售收入下降 250 元/吨，买入看跌期权套保，期权盈利 250 元/吨，扣除权利金成本 50 元/吨，期权总盈利 200 元/吨，现货加期权总亏损（总销售收入减少）50 元/吨。

结合前面买入看跌期权基本策略以及上面两种情况的分析，我们可以得到损益情况以及损益图（见表 11－8 和图 11－2）。

表 11－8　　买入看跌期权套保损益　　（单位：元/吨）

| 现货价格 | 现货损益 | 期货价格 | 期权损益 | 套保综合损益 |
|---|---|---|---|---|
| 1400 | －450 | 1300 | 400 | －50 |
| 1450 | －400 | 1350 | 350 | －50 |
| 1500 | －350 | 1400 | 300 | －50 |

续表

| 现货价格 | 现货损益 | 期货价格 | 期权损益 | 套保综合损益 |
|---|---|---|---|---|
| 1550 | -300 | 1450 | 250 | -50 |
| 1600 | -250 | 1500 | 200 | -50 |
| 1650 | -200 | 1550 | 150 | -50 |
| 1700 | -150 | 1600 | 100 | -50 |
| 1750 | -100 | 1650 | 50 | -50 |
| 1800 | -50 | 1700 | 0 | -50 |
| 1850 | 0 | 1750 | -50 | -50 |
| 1900 | 50 | 1800 | -50 | 0 |
| 1950 | 100 | 1850 | -50 | 50 |
| 2000 | 150 | 1900 | -50 | 100 |
| 2050 | 200 | 1950 | -50 | 150 |
| 2100 | 250 | 2000 | -50 | 200 |
| 2150 | 300 | 2050 | -50 | 250 |
| 2200 | 350 | 2100 | -50 | 300 |
| 2250 | 400 | 2150 | -50 | 350 |
| 2300 | 450 | 2200 | -50 | 400 |

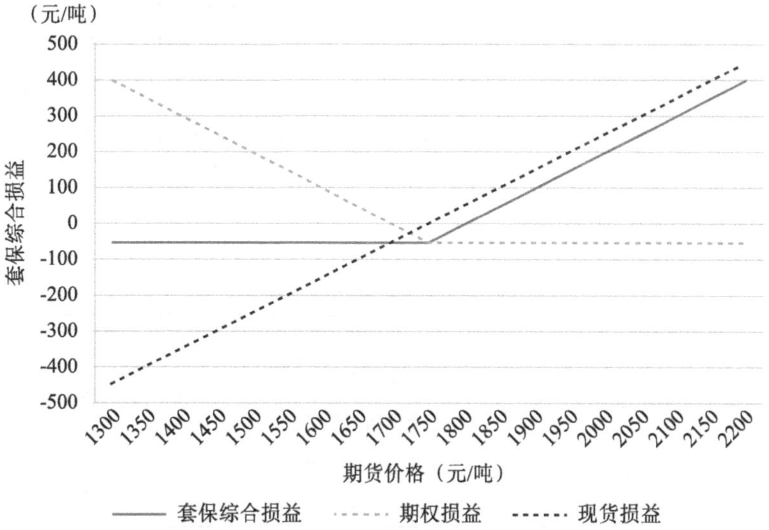


**图 11-2　买入看跌期权套保损益**

由图 11－2 可知，8 月份，如果玉米期货价格低于 1750 元/吨，对应现货低于 1850 元/吨，选择行权的话，期权盈利，现货损失，期权盈利可以弥补现货的损失，最终稳定亏损为 50 元/吨；反之，如果玉米期货价格高于 1750 元/吨，对应现货价格高于 1850 元/吨，那么现货开始逐步出现盈利，同时，期权出现了损失，此时放弃期权行权，期权端损失为权利金 50 元/吨。也就是说，当现货价格上行时，套期保值组合保留了盈利增加的可能。

## 五、什么是抵补性期权套期保值策略？

抵补性保值策略，是指通过卖出期权获得权利金，抵补现（期）货价格不利变动的损失，获得成本降低或销售收入增加的期权套保策略。抵补套期保值策略可在市场价格有利变动或不利变动较小（即权利金收入大于价格不利变动幅度）时获利。当投资者认为未来不会出现大涨或大跌的行情，想获得现货成本降低及销售收入增加的机会，愿意承担价格波动较大的风险。该策略最大的优势在于获得权利金，进而降低购买成本或增加销售收入，但弊端是现货价格朝不利方向变动较大时，抵补性保值策略的期权虽然可以弥补一部分现货损失，但不足以弥补现（期）货的大部分亏损。

根据套保者使用意愿的不同，抵补性期权套期保值策略可以有两种类型，具体情况参见表 11－9。

**表 11－9　　抵补性套期保值策略类型**

| 套保者类型 | 动机 | 策略类型 |
|---|---|---|
| 现货买家（净库存为负） | 未来计划买入 | 卖出看跌期权 |
| | 降低购买价格 | |
| 现货卖家（净库存为正） | 未来计划卖出 | 卖出看涨期权 |
| | 提高出售价格 | |

### （一）卖出看跌期权保值案例

对于想要购买原材料的生产企业而言，如以玉米为原材料的饲料企业，往往需要降低未来现货价格上涨的风险。若预计未来相关商品价格有可能保持相对稳定，或预期的价格下跌幅度很小时，套期保值者可能会发现，通过卖出一个看跌期权，从买方收取权利金，并利用此款项为今后的交易增值，是一个值得一试的办法。该策略为卖出看跌期权的抵补性保值策略。

套保目标：持有现（期）货空头头寸，卖出看跌期权，收取权利金，抵补价格上涨的损失。愿意接受价格较大的下跌风险，换取成本降低（收入权利金）的机会。需要注意的是，卖出看跌期权并没有为现（期）货空头提供一个损失底线，而是通过收取权利金，在一定程度上降低了现货（期货）的风险。

**案例 11－3**

某年3月份，某饲料企业计划于8月采购1万吨玉米，当时的玉米现货价格为1900元/吨，09期货合约价格为1800元/吨。该企业考虑到未来天气因素可能导致减产，进而对市场构成波段支撑。不过，鉴于抛储的可能，波动幅度可能不会很高，未来期货价格可能会在150元/吨上下波动。为降低玉米价格上涨的风险，该饲料企业应如何利用期权进行套期保值？

由于该饲料企业未来要采购玉米，相当于拥有1万吨的玉米现货空头，同时预期未来玉米价格下跌或上涨幅度不超150元/吨，故可采用卖出看跌期权的抵补性套期保值策略。具体措施可采用3月份卖出09合约执行价格为1650元/吨的看跌期权，收取50元/吨的权利金。

未来损益情况主要有以下两种情形：

情形1：8月初，现货价格下降至1650元/吨，对应期货合约价格为1550元/吨，则现货盈利，期权因对方行权而亏损50元/吨，套保总盈利200元/吨。玉米现货、期权的损益情况如表11－10所示。

如果不进行卖出看跌期权套保，现货盈利（购买成本降低）250元/吨。进行卖出看跌期权套保之后，期权亏损100元/吨，权利金收入50元/吨，期权净亏损50元/吨；现货加期权总盈利（总购买成本下降）200元/吨。

表11-10　　玉米价格下跌时卖出看跌期权套保损益

| 时间与损益 | 玉米现货（元/吨） | C**09-P-1650（元/吨） |
|---|---|---|
| 3月 | 1900 | 50 |
| 8月 | 1650 | -100 |
| 单项损益 | 250 | -50 |
| 综合损益 | 200元/吨 | |

情形2：8月份，玉米现货价格上涨到2100元/吨，对应期货合约价格上涨为2000元/吨，则现货亏损200元/吨，期权盈利50元/吨，套保总亏损150元/吨。玉米现货、期权的损益情况如表11-11所示。

表11-11　　玉米价格上涨时卖出看跌期权套保损益

| 时间与损益 | 玉米现货（元/吨） | C**09-P-1650（元/吨） |
|---|---|---|
| 3月 | 1900 | 50 |
| 8月 | 2100 | 0 |
| 单项损益 | -200 | 50 |
| 综合损益 | -150元/吨 | |

如果不进行卖出看跌期权套保，现货亏损（采购成本增加）200元/吨；卖出看跌期权套保，期权亏损0元/吨，权利金收入为50元/吨，期权净盈利50元/吨，现货加期权总亏损（总采购成本增加）150元/吨。

结合前面卖出看跌期权基本策略以及两种主要情况分析，我们可以得到损益情况以及损益图（见表11-12和图11-3）。

表11-12　　卖出看跌期权保值损益　　（单位：元/吨）

| 期货价格 | 现货损益 | 期货价格 | 期权损益 | 套保综合损益 |
|---|---|---|---|---|
| 1400 | 500 | 1300 | -300 | 200 |
| 1450 | 450 | 1350 | -250 | 200 |
| 1500 | 400 | 1400 | -200 | 200 |
| 1550 | 350 | 1450 | -150 | 200 |

续表

| 期货价格 | 现货损益 | 期货价格 | 期权损益 | 套保综合损益 |
|---|---|---|---|---|
| 1600 | 300 | 1500 | -100 | 200 |
| 1650 | 250 | 1550 | -50 | 200 |
| 1700 | 200 | 1600 | 0 | 200 |
| 1750 | 150 | 1650 | 50 | 200 |
| 1800 | 100 | 1700 | 50 | 150 |
| 1850 | 50 | 1750 | 50 | 100 |
| 1900 | 0 | 1800 | 50 | 50 |
| 1950 | -50 | 1850 | 50 | 0 |
| 2000 | -100 | 1900 | 50 | -50 |
| 2050 | -150 | 1950 | 50 | -100 |
| 2100 | -200 | 2000 | 50 | -150 |
| 2150 | -250 | 2050 | 50 | -200 |
| 2200 | -300 | 2100 | 50 | -250 |
| 2250 | -350 | 2150 | 50 | -300 |
| 2300 | -400 | 2200 | 50 | -350 |

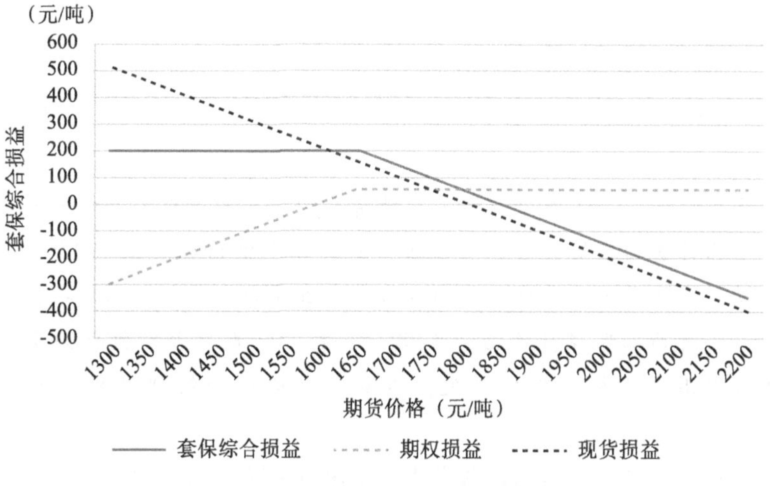


**图 11－3　卖出看跌期权套保损益**

由图 11－3 可知，由于卖出了玉米看跌期权 C＊＊09－P－1650 获得了

50元/吨的权利金收入，故图11－3中套期保值的收益曲线比现货收益曲线高出了获得的权利金部分，即50元/吨。可见，卖出看跌期权进行套期保值使现货的成本降低了50元/吨。不过，我们还可以看到，期货价格低于1850元/吨（现货价格低于1950元/吨）时，套期保值的收益就大于零，因此，当价格下跌或者在较小幅度上涨时，该套期保值组合就处于盈利状态。

### （二）卖出看涨期权保值及案例

对于拥有玉米现货的生产企业或贸易商而言，往往需要规避未来现货价格下跌的风险。当预计未来相关商品价格有可能保持相对稳定，或预测价格上涨幅度很小时，持有现货多头的相关企业可以通过卖出看涨期权，从买方收取权利金。该策略为卖出看涨期权的抵补性保值策略。但从另一方面看，一旦相关期货价格涨至看涨期权执行价格之上时，该看涨期权卖方将会面临买方要求执行期权的风险。持有现（期）货多头头寸，卖出看涨期权，收取权利金，抵补价格下跌的损失；愿意接受较大价格上涨的风险，换取收入增加（收入权利金）的机会。

需要注意的是，卖出看涨期权并没有为现（期）货多头提供一个风险损失的底线，而是通过收取权利金在一定程度上提高了现货（期货）的销售收入。

**案例11－4**

某年4月份，某贸易企业根据购销情况预计8月份有1万吨玉米需要销售。但根据目前的市场背景，企业担心到时玉米价格会有上下150元/吨的窄幅波动。为降低玉米价格下跌的风险，该贸易企业应如何利用期权进行套期保值？当时的玉米现货价格为1900元/吨，09期货合约价格为1950元/吨，为减少玉米价格下跌的损失，该贸易企业应如何利用期权进行套期保值？

该企业未来要出售玉米，相当于玉米现货多头，同时预期未来玉米价格的上涨或下跌幅度较小，故可采用卖出看涨期权的抵补性套期保值策略。具体措施可采用4月份卖出09合约行权价为1950元/吨的看涨期权，收取50

元/吨的权利金。

未来损益情况主要有以下两种情形：

情形1：8月，玉米现货价格下降至1750元/吨，对应期货合约价格变为1800元/吨，则现货亏损150元/吨，期权盈利50元/吨，套保总亏损100元/吨。具体损益情况如表11－13所示。

表11－13　　玉米价格下跌时卖出看涨期权套保损益

| 时间与损益 | 玉米现货（元/吨） | C ** 09－C－1950（元/吨） |
|---|---|---|
| 4月 | 1900 | 50 |
| 8月 | 1750 | 0 |
| 单项损益 | －150 | 50 |
| 综合损益 | －100元/吨 | |

如果不进行卖出看涨期权保值，现货亏损或销售收入减少150元/吨。进行卖出看涨期权保值，期权亏损0元/吨，权利金净收入50元/吨，期权盈利50元/吨，现货加期权总亏损（总销售收入减少）100元/吨。

情形2：8月，玉米现货价格上涨为2050元/吨，对应期货合约价格变为2100元/吨，则现货盈利150元/吨，期权亏损100元/吨，套保总盈利50元/吨。具体损益情况如表11－14所示。

表11－14　　玉米价格上涨时卖出看涨期权套保损益

| 时间与损益 | 玉米现货（元/吨） | C ** 09－C－1950（元/吨） |
|---|---|---|
| 4月 | 1900 | 50 |
| 8月 | 2050 | －150 |
| 单项损益 | 150 | －100 |
| 综合损益 | 50元/吨 | |

如果不进行卖出看涨期权保值，现货盈利或销售收入增加150元/吨；卖出看涨期权保值，期权亏损150元/吨，权利金净收入50元/吨，期权亏损100元/吨，现货加期权总盈利50元/吨。

结合前面卖出看跌期权基本策略以及两种主要情况的分析，我们可以得到损益情况以及损益图（见表11－15和图11－4）。

**表 11－15　　卖出看涨期权保值损益**　　（单位：元/吨）

| 现货价格 | 现货损益 | 期货价格 | 期权损益 | 套保综合损益 |
|---|---|---|---|---|
| 1400 | －500 | 1450 | 50 | －450 |
| 1450 | －450 | 1500 | 50 | －400 |
| 1500 | －400 | 1550 | 50 | －350 |
| 1550 | －350 | 1600 | 50 | －300 |
| 1600 | －300 | 1650 | 50 | －250 |
| 1650 | －250 | 1700 | 50 | －200 |
| 1700 | －200 | 1750 | 50 | －150 |
| 1750 | －150 | 1800 | 50 | －100 |
| 1800 | －100 | 1850 | 50 | －50 |
| 1850 | －50 | 1900 | 50 | 0 |
| 1900 | 0 | 1950 | 50 | 50 |
| 1950 | 50 | 2000 | 0 | 50 |
| 2000 | 100 | 2050 | －50 | 50 |
| 2050 | 150 | 2100 | －100 | 50 |
| 2100 | 200 | 2150 | －150 | 50 |
| 2150 | 250 | 2200 | －200 | 50 |
| 2200 | 300 | 2250 | －250 | 50 |
| 2250 | 350 | 2300 | －300 | 50 |
| 2300 | 400 | 2350 | －350 | 50 |

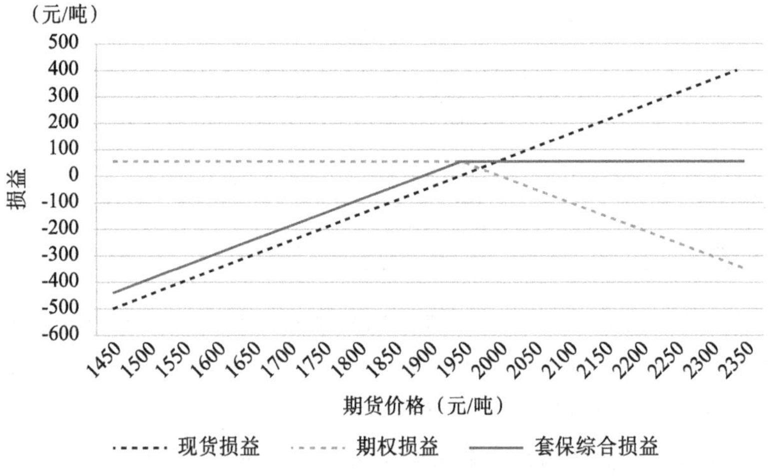


**图 11－4　卖出看涨期权套保损益**

由图 11－4 可知，由于卖出了玉米看涨期权 C＊＊09－C－1950 获得了 50 元/吨的权利金收入，故图 11－4 中套期保值的收益曲线比现货收益高出了 50 元/吨，卖出看涨期权进行保值增加了现货盈利。不过还应当看到，只要期货价格不低于 1900 元/吨，保值的收益就会大于零。因此，当价格上涨或者在比较小的幅度内下跌的话，该套期保值组合都处于盈利的状态。

## 六、什么是双限期权套期保值策略？

双限期权保值策略是一个没有保险费的“保险”，经常被机构投资者使用，如果不考虑获得预期外更大盈利空间的话，更受到稳健经营企业的青睐。

双限期权策略，是指投资者在建立一个现（期）货多头（空头）头寸后，通过支付权利金，买入一个虚值看跌期权（或看涨期权），以此来保护现（期）货多头（空头）头寸下跌（上涨）的风险，同时卖出一个虚值看涨期权（或看跌期权）获得权利金收入，以降低保值所需的权利金。如此，投资者就可以避免价格不利变动带来的风险，并且不需要支付过高的权利金成本。如果卖出的期权价格高于买入的期权，还可以收到权利金。一般，在投资者需要较低的成本建立一个套期保值组合，同时不需要预期外的盈利的情况下，企业会使用该策略。

双限期权保值策略的成本低，既能规避价格不利变化的风险，又能保留一定的获利机会，但它放弃了超过预期盈利的机会。这种策略的最大损失与盈利都是确定的，或者说，盈亏均被限定，因此被称为“双限策略”。

双限期权保值策略包括空头双限保值策略和多头双限保值策略。

### （一）空头双限保值及案例

空头双限保值策略与买入看涨期权的适用对象相同，即一般适用于需要购买原材料的企业，如以玉米为原料的饲料企业。

与买入保护性看涨期权的适用对象不同，采用空头双限策略的目的是，保护现（期）货空头头寸，锁定价格大幅上涨亏损或采购成本增加的风险，同时保持价格下跌所带来一定盈利或采购成本降低的机会，降低保值成本（权利金）支出。

空头双限策略构成：现（期）货空头 + 买入虚值看涨期权 + 卖出虚值看跌期权。

**案例 11－5**

某年 5 月，某饲料企业计划于 8 月采购 1 万吨玉米，当时的玉米现货价格为 2000 元/吨，09 期货合约价格为 1950 元/吨。预期未来的玉米价格会出现较大的波动，为避免玉米价格上涨的风险，同时降低期权保值成本，该饲料企业应如何利用期权进行套期保值？

由于该饲料企业未来采购玉米，相当于拥有 1 万吨的玉米现货空头，预期未来玉米价格可能出现比较大的上涨，故采用买入看涨保护性套期保值策略。同时考虑权利金成本尽可能降低，故采用卖出看跌抵补性策略。两种保值策略并用，即空头双限套期保值策略，可以扬长避短。具体措施是：5 月，企业买入 09 合约行权价格为 2000 元/吨的看涨期权，支付权利金 90 元/吨，为降低权利金成本，卖出 09 合约行权价格为 1850 元/吨的看跌期权，收到权利金 50 元/吨。该策略对应的损益情况如表 11－16 和图 11－5 所示。

**表 11－16　空头双限策略损益**　（单位：元/吨）

| 现货价格 | 期货价格 | 买看涨损益 | 卖看跌损益 | 现货（期货）损益 | 套保损益 |
|---|---|---|---|---|---|
| 1500 | 1450 | －90 | －350 | 500 | 60 |
| 1550 | 1500 | －90 | －300 | 450 | 60 |
| 1600 | 1550 | －90 | －250 | 400 | 60 |
| 1650 | 1600 | －90 | －200 | 350 | 60 |
| 1700 | 1650 | －90 | －150 | 300 | 60 |
| 1750 | 1700 | －90 | －100 | 250 | 60 |
| 1800 | 1750 | －90 | －50 | 200 | 60 |
| 1850 | 1800 | －90 | 0 | 150 | 60 |

续表

| 现货价格 | 期货价格 | 买看涨损益 | 卖看跌损益 | 现货（期货）损益 | 套保损益 |
|---|---|---|---|---|---|
| 1900 | 1850 | -90 | 50 | 100 | 60 |
| 1950 | 1900 | -90 | 50 | 50 | 10 |
| 2000 | 1950 | -90 | 50 | 0 | -40 |
| 2050 | 2000 | -90 | 50 | -50 | -90 |
| 2100 | 2050 | -40 | 50 | -100 | -90 |
| 2150 | 2100 | 10 | 50 | -150 | -90 |
| 2200 | 2150 | 60 | 50 | -200 | -90 |
| 2250 | 2200 | 110 | 50 | -250 | -90 |
| 2300 | 2250 | 160 | 50 | -300 | -90 |
| 2350 | 2300 | 210 | 50 | -350 | -90 |
| 2400 | 2350 | 260 | 50 | -400 | -90 |

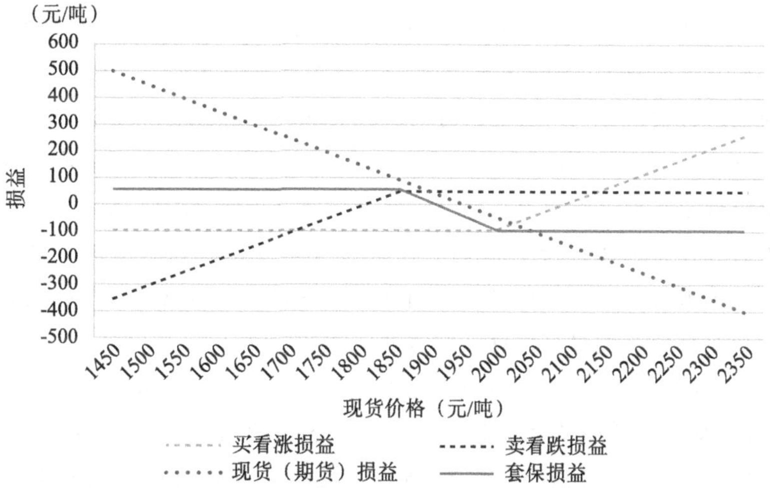


**图 11－5　空头双限策略损益**

由图 11－5 可知，买入看涨期权的支出为 90 元/吨，卖出看跌期权收入为 50 元/吨，合成之后该套期保值组合成本变成 40 元/吨。若仅采用保护性套期保值，则需要支付 90 元/吨，显然，双限策略的成本更低。

此外，还可看出，当期货价格高于 2000 元/吨时，出现最大亏损－90 元/吨，当期货价格低于 1850 元/吨，出现最大盈利 60 元/吨。在价格大幅变动情况下，双限策略的盈利和亏损都比较小。

### （二）多头双限保值及案例

多头双限保值策略适用的对象与买入看跌期权的对象相同，即未来需要出售现货的生产企业或贸易商，如农产品贸易商或生产商。

与买入保护性看跌期权的适用企业不同，多头双限策略的目的除了防止现货价格大幅下跌，保护现（期）货多头头寸，同时还保留价格上涨所带来的一定盈利机会，降低保值成本。

多头双限策略构成：现（期）货多头头寸 + 买入虚值看跌期权 + 卖出虚值看涨期权。

**案例 11－6**

某年 3 月，某贸易商根据当时市场背景及对未来玉米增产预期的担忧，计划于 8 月份卖出 10 万吨玉米现货。当时玉米现货价格为 2100 元/吨，玉米期货合约价格为 1950 元/吨，贸易商预期未来的玉米价格会出现较大的波动，为避免玉米价格下跌的风险，该企业应如何利用期权进行套期保值?

由于该企业未来要销售玉米，相当于拥有玉米的现货多头，考虑到未来玉米价格可能出现比较大的波动，采用买入看跌保护性套期保值策略。同时，考虑成本需要尽可能降低，采用卖出看涨抵补性策略。两种保值策略并用，即多头双限套期保值策略，可以扬长避短。

3 月，可以买入 09 合约行权价格为 1850 元/吨的看跌期权，支付权利金 80 元/吨。同时，为降低权利金成本，企业卖出 09 合约行权价格为 2050 元/吨的看涨期权，收到权利金 50 元/吨。该策略对应的损益情况如表 11－17 和图 11－6 所示。

**表 11－17　多头双限策略损益**　（单位：元/吨）

| 现货价格 | 期货价格 | 买看跌损益 | 卖看涨损益 | 现货（期货）损益 | 套保损益 |
|---|---|---|---|---|---|
| 1500 | 1350 | 420 | 50 | －600 | －130 |
| 1550 | 1400 | 370 | 50 | －550 | －130 |
| 1600 | 1450 | 320 | 50 | －500 | －130 |

续表

| 现货价格 | 期货价格 | 买看跌损益 | 卖看涨损益 | 现货（期货）损益 | 套保损益 |
|---|---|---|---|---|---|
| 1650 | 1500 | 270 | 50 | -450 | -130 |
| 1700 | 1550 | 220 | 50 | -400 | -130 |
| 1750 | 1600 | 170 | 50 | -350 | -130 |
| 1800 | 1650 | 120 | 50 | -300 | -130 |
| 1850 | 1700 | 70 | 50 | -250 | -130 |
| 1900 | 1750 | 20 | 50 | -200 | -130 |
| 1950 | 1800 | -30 | 50 | -150 | -130 |
| 2000 | 1850 | -80 | 50 | -100 | -130 |
| 2050 | 1900 | -80 | 50 | -50 | -80 |
| 2100 | 1950 | -80 | 50 | 0 | -30 |
| 2150 | 2000 | -80 | 50 | 50 | 20 |
| 2200 | 2050 | -80 | 50 | 100 | 70 |
| 2250 | 2100 | -80 | 0 | 150 | 70 |
| 2300 | 2150 | -80 | -50 | 200 | 70 |
| 2350 | 2200 | -80 | -100 | 250 | 70 |
| 2400 | 2250 | -80 | -150 | 300 | 70 |

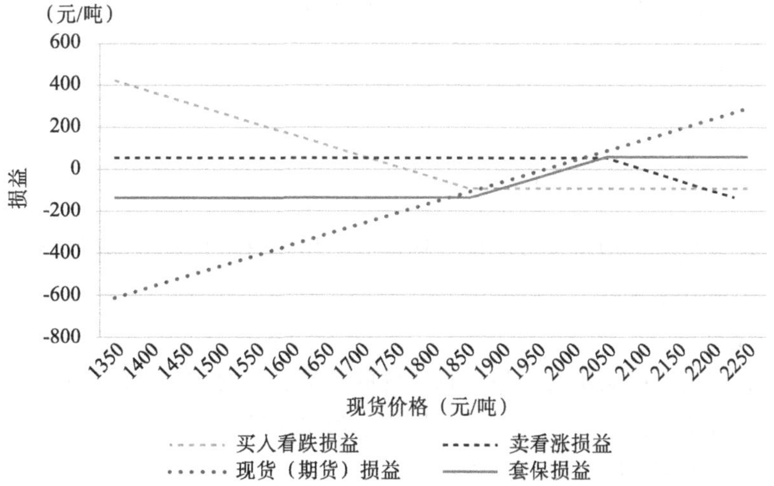


**图 11-6　多头双限策略损益**

由图 11－6 可知，买入看跌期权的支出为 80 元/吨，卖出看涨期权的收入为 50 元/吨，合成之后该套期保值组合支付了 30 元/吨。若仅采用买入看跌保护性套期保值，则需要支付 80 元/吨。显然，多头双限策略的成本大大降低了。

此外，还可看出，当期货价格低于 1850 元/吨时，出现最大亏损－130 元/吨，当期货价格高于 2050 元/吨时，出现最大盈利 70 元/吨。在极端行情下，双限策略的盈利和亏损都比较小。

案例结论：采用多头双限保值策略后，实现了两个目标：（1）降低了套期保值的成本，有时不需要成本，甚至还能赚取权利金；（2）如果价格出现较大的波动，那么盈利和亏损都有限。双限策略通过买卖虚值看涨期权和看跌期权，将亏损和收益都锁定在一定幅度内。保值者用放弃获得更大收益的机会，换来对冲较大亏损的风险，避免企业经营中业绩的大起大落。企业在操作的过程中通过选择不同深度的虚值期权，支付（收取）不同的权利金，可以调整套期保值组合的最大盈利或亏损幅度。

## 七、期权套期保值的注意事项有哪些?

### （一）期权套保头寸了结

根据交易所的期权交易规则，保值者利用期权进行套期保值交易，可以采取的了结方式有以下三种。

1. 平仓

平仓指买入或卖出与所持期权合约的数量、标的物、月份、到期日、类型和行权价格相同，但方向相反的期权合约以了结期权合约的方式。

2. 行权或履约

行权或履约指期权合约买方或卖方按照规定行使权利或履行义务，以行权价格买入或者卖出标的物。

3. 放弃

放弃指期权合约到期，买方不行使权利，卖方义务终结。

根据期权的行权价格，保护性策略和抵补性策略对于了结方式选择的具体分析如下：

对于保护性策略，买入期权后，平仓了结优于放弃。期权的价值包括内在价值与时间价值两部分，实值期权的权利金大于内在价值。买方提出行权后获得期货头寸，只能从内在价值中获利，但放弃了期权的时间价值。所以，如果市场流动性较好，平仓为最优选择，保值者可以通过期权的盈利来弥补现货（期货）的损失，或者减少期权头寸的亏损。如果保值者想进行实物交割，可以考虑行权。保值者在买入期权后，不会面临缴纳及追加保证金的风险，但如果保值者根据市场情况，选择通过实物交割的方式来完成保值交易，就需要先提出行权，以获得期货头寸。需要注意的是，交易者须满足期货交易的保证金要求，进入交割月前一个月，玉米期货的交易保证金将逐步提高（具体见交易所规则），交易者要预先安排好资金，确保套期保值计划顺利进行。

对于抵补性策略，卖出期权后，卖方有义务而无权利，在持仓了结的方式中处于被动地位。最有利的方式是买方到期放弃，卖方可以获取全部的权利金收入。如果买方提出行权，卖方需要履约，这时一般对卖方情况不利，会打乱保值者的交易计划。

### （二）期权套保月份与到期

商品期权的到期一般要比合约月份提前一段时间。大商所玉米期权合约的到期日和最后交易日均为期货交割月份前一个月的正数第 5 个交易日。根据套期保值月份相近的操作原则，应注意与其现货（期货）经营计划的期限相匹配。

### （三）期权套保与行权价格

投资者可以根据自己的成本预算及套保效果等选择确定期权合约的行权价格。对于生产者来说，为了获得较好的卖价，买入的看跌期权行权价格越高，收益越高，但其权利金成本也越高；看跌期权的行权价格越低，其锁定的卖出价越低，但权利金成本也越低。对于加工厂来说，买入的看涨期权行权价格低，可以保持较低的生产成本，但其权利金成本相应较高；看涨期权的行权价格高，意味着将来的买价高，但权利金成本相对较低。在期权市场中，一般情况下平值附近的期权合约交易较为活跃，深实值与深虚值的期权合约流动性不足。深度实值的期权能够提供更大的保护，但权利金高；深度虚值期权的权利金低，但其保护效果甚微。保值企业应根据自己的保值目标和成本计划，选择保值行权价合约。

### （四）期权套保与流动性

期权合约多，成交相对分散，保值者在建立期权头寸后，随着期货价格的波动，期权可能成为深实值或深虚值的状态，成交清淡。这时，保值者可能无法平仓了结头寸。玉米和其他已上市商品期权品种一样实行做市商制度。做市商的报价可以满足企业保值的需要，但买卖报价有一定的价差，也是影响保值成本的因素之一。因此，保值者与其他期权交易者一样，都需要根据流动性选择交易合约和保值头寸了结的方式。

## 自测题

### 一、不定项选择题

1. 期权交易的基本策略有（　　）。

A. 买入看涨期权　　B. 卖出看涨期权

C. 买入看跌期权　　D. 卖出看跌期权

2. 与期货套期保值相比，利用期权进行保值的特点有（　　）。

A. 既可保值，又能增值　　B. 资金占用低，无保证金追加

C. 方式多样，策略灵活

3. 期权套期保值策略包括（　　）。

A. 保护性保值策略　　B. 抵补性保值策略

C. 双限性保值策略

4. 多头双限策略构成有（　　）。

A. 现货多头头寸＋买入虚值看跌期权＋卖出虚值看涨期权

B. 现货空头头寸＋买入虚值看跌期权＋卖出虚值看涨期权

C. 期货多头头寸＋买入虚值看跌期权＋卖出虚值看涨期权

D. 期货空头头寸＋买入虚值看跌期权＋卖出虚值看涨期权

5. 根据交易所的期权交易规则，保值者利用期权进行套期保值交易，可以采取的了结方式有（　　）。

A. 平仓　　B. 行权　　C. 履约　　D. 放弃

6. 买入看涨期权策略可以同时实现以下（　　）目标。

A. 保护现（期）货空头头寸

B. 规避价格大幅上涨成本增加的风险

C. 保留价格下跌所带来成本降低的机会

## 二、填空题

1. 玉米期权以（　　）为交易标的。

2. 保护性套期保值策略是指通过（　　），为现（期）货头寸进行保值；抵补性保值策略是指通过（　　）获得权利金，抵补现（期）货价格不利变动的损失，获得成本降低或销售收入增加的期权套保策略。

3. 买入看跌期权的保护性保值策略，一般适用于持有现货和期货（　　）的生产企业或贸易商，如销售玉米的贸易商，主要目的是防止现货价格大幅下跌带来的损失。

4. 玉米期权价格与（　　）和（　　）价格之间存在相关性，通过期权交易，既可以为现货头寸进行套期保值，也可以对冲期货头寸的风险。

5. 抵补性保值策略是指通过卖出期权获得权利金，抵补现（期）货价格不利变动的损失，获得成本降低或销售收入增加的期权套保策略。抵补套期保值策略可在（　　）或（　　）时获利。

## 三、判断题

1. 卖出看涨期权并没有为现（期）货多头提供一个风险损失的底线，而是通过收取权利金在一定程度上提高了现货（期货）的销售收入。（　　）

2. 采用买入看跌期权的保护性保值策略可以同时实现以下目标：保护现（期）货多头头寸，规避价格大幅下跌的风险，同时保留价格上涨所带来的盈利机会。（ ）

3. 在期权市场中，一般情况下，深实值与深虚值的期权合约交易较为活跃，平值附近的期权合约流动性不足。（ ）

4. 采用多头双限策略可以锁定价格大幅上涨造成的亏损或采购成本增加的风险，同时保持价格下跌所带来一定盈利或采购成本降低的机会，降低保值成本（权利金）支出。（ ）

5. 双限期权保值策略的成本低，既能规避价格不利变化的风险，又能保留一定的获利机会，但放弃了超过预期盈利的机会。这种策略的最大损失与盈利都是确定的。（ ）

## 参考答案

### 一、不定项选择题

1. ABCD　2. ABC　3. ABC　4. AC　5. ABCD　6. ABC

### 二、填空题

1. 期货　2. 买入期权；卖出期权　3. 多头头寸　4. 现货；期货
5. 市场价格有利变动；不利变动较小

### 三、判断题

1. √　2. √　3. ×　4. ×　5. √

# 第十二章

# 玉米期货投机交易策略

**本章要点**

玉米期货市场除了种植者、生产企业、流通企业参与外，还有投机者和套利者参与。本章主要讲解玉米期货投机者是如何参与期货市场的，并揭示了期货投机中的风险，详细讲解了玉米期货投机交易中的细节问题，并对期货投机的技巧和方法进行了简要阐述。

## 一、玉米期货市场上投机者的作用有哪些？

在玉米期货市场上存在着两类交易者，一类是与玉米生产、加工、贸易有关的投资者，他们从事期货交易的目的是规避现货市场上的风险、锁定成本，因此被称为保值者；另一类交易者则与玉米现货毫无关系，他们从事交易的目的只有一个，就是通过价格上的低买高卖获取盈利，我们称这样的交易者为期货投机者。

期货市场上的投机，是利用期货价格的频繁波动来进行买卖操作的投资活动。其目的是利用少量的资金以获取较大的利润。一般来说，高收益伴随着高风险，因此期货投机风险是很大的。期货投机者往往不做现货交易，只在到期交割前平仓结算盈亏，因此投机者一般不交收实物。

有人认为，期货市场上真正的主体应该是那些保值者，投机者是无关紧要的，甚至是不必要的，因为投机者的存在往往使价格波动得更加剧烈，应该抑制投机者的交易。那么这样的说法对吗？

错！这样的说法绝对不正确。对待投机者，我们应该像对待保值者一样，从公正、客观的角度来认识他们的作用。投机者存在的一个重要的意义在于他们的交易可以使保值的买方和卖方相平衡，从而使买卖双方更快速成交。如果市场上只有保值者，那么他们的买卖交易量并不一定能够匹配。举例来说，市场上如果只有一个买入保值者，他想以 2600 元/吨的价格买入 10 手玉米期货合约，同时，市场上也只有一个卖出保值者，他只想以 2650 元/吨的价格卖出 20 手玉米期货合约，那么在没有其他投资者参与的情况下，这两个报价一定是不匹配的，结果是两人的报单都不能成交。而如果此时市场上有很多投机者存在，投机者在各个价位上的需求不同，就能使交易很快达成一致。相反，如果市场上只有投机者，合约价格在投机者过分追涨杀跌的情况下，也会长时间偏离其应有的价值，从而使整个市场无法形成正常的价格。所以说，在一个正常的期货市场上，这两种交易者都是必不可少的，投机者更是作为交易中的“润滑剂”，在整个市场正常的运行中起到保证作用。

## 二、股票投资与期货投资有什么区别？

### （一）期货市场采用“T+0”交易制度

股票市场与期货市场的第一个区别在于期货市场执行的是“T+0”的

交易制度，而股票市场则执行“T+1”交易制度。这个意思是，在股票市场上，投资者当日买入，必须到下一交易日才能卖出，也就是，当日买了股票当日不能卖。而在期货市场上，买卖是随时都可以进行的，也就是说，投资者当日开仓之后，当日任何交易时间都可以选择平仓出场，因此期货市场的交易更加灵活。

### （二）期货市场允许“卖空”

股票市场与期货市场的第二个区别在于期货市场上允许“卖空”操作。在股票市场上，交易者开始建仓时只能选择买入，因此，在明显的跌势到来的时候，交易者往往束手无策；而在期货市场上，交易者可以选择买入开仓或是卖出开仓：当交易者预期后市价格会上涨时，可以选择买入开仓，待价格涨到一定程度时再卖出平仓，了结手中头寸；当交易者预期后市价格会下跌时，也可以选择卖出开仓，待价格跌到一定程度时再买入平仓，了结手中头寸。这样，无论是上涨行情还是下跌行情，交易者都可以顺势操作。

### （三）期货市场采用保证金制度

股票市场与期货市场的第三个区别在于期货市场上实行的是“杠杆”操作，即保证金交易，也就是用少量自己的钱购买几倍于自有资金的合约，以赚取更多的钱。在保证金制度下，投资者只须按所买卖期货合约价值的一定比例缴纳少量资金，作为履行期货合约的财力担保，便可进行全额交易。举例来说，如果大连商品交易所玉米期货合约的保证金是10%，一个投资者用1万元的自有资金就可以购买价值10万元的期货合约。如果此时买入玉米期货的价格是2000元/吨，那么交易者最多可以购买5手合约。以5手合约为例，若当日价格涨至2040元/吨，交易者当日就可以获得盈利2000元。这样交易者用1万元自有资金就可以获得20%的盈利。而在股票市场上交易者必须支付100%的价款，在涨停的情况下也只能获得10%的盈利。因此，期货市场上的盈利更为客观，风险也更大。

### （四）买入股票相当于成为该股票所属公司的股东

股票市场与期货市场的第四个区别在于，交易者买入股票就相当于买入公司的股权，成为公司事实上的股东，只要公司不倒，交易者的权利就一直存在；而买入1手期货，则是买入了一张标准化的合约，交易者必须选择在合约到期时进行实物交割或是在到期前获利了结。也就是说，股票投资者可以长期持有股票，但期货是一种有期限的合约，到期必须进行交割清算。比如，在大连商品交易所交易的玉米期货合约是以1月、3月、5月、7月、9月、11月为交割月。以合约C2011为例，在2020年11月12日C2011的最后交易日过后，新合约C2111便于2020年11月13日开始上市交易，到其退市（2021年11月12日）为止，存续期只有12个月，之后就不允许再进行交易了。因此，在不考虑风险的情况下，交易者最多只能持有期货合约12个月，不可能像股票那样长期持有。

## 三、从事玉米期货交易前投资者应做好哪些准备？

第一，准备充裕的资金，这是进行期货交易的必备条件。期货交易是杠杆交易，其风险远大于股票市场，必须有足够的资金来应对可能遭到的亏损风险。

第二，熟悉玉米期货合约规则。期货合约规则是交易所对期货合约的标的、交易方式、数量、交易时间、涨跌停限制、结算、交割等方面所做的规定，它是所有期货市场参与者共同遵守的规则，只有充分了解合约规则，投资者才能做好知己知彼的准备。

第三，充分了解玉米现货走势的特点，熟悉影响期货价格走势的各种因素。玉米期货的价格受诸多因素的影响，熟悉各种因素变动对期货价格的影响有助于投资者及时判断价格变动的方向，从而准确地进行操作。

第四，熟悉期货的交易分析系统和交易指令。期货交易形成的价格、成交数量、持仓数量等信息是瞬息万变的，所以投资者在进行期货交易前，应对期货公司所使用的交易系统有足够的了解，能够正确熟练的使用。交易指令主要包括客户账号、商品代码、买卖方向、开平仓、委托数量、委托价格等。投资者熟悉各种指令操作可以避免在实际交易时出现操作失误，从而减少不必要的损失。

第五，制订资金管理计划。资金管理是成功投资的关键。投资者应遵循量力而行与分批投入的原则，进入市场前，要先确立自己可以接受的风险额度，设定好止损价。

第六，确定交易目标和交易策略。期货投资的目的是从交易中赚取利润，所以在交易前应先确定自己的交易目标。一个妥善的交易计划主要包括自身财务抵御风险的能力、所选择的交易商品、该交易的盈利目标和亏损限度、该商品的市场分析、该交易的入市时机等。

第七，学习期货的相关法律法规知识。作为期货市场的参与者，了解国家对市场管理的法律法规是非常必要的，也是保护自身利益免受侵害的有效方式。

## 四、什么是资金管理?

资金管理是指期货账户的资金配置。通俗地说，资金管理涉及交易品种的选择，是选择单一品种还是几个品种一起操作，在不同的品种之间如何分配资金等。

一般来说，投资者用于期货市场的投资额应限定在其全部资本的50%以内。如果投资者账户中的总资金有10万元，那么投资者最多将其中的5万元用于期货交易。投资者初始投入在期货品种上的资金应限定在其总资本的20%至25%之间，另外的资本可以用于出现损失时自救，以保证在交易不顺手的时候或者临时支用时能够有备无患。投资者在单个期货市场中所投入的资金应限制在总资本的10%至15%之间，最好不超过20%。也就是说，当投资者决定在玉米这个品种上开仓并且选准了入市时机时，若其账户中总资金为10万元，采用20%的规定，那么每笔交易最多可以注入2万元资金，若1吨玉米期货价格是2000元，保证金比例是10%，那么投资者一次最多持有 10 手头寸；每次交易的最大亏损额应限制在总资本的 5% 以内，即对于总资本 10 万元的账户来说，可以在单个市场上冒险的资金不超过 5000 元。

当然，在实际操作中，由于投资者的资金量和交易情况各不相同，如果固守成规、循规蹈矩的话，显然也不合适。因为每个人的投资常识和熟练程度不同，所以不同投资者应该有不同的仓位控制标准。比如，经验丰富的投资者，在趋势明确、胜算较大的时候，也可以用 40% 至 50% 的仓位进场进行短线交易。但这种加大仓位交易的前提是速战速决，一旦发现方向错误，就要严格止损。对于刚入场交易的新手来说，由于经验较为缺乏，对市场的敏感度也较差，再加上心态容易受到行情变动的影响，则应该轻仓操作、频繁进出，以积累操作经验。

## 五、玉米期货交易中如何减少交易风险?

第一，交易者应保持对自己仓位的密切关注，根据行情变动及时调整仓位，避免逆势加仓等错误操作。

第二，一定要设置止损指令，方向一旦错误，严格执行止损。止损指令可以减少因方向判断失误产生的巨大亏损。

第三，严格控制资金量，控制好仓位，绝不能满仓操作。

第四，采用灵活多样的交易方式，比如当网络出现故障或是发生突发事件造成网络拥堵时，可以通过电话或者直接到期货经纪公司委托下单进行交易。

第五，控制好自己的心态。无论行情朝着有利于自己的方向运行，还是向着不利于自己的方向发展，投资者都要保持平稳的心态。要想在期货市场上取得成功，培养正确的交易观念是关键。投资者要在交易中学会尊重市场趋势，不能任由自己的感觉操作，要向市场认错，适时调整不正确的交易心态。良好的心态往往需要时间的磨炼和不断地积累经验才能获得。

小贴士

**主力合约的概念**

主力合约，是指在一个期货品种所有上市交易的合约之中，持仓量最大的那个合约。通常来说，持仓量最大的合约其成交量也是最大的。由于期货合约的生存周期是有限的，到合约的最后交易日后，就要进行交割，而且期货市场还实行持仓限额制度，因此，对于想要通过获取价差来获得盈利的投机户来说，就应该交易那些成交活跃的主力合约。相对于非主力合约来说，主力合约交易活跃，买卖人数比较多，交易更容易实现。

## 六、什么是移仓？合约换月时应注意什么？

在期货交易中，每个月都会出现这样一个短暂的阶段：持仓量较小的远期合约的成交量大于主力合约的成交量，并且呈现出远期合约增仓、主力合约减仓的现象，这种现象通常被称为“移仓”。需要注意的是，移仓并非其字面意义上的“移动”，而是将近期合约上的持仓平仓后再在远期合约按原持仓相同方向开仓。移仓的操作是存在成本的。

主力移仓主要原因有以下几个方面：首先，由于期货合约存在最后交易日，在最后交易日来临以前，必须将所有未交割的持仓逐渐平掉；其次，交易所的保证金是随着最后交易日的临近而逐渐提高的，从资金的运作效率考虑，投资者宁愿将资金逐渐调整到保证金较低的远期合约上进行交易；最后，交易所不仅在交割月前1个月开始调整保证金，而且规定持仓量也要向下调整，因此迫使投资者减少将要到期合约的持仓。

一般来说，我国的自然人投资者不能持仓进入交割月份，再加上临近交割月份时合约的保证金会加倍且交易清淡，所以一般投资者应避免把合约拖到临近交割月份。为了规避临近交割月份的流动性风险，投资者应对手上的合约及时进行换月操作，即把手中临近交割月份的原有合约平仓，同时在交易最活跃的合约上建立新的头寸。一般情况下，换月操作应该保持同样数量的合约，以及同样的买卖方向。

在进行合约换月操作时，要及早行动，不要拖到最后。比如大连商品交易所交易的 11 月份玉米期货合约，到了 11 月 1 日，就进入该合约的交割月份。在 10 月底最后一个交易日前的一两个交易日，会有比较多的平仓单，如果前一段时间被套牢的买单比较多，那么平仓时卖单就比较集中，从而令行情更加向下；如果前一段时间被套牢的空头比较多，则到时平仓性的买单量也必然较大，从而导致价位继续上涨。所以，拖到最后关头才进行换月操作，会使价格波动更加剧烈，增大损失。有经验的做法是在进入交割月份之前的一个月就要着手部署，捕捉换月良机，尽量在还有十几个交易日的时候就进入交割月之前的移仓换月。

## 七、期货市场上，持仓量、成交量这两个指标有什么作用?

在期货市场上，成交量和持仓量的变化会对期货价格产生影响，而期货价格变化也会引起成交量和持仓量的变化。因此，分析三者间的变化关系，有助于投资者正确预测期货价格的走势。

（1）成交量、持仓量增加，价格上升，表示新买方正在大量收购，近期内价格还可能继续上涨。

（2）成交量、持仓量减少，价格上升，表示卖空者大量补货平仓，价格短期内向上，但不久可能出现回落。

（3）成交量增加，价格上升，但持仓量减少，表明卖空者和买空者都在大量平仓，价格马上会下跌。

（4）成交量、持仓量增加，价格下跌，表明卖空者大量出售合约，短期内价格还可能下跌。不过如果抛售过度，反而可能使价格上升。

(5) 成交量、持仓量减少，价格下跌，表示大量买空者急于卖货平仓，短期内价格将继续下降。

(6) 成交量增加、持仓量和价格均下跌，意味着卖空者利用买空者卖货平仓导致价格下跌之际陆续补货平仓获利，价格可能转为回升。

从以上分析可以看出，在一般情况下，如果成交量、持仓量与价格同向，则价格将按原有趋势继续维持一段时间；如果成交量、持仓量两者与价格反向，价格走势则可能出现转向。当然，在具体应用时还需结合不同的价格形态做进一步的具体分析判别。

## 八、什么叫结算价？开仓后未做任何交易，持仓的成本价为何会每天变动？

大连商品交易所规定，期货合约的当日结算价是指某一期货合约当日成交价格按照交易量的加权平均价。当日无成交价格的，以上一交易日的结算价作为当日结算价。

一般来说，投资者买入股票后，其成本价格就确定下来了，无论投资者持有多久，只要在持有期间未做任何买卖操作，那么其成本价就一直是当初成交时的价格，亏损或盈利只有在股票卖出之后才会发生。但是期货交易则不是这样。期货交易每天的持仓成本价是变动的，这主要是由期货交易特殊的每日无负债结算制度所决定的。每日无负债结算制度，是指每日交易结束后，交易所按当日结算价结算所有合约的盈亏、交易保证金及手续费等费用，投资者的账面盈利可以提走，账面亏损则需要补足保证金。期货交易计算盈亏的依据是每天的结算价而不是收盘价。在每日根据结算价格结算完盈亏后，投资者账户中的持仓成本价就发生了变化，当天的结算价就成为新的成本价。由于每日的结算价不同，每日投资者持仓的成本价格都会变动，即等于当日结算价。

举例来说，假设投资者账户中总共有 2 万元人民币，合约保证金比例为

10%。投资者在10月26日买入5手玉米05合约，买入价为2746元/吨。此时，对于该笔交易来说，投资者的成本价就是2746元/吨。当日收盘后，结算价为2748元/吨，则投资者在10月26日共获得盈利100元（不考虑手续费支出），即（2748－2746）×5×10＝100元。投资者在该日结算后持仓成本价自动变为2748元/吨。10月27日，投资者继续持有该头寸，当日持仓成本价为前一日的结算价2748元/吨，27日收盘后结算价为2742元/吨，则投资者当日亏损300元，即（2742－2748）×5×10＝－300元。10月28日，投资者的持仓成本价为前日结算价2742元/吨，当日结算后，投资者又亏损400元，即（2734－2742）×5×10＝－400元。10月29日，投资者终于在2730元/吨的价格上止损，则投资者当日亏损200元，即（2730－2734）×5×10＝－200元。该笔交易，投资者一共亏损800元，即9200－10000＝－800元或者100－300－400－200＝－800元或者（1730－1746）×5×10＝－800元。具体见表12－1。

**表12－1　投资者账户一览表**

| 时间 | 买入价（开仓，元/吨） | 持仓成本价（元/吨） | 结算价（元/吨） | 卖出价（平仓，元/吨） | 当日盈亏（元） | 账户权益（元） |
|---|---|---|---|---|---|---|
| 10月26日 | 2746 | 2746 | 2748 | — | 100 | 20100 |
| 10月27日 | | 2748 | 2742 | — | －300 | 19800 |
| 10月28日 | | 2742 | 2734 | — | －400 | 19400 |
| 10月29日 | | 2734 | — | 2730 | －200 | 19200 |

## 九、爆仓是怎么回事？

爆仓，是指投资者的账户权益为负数，这就意味着账户中的保证金不仅全部被亏损掉，而且还出现了倒欠现象，通常也称为“穿仓”。在正常情况下，每日无负债结算制度和强行平仓制度会避免爆仓现象的发生。然而，在某些特殊情况下，比如在行情发生跳空变化时，持仓头寸较多且与行情方向相反的账户，很有可能会发生爆仓。

续上面例子：若投资者买入合约后一直没有操作。某日 05 合约跌至 2346 元/吨，则投资者共亏损 20000 元，即（2346 - 2746）×5×10 = -20000元，账户权益变为零。若合约价格继续下跌，则投资者账户权益将变为负数，比如跌至 2340 元/吨，则投资者账户权益为 -300 元，此时就发生了爆仓。

发生爆仓时，投资者需要将亏空补足，即将倒欠期货经纪公司的金额补交给期货公司，否则就会面临法律追索。为了避免爆仓情况的发生，投资者需要特别控制好仓位，切忌满仓操作，且要对行情及时进行追踪，不能建仓后不管不问。

## 十、什么是强制减仓、强行平仓制度？期货公司在什么情况下会执行强行平仓？

强制减仓，是指交易所将当日以涨跌停板价格申报的未成交平仓报单，以当日涨跌停板价与该合约净持仓盈利投资者按持仓比例自动撮合成交。同一投资者双向持仓的，其净持仓部分的平仓报单参与强制减仓计算，其余的平仓报单与其反向持仓自动对冲平仓。强制减仓是当市场出现连续两个及两个以上交易日的同方向涨停（或跌停）等特别重大的风险时，交易所为迅速、有效化解市场风险，防止出现大量违约而采取的措施。

强行平仓制度，是指当保证金不足以弥补，且损失并未在规定时间内补足，或者当持仓数量超出规定的限额时，交易所或期货公司为了防止风险的进一步扩大，强制平掉会员或客户的相应持仓。

当客户交易账户可用资金出现负数时，期货公司将发出追加保证金通知；在客户未及时处理的情况下，期货公司有权实行强行平仓。

## 十一、交易中为什么要设定止损？

止损，是指当某一投资出现的亏损达到预定数额时，投资者及时斩仓出局，以避免产生更大亏损的交易行为。止损的目的在于投资失误时把损失尽可能限制在较小的幅度内。止损让投资者在面临巨大的潜在风险时可保存继续交易的本钱，使以较小代价博取较大利益成为可能。止损常常能够帮助投资者在遇到不利行情时化险为夷。同时，止损也是一种理念，是一项计划，更是一项操作。止损理念，是指投资者必须从战略高度认识止损在期货投资中的重要意义，因为在高风险的期货市场之中，投资者首先要能够生存下去，其次才谈得上进一步的发展，止损的关键作用就在于能让投资者更好地生存下来。止损是一项计划，是指在一项重要的投资决策实施以前，必须制订相应的止损计划。止损计划中最重要的一环是根据各种因素（如重要的技术位或资金状况等）来决定具体的止损点。止损是一项操作，指的是止损计划的实施需要一个交易过程，是期货交易具有重大意义的一个步骤，如果止损计划不能转化成实际的止损操作，那么止损也只是纸上谈兵，并无现实意义。

设置一个好的止损点需要投资者具有很高的交易技巧和丰富的投资经验，止损点的设置一般不宜太接近市场价格，当然，也不宜太远离市场价格，而要根据市场的实际情况在两者之间适当设置。如果止损价格太接近当时的市场价格，价格稍有波动就不得不平仓止损；如果离市场价格过远，则容易遭受较大的损失。

## 十二、技术分析和基本面分析哪个更重要？

期货市场上有两个门派：一派以技术指标为武器，以图形分析为主要手段，对价格走势进行分析与预测，称为技术分析派；另一派则着重从该品种的基本面入手，通过分析影响商品价格变动的各种外在因素的变化及其与商品价格之间的关联性，以确定价格的变动趋势。我们称这一派为基本面分析派。从定义上可以看出，基本面分析派注重的是商品自身的供求决定因素，而技术分析派则侧重各种指标的运用。

一般来说，基本面的概念很广、很大，包括政治变革、军事动向等方面诸多纷繁复杂的信息，还包括宏观经济政策、经济运行走势、行业发展状况等方面的直接因素，也就是说，那些可能会影响商品价格变化的因素以及可能对投资者资金面造成影响的信息都是基本面分析所研究的对象。

相对于基本面分析，技术分析的最大优点在于它有很强的可操作性，可以帮助投资者控制交易节奏和风险，可以告诉投资者确切的入场点位和出场点位，帮助投资者根据技术位置设置止损，控制亏损的幅度。

基本面分析者追究的是市场价格变化的前因，而技术分析者则是研究其后果。无论是使用基本面分析还是技术分析，目的都是更清楚地判断市场未来的走向，预测价格未来的变化趋势。大多数人实际上是两手兼备，无论通过哪种方法都对对方有所了解、渗透、吸收。

## 十三、如何在技术图形上判断支撑位和阻力位?

在技术图形中确定支撑位和阻力位的方法通常有如下几个：

(1) 观察交易品种 K 线图的历史价格，找出最高点、最低点以及收盘价。这些价格往往可以成为确定支撑位和阻力位的关键。多数情况下，高价或低价会集中在一定的区域，而不是一个点，这样可以认为该区域是“支撑区”或“阻力区”。一般，期货市场的顶部或底部往往构成阻力位或支撑位；技术图形中未补的缺口也都可形成有效的支撑位或阻力位。均线也有助于投资者判断支撑位和阻力位；观察趋势线的走势也可以确定市场未来的支撑位和阻力位。在实际交易中，当主要支撑位被击穿后，该支撑位就转换成重要的阻力位；当主要的阻力位被突破之后，该阻力位则成为主要的支撑位。

（2）观察价格在运行过程中的“回撤”。回撤是同当前走势相反的价格波动，这种波动也被称作“调整”或“修正”。拿玉米期货上升行情来举例：若该行情从1000元/吨上涨到2000元/吨，然后价格转身向下回撤至1500元/吨，此后继续上攻，将价格进一步推高。那么1500元/吨便是行情从1000元/吨到2000元/吨之间的50%“回撤”点。后市的继续上攻表明1500元/吨处支撑强劲。换言之，由于价格在回落50%之后再次回转上行，验证了50%的回撤支撑有效。在下跌行情中出现的上涨“修正”的阻力位判断也是这个道理。一般来说，33%、50%、67%、38%、62%这些回撤百分比对于判断支撑位和阻力位很有帮助。

（3）以某一价位为基准点，采用几何的角度来测算支撑和阻力的位置。常用的角度是33°、50°、67°、38°、62°等。

（4）利用心理价位来确定支撑位和阻力位。这些心理价位往往是一些整数关口。比如玉米期货的1500元/吨、1600元/吨、2000元/吨等，逢百或逢千都是通常意义上的支撑位或阻力位，而千位整数关口的支撑或阻力作用则更强。

## 自测题

### 一、填空题

1. 我们把期货市场上通过价格的低买高卖获取盈利的投资者称为（　　）。（　　）存在的一个重要的意义在于他们的交易可以使保值的买方和卖方相平衡，从而使买卖双方更快速成交。

2. “杠杆”交易即（　　），也就是用少量自己的钱购买几倍于自有资金的合约。在保证金制度下，投资者只须按（　　）的一定比例缴纳少量资金，作为履行期货合约的财力担保，便可进行（　　）交易。

3. 资金管理是成功投资的关键。投资者应遵循（　　）与（　　）的原则，进入市场前首先要确立自己可以接受的风险额度，设定好止损价。

4. 在期货市场上，成交量和持仓量的变化会对（　　）产生影响，而（　　）变化也会引起成交量和持仓量的变化。因此，分析三者间的变化关系，有助于投资者正确预测期货价格的走势。

5. 强制减仓，是指当市场出现（　　）交易日的同方向涨停（或跌停）等特别重大的风险时，交易所将当日以涨跌停板价格申报的未成交平仓报单，以（　　）与该合约（　　）投资者按持仓比例自动撮合成交的措施。同一投资者双向持仓的，其净持仓部分的平仓报单参与强制减仓计算，其余平仓报单与其反向持仓自动对冲平仓。

6. 当客户交易账户可用资金出现负数时，期货公司将发出（　　）通知；在客户未及时处理的情况下，期货公司有权实行（　　）。

7. 设定（　　）有助于投资者在判断错误时及时控制风险，防止更大损失的发生。

8. 有一类投资者，习惯从该品种的基本面入手，通过分析影响商品价格变动的各种外在因素的变化及其与商品价格之间的关联性，以确定价格的变动趋势，这一派称作（　　）。

9. 有一类投资者，以技术指标为武器，以图形分析为主要手段，对价格走势进行分析与预测，我们称之为（　　）。

10.（　　）是指每日交易结束后，交易所按当日结算价结算所有合约的盈亏、交易保证金及手续费等费用，投资者的账面盈利可以提走，账面亏损则需要补足保证金。

11. 期货合约的当日结算价，是指某一期货合约当日（　　）按照（　　）的加权平均价。当日无成交价格的，以上一交易日的结算价作为当日结算价。

## 二、不定项选择题

1. 投资股票与期货的区别有（　　）。

A. 期货市场执行的是“T＋0”的交易制度，当日开仓当日即可平仓，而在股票市场上则是“T＋1”制度

B. 期货市场上允许卖空操作，在股票市场上，投资者开始建仓时只能

选择买入

C. 期货市场上实行的是“杠杆”操作，即用少量的钱购买几倍于自有资金的合约，股票市场必须用全额资金购买股票

D. 股票投资者可以长期持有股票，但期货是一种有期限的合约，到期必须进行交割清算

2. 当日开仓当日就可以平仓的交易制度称作（　　）。

A. “T+0”交易制度　　B. “T+1”交易制度

C. “T+D”交易制度　　D. 以上都不是

3. 投资期货之前应该做的准备有（　　）。

A. 准备充裕的资金

B. 熟悉期货合约规则，熟悉影响期货价格走势的各种因素

C. 制订资金管理计划，确定交易目标和交易策略

D. 学习期货的相关法律、法规知识

4. 控制交易风险的方法有（　　）。

A. 密切关注自己的仓位，根据行情变动及时调整仓位，避免逆势加仓等错误操作

B. 一定要设置止损指令，方向一旦错误，严格执行止损。止损指令可以减少因方向判断失误产生的巨大亏损

C. 严格控制资金量，控制好仓位，绝不能满仓操作

D. 采用灵活多样的交易方式，比如当网络出现故障或是发生突发事件造成网络拥堵时可以通过电话或者直接到期货经纪公司委托下单进行交易

5. （　　）叫作主力合约。

A. 持仓量最小的合约　　B. 持仓量最大的合约

C. 成交量最小的合约　　D. 以上都不是

6. 期货市场上的“移仓”现象是因为（　　）。

A. 由于期货合约存在最后交易日，在最后交易日来临以前，必须将所有未交割的持仓逐渐平掉

B. 交易所的保证金是随着最后交易日的临近而逐渐提高的，从资金的运作效率考虑，投资者宁愿将资金逐渐调整到保证金较低的远期合约上进行交易

C. 交易所不仅在交割月前1个月开始调整保证金，而且规定持仓量也要向下调整，因此，也迫使投资者减少将要到期合约的持仓

D. 以上都不是

7. 以下（　　）情况是“爆仓”。

A. 投资者的账户权益为负数

B. 投资者账户中的保证金大于1000元

C. 投资者账户中的保证金大于0

D. 以上都不是

## 三、计算题

1. 若投资者账户中共有10000元人民币，合约保证金比例为10%。投资者在11月6日买入2手玉米05合约，买入价为2737元/吨，那么投资者买入1手合约需要多少自有资金？（不考虑手续费支出）

2. 接上题，若当日收盘价为2733元/吨，结算价为2734元/吨，此时，投资者账户权益是多少？（不考虑手续费支出）

# 参考答案

## 一、填空题

1. 期货投机者；投机者　2. 保证金交易；所买卖期货合约；价值全额　3. 量力而行；分批投入　4. 期货价格；期货价格　5. 连续两个及两个以上；当日涨跌停板价；净持仓盈利　6. 追加保证金；强行平仓　7. 止损价格　8. 基本面分析派　9. 技术分析派　10. 每日无负债结算制度　11. 成交价格；交易量

## 二、不定项选择题

1. ABCD　2. A　3. ABCD　4. ABCD　5. B　6. D　7. A

## 三、计算题

1. 2737 元/吨 × 10 吨 × 2 手 × 10% = 5474 元。

2. （2734 − 2737） × 10 × 2 = − 60，10000 − 60 = 9940 元。结算后账户权益为 9940 元。

# 第十三章

# 玉米期货的套利交易策略

**本章要点**

本章根据大连商品交易所玉米期货上市以来玉米期货与现货之间、玉米期货不同合约之间、与相关商品之间以及大连商品交易所与其他市场关联度较高的特点，就什么是玉米期货套利交易以及如何利用玉米期货进行跨期套利、期现套利、跨品种套利及跨市套利进行了较为详细的介绍，并附有相关交易成功的真实案例。希望通过对相应案例的解读，能够给予投资者有益的启示，以帮助投资者直观地认识并运用玉米期货进行套利交易。

## 一、什么是玉米期货套利交易？

玉米期货套利交易，是指同时买进和卖出两张不同种类的玉米期货合约。交易者买进自认为是“便宜的”合约，同时卖出那些“高价的”合约，从两合约价格间的变动关系中获利。

一般情况下，在具有相互关联的两品种、同品种的两合约、同品种的期货与现货及同品种的两个不同市场之间，长期来看都会有一个内在的合理价差，不过在相对较短的时间段内来看，其价差会因为各自基本面影响因素的不同，出现价差并不是始终维持在一个水平的情况，会出现一定的波动，导致两者之间出现不合理的价差，交易者若能发现不同市场、不同时间、不同品种以及相同品种不同合约之间的不合理价格差异，通过买入相对被低估的品种合约、卖出相对被高估的品种的多次连环套利操作，则可锁定不合理价格波动中偏离正常价差部分的利润。在进行套利交易时，交易者注意的是合约之间的相互价格关系，而不是绝对价格水平。

## 二、投资者为什么要进行玉米期货套利操作?

玉米期货套利交易面临的是价差的波动，其风险比价格波动小，长期来看收益稳定，是投资者选择套利的原因。具体来讲，玉米期货套利交易与通常的投机交易相比具有以下特点。

### (一) 较低的风险

不同期货合约的价差变化远不如绝对价格水平变化剧烈，相应地就降低了风险，更回避了突发事件对盘面冲击的风险。另外，由于双边持仓，主力机构很难逼迫套利交易者斩仓出局。

### (二) 方便大资金进出

套利交易本身需要大量资金，所以能够吸引大资金进场交易。

### （三）长期稳定的获利率

玉米期货套利交易的收益不像单边投机那样大起大落，同时因为套利交易是利用市场上不合理的价差关系进行操作的，而多数情况下不合理的价差很快就会恢复正常，所以套利交易有较高的成功率。那些希望追求低风险、稳定收益的投资者比较青睐套利交易。不过，玉米期货套利交易在低风险的同时，其盈利能力也较直接交易小一些。

正是由于玉米期货套利交易的存在，更有助于玉米期货市场价格发现功能的有效发挥，亦有助于提高期货市场的流动性。首先，套利行为有助于玉米期货市场价格发现功能的有效发挥。由于影响期货市场价格和现货价格的因素存在一定的差异，套利者发现不正常的价格关系，利用不同玉米期货合约价格之间的价差变化或者期货市场与现货市场之间的价格变化，随时进行套利。这客观上使玉米期货市场的各种价格关系趋于正常。其次，套利行为有助于玉米期货市场流动性的提高。套利行为的存在增加了期货市场的成交量，承担了价格变动的风险，排除了市场垄断，提高了期货交易的活跃程度，保证了交易者的正常进出和套期保值操作的顺利实现，有效地降低了市场风险。

## 三、玉米期货套利的主要种类有哪些？

目前，投资者参与玉米期货套利的主要方式有期现套利、跨期套利、跨商品套利和跨市套利四种。

### （一）玉米期现套利

玉米期现套利，是指当玉米期货市场和现货市场在价格差距发生不合理变化时，交易者在两个市场上同时进行反向交易、利用价差的变化而获利的行为。从理论上来讲，玉米期货价格是玉米未来的价格，玉米现货价格是玉米目前的价格，按照经济学上的同一价格理论，玉米期货价格与玉米现货价格的价差应该等于玉米现货的持有成本（包括运输成本、质检成本、仓储成本、开具发票所增加的成本等），这个价差也被称为无套利区间。如果玉米期现价差在这个持有成本范围内，则是正常的，期货和现货之间没有套利的机会。而当玉米期货和现货的价差高于这个区间的上边界时，交易者可进行正向套利；而当玉米期货与现货的价差跌破区间的下边界时，交易者则可进行反向套利，不过反向套利一般不常用。

**案例 13－1**

2019 年 8 月 20 日，大连商品交易所 9 月份玉米期货价格为 2700 元/吨，而大连市场的现货价格为 2600 元/吨。可以看出，期货价格比现货价格高 100 元/吨。套利者根据大连商品交易所交割费用和现货市场流通费用情况认为，玉米期货价格远高于现货价格加上相关的交割费用，可以进行期现套利。在此分析基础上，该套利者进行了如下操作：在现货市场上以 2600 元/吨的价格买入 10 吨玉米现货，同时在期货市场上以 2700 元/吨的价格卖出 1 手 9 月份玉米期货合约，然后一直持有到 9 月合约交割。套利者在 9 月份玉米期货合约到期时将买入的玉米用于期货市场的交割，其相关费用约 50 元/吨，这样，套利者每吨盈利 50 元，即 2700－2600－50＝50 元，总盈利为 500 元。

### （二）玉米跨期套利

玉米跨期套利，是指利用玉米期货不同交割月份合约间的价差进行的套利行为。具体地说，就是在买入（卖出）某一交割月份的玉米期货合约的同时，卖出（买入）另一交割月份的玉米期货合约，以期在有利时机同时将两种期货合约对冲平仓的交易。从理论上来讲，玉米远期合约价格与近期合约之间存在一个合理的价差，因此，在做跨期套利时需要找出这个合理价差的区间。其中，持有成本计算和历史价差分析是最主要的方法。如果确定了合理的价差区间，即当玉米远期合约价格和近期合约价格的价差高于这个区间的上边界时，即可进行买近期卖远期套利，而玉米期货和现货的价差跌破区间的下边界时，则可以进行买远期卖近期的套利。

**案例 13－2**

10 月的某一天，大连商品交易所玉米期货的次年 1 月合约价格为 2700 元/吨，而次年 3 月合约价格为 2550 元/吨。某投资者认为这两个月的价差偏离了正常的范围，并预计在未来一段时间里 3 月份合约的价格会逐渐变得比 1 月的价格高，于是，该投资者在卖出 1 月合约的同时买入了 3 月合约，期望未来在有利价位买入 1 月合约并卖出 3 月合约平仓获利。玉米跨期套利是玉米套利中最常见的一种。

### （三）玉米跨商品套利

玉米跨商品套利，是指利用与玉米不同但相互关联性很强的商品的期货合约的价差进行套利的行为，即买入玉米某一交割月份的期货合约，同时卖出另一关联商品同一交割月份的期货合约，以期在有利时机同时将两合约对冲平仓获利。玉米的跨商品套利包括与玉米相关的玉米/小麦套利、玉米/大豆套利，玉米/豆粕套利、玉米/淀粉套利、玉米/豆粕/鸡蛋、玉米/豆粕/生猪套利。

**案例 13－3**

2015 年 7 月 1 日，强麦 1601 合约的价格是 2150 元/吨，而玉米 1601 合约的价格是 1620 元/吨，小麦与玉米的价格相差 530 元/吨，某套利者对这两种商品合约之间的价差进行分析可知，小麦和玉米价格差的历史均值在 470 元/吨左右，目前 530 元/吨的价差相对较高，且按照以往规律，小麦与玉米在每年八九月份的正常价差往往会落在 400 元/吨至 500 元/吨之间，而当前的价差明显大于往年的正常水平，如果市场机制运行正常，价差会在随后的几个月内逐步恢复至正常区间。于是该投资者认为进行套利的机会来临。该套利者决定以 2150 元/吨的价格卖出 1 手 1 月份的强麦合约，同时以 1620 元/吨的价格买入 1 手 1 月份的玉米期货合约，以期望市场通过品种自身的价差关系进行自我调节，在未来的某个时间恢复到合理的价差区间内，从而平仓获利，赚取套利交易的利润。

### （四）玉米跨市套利

玉米跨市套利，是指在某个期货交易所买入（卖出）某一交割月份的某种商品期货合约，同时在另一个期货交易所卖出（买入）同一交割月份的同种商品合约，以期在有利时机分别在两个期货交易所对冲在手的合约获利。

在全球期货市场上，许多不同的期货交易所都交易玉米期货商品，比如芝加哥期货交易所、东京谷物交易所和大连商品交易所都上市了玉米期货交易。一般，受运输成本等因素的影响，同一品种在不同交易所之间的价格会有一个稳定的差额，但在某些时间里，如受到各种因素（如政治、经济、气候、供求等）的影响，这一价差可能会发生短期变化，一旦这个差额发生偏离正常值的变化，交易者就可以同时在两个期货市场上进行套利，卖出价格相对较高的合约的同时买入价格较低的合约，在价差趋于正常时平仓，赚取低风险的利润。

## 四、玉米期货和现货之间如何进行无风险套利？

刚才给大家讲到玉米期现套利，理论上来讲，玉米期货和现货之间会有一个合理的价差，而这个价差反映的是玉米现货的持仓成本，包括运输成本、质检成本、仓储成本、税费等。但在现实中，这个价差并不绝对等同于持仓费用，在不同的市场状况下，期现价差会有不同的表现形式。当两者偏差足够大时，期现套利的机会就会存在。

如果期货价格减现货价格高于持仓费用（交割、运输、商检、出入库、仓储、增值税等），即风险溢价大于零时，投资者可以买入现货，同时在期货市场卖空期货。当期货合约到期时，将此前买入的现货进行交割，赚取超额收益，这称为正向期现套利。反之，当期货价格与现货价格之差远低于持仓费用，且投资者手中有或者可以借到库存，则可以在现货市场抛出库存，同时在期货市场买入期货合约，当期货合约到期时，进行交割以取得现货，补充或者偿还此前抛售的库存，节约的持仓费高于损失的价差，操作产生利润，这称为反向期现套利。进行反向期现套利需要注意的是，现货市场若没有库存，且没有做空机制（即现货做空），则在现货市场的卖出动作就会受到限制。从这个层面来讲，正向期现套利较常用，而反向期现套利用得就比较少。

既然市场有正向与反向的区别，我们在进行套利操作的时候，首先要判断套利的方向，然后再通过计算套利成本来测算有没有套利的机会。

### （一）判断套利方向

对于期现套利来说，有两个套利方向，分别称为正向套利和反向套利。当市场处于正向市场（基差为负值，即期货价格大于现货价格）时，如果期货价格大于现货价格加上套利成本，投资者就可以实施正向期现套利。正向市场上，玉米现货企业进行期现套利的操作方式是，在现货市场上买入玉米现货，同时在期货市场上卖出期货合约空头头寸，两者数量要保持一致。待到期货交割时，以现货市场上买入的玉米去交割，了结玉米期货合约的空头头寸，从而赚取期现价差。也就是在买入现货的同时卖出同等数量的期货，待价差发生有利变化时平掉头寸或者通过交割结束套利。反之，在反向市场上（期货价格小于现货价格），当期货价格加上套利成本小于现货价格时，投资者就可以进行反向期现套利，即在卖出现货的同时买入同等数量的期货，在价差发生有利变化时平掉头寸或者通过交割结束套利。在实际操作中，由于现货市场上不存在做空机制，反向期现套利的实施会受到较大的限制。一般情况下拥有现货的企业或者贸易商才有机会参与反向期现套利。在现货市场上卖出现货后，企业或者贸易商可以获得短期融资，同时也节省了商品的仓储、保管费用，显然，反向期现套利的套利成本较正向期现套利成本要低一些。

### （二）计算套利成本以识别套利机会

判断好市场方向后，在进行期现套利之前，我们还需要考虑交易要花费的成本。如果经我们判断目前的市场是正向市场，那么在正向市场中只有在期货价格与现货价格的价差大于套利成本时，进行套利才是有利可图的，也就是套利是有机会的、可行的。也就是说，正向市场玉米无风险期现套利的判断标准是：

（玉米期货价格 - 玉米现货价格） >玉米的期现套利费用总额

同理，如果我们已经判断出市场是反向市场的情况下，套利能否进行，也还要考虑交易要花费的成本，如果现货价格与期货价格的价差大于期现套利成本，则反向期现套利是有利可图的，是可行的，那么反向市场中玉米无风险期现套利机会的判断标准为：

（玉米现货价格 - 玉米期货价格） >玉米的期现套利费用总额

通过上面的内容我们可以看到，在判断期现套利机会时要考虑套利成本，正向市场和反向市场的套利成本是否一样呢？

正向市场与反向市场的套利成本有一定的不同，所以我们在计算不同市场方向套利成本的时候还需要注意以下方面。

1. 套利成本构成

在正向期现套利中，套利成本总体上可以分为期货交易成本和现货流通交割费用两大部分。期货交易成本是在建立期货头寸时发生和形成的必须支付的费用。现货流通交割费用是指从现货市场上买入现货起直至交割结束所花费的商品运杂、保管、入库、交割等各项费用。

期货交易成本主要包括期货交易佣金、交易手续费和保证金利息。交易佣金是期货交易者支付给期货公司的费用。交易手续费是期货交易者通过期货公司向交易所支付的期货交易手续费。对不同期货公司和不同的期货品种来说，这两项费用是不同的。保证金利息是从期货交易开始到结束的全部时间内缴付保证金（包括追加保证金）所占用资金而应付的利息，这是一种资金使用成本，它以银行利率来计算。资金成本与期货交易金额和期货合约持有的时间成正比，是影响期货价格的重要因素。

现货流通交割费用，从流程上看，在现货市场上买入现货并入库保存过程中，需要计算商品运费、装卸搬运费、杂费；在商品保管过程中，要计算仓库租赁费、检验管理费、保险费、商品正常磨损等；在从仓库运出直至交割结束时，需要计算商品运输、装卸搬运、质量成本、入库、交割等各项费用，同时还要考虑发票的增值税、仓单升贴水等费用。

在综合考虑上述费用的情况下，投资者就可以进行期现套利的分析，并择机进行期现套利的操作。但是，需要注意的是，上述很多费用可能随时间、地点和对象的不同而发生变化，需要引起投资者的及时关注。

2. 期现套利成本明细

（1）交易交割手续费。期货公司收取的手续费存在差异，对于资金量大的投资者，期货公司往往给予一定的优惠。

（2）运输费用。大连及营口地区有多个大商所规定的玉米交割仓库，注册仓单较为容易。

（3）检验费。注册仓单时，实物必须经过检验。检验费由卖方承担，买方无须支付检验费用。根据大商所公布的最新玉米交割费用通告，每吨的检验费用为 1 元左右。

（4）入/出库费。火车、轮船、汽车的出入库费用各异，而不同交割仓库的出入库费用也各不相同。大连地区的交割仓库，铁路运输的出入库费用为 40 元/吨（最高）。卖方需支付入库费，买方则承担出库费。

（5）仓租费。仓租费全国统一，玉米交割商品在仓单有效期间，即 5 月至 10 月为 0.60 元/吨·天，其他时间为 0.50 元/吨·天。

（6）增值税。商品期货进行实物交割卖方还需要缴纳增值税。增值税是按交割月配对日的结算价计算的，因此增值税是变动的。一般而言，增值税 =（交割价格 - 购买玉米的成本）×9%/（1 + 9%）。

（7）资金利息。计算资金利息的关键在于资金量的确定。对于正向套利，除了购买现货的资金，还需要储备保证金以缴纳交易保证金和应付期货头寸可能出现的亏损。

3. 反向市场玉米期现套利总费用

反向市场状态下，进行玉米无风险期现套利的费用所包括的内容较少，测算相对要简单一些。

反向市场玉米期现套利总费用 = 玉米从交割仓库到企业的运输费用 + 交易交割费用 + 资金占用利息

需要注意的是：

（1）由于期货价格是含税价格，在企业作为期货买方的情况下，期现套利费用里不再计增值税一项。

(2) 由于企业在现货市场是卖出现货，不存在因现货而占用资金的情况，因此资金占用仅是开立期货头寸所占用的资金。

(3) 交易交割费用里仓储费一项，计算期限仅从交割日起到提货日，时间一般都不会太长。

(4) 其他各项的内容和方法与正向市场期现套利的费用计算方式一致。

通过期现套利成本的计算，费用总和与期现价差的关系如果满足前面的判断公式的话，也就具有了玉米无风险套利的机会。

### (三) 期现市场的套利操作

明白了正向期现套利和反向期现套利的区别以及无风险套利的机会识别后，我们就可以实时跟踪期货现货价格的走势，在期货价格突破无套利区间时，就可以判断我们该进行正向还是反向期现套利，然后在期货和现货市场上同时进行方向相反的交易，待期现价差恢复至正常时采取对冲平仓或者交割方式结束套利行为。

具体来说有两种情况：如果价差远远高于持仓费，可以通过买入现货，同时卖出相关期货合约，待合约到期时，用所买入的现货进行交割。价差的收益扣除买入现货发生的仓储费用之后还有盈利，说明操作产生了套利的利润。相反，如果价差远远低于持仓费用，套利者就可以通过卖出现货，同时买进相关期货合约，待合约到期时，用交割获得的现货来补充之前所卖出的现货，价差的亏损小于所节约的仓储费，因而产生盈利。

不过，对于商品期货来说，因为现货市场缺少做空机制，从而限制了现货市场卖出的操作，所以最常见的期现套利操作是第一种操作方式。

**案例 13-4**

假设某年3月，长春玉米现货收购价格为2000元/吨，玉米5月期货价格为2350元/吨。5月期货价格比现货价格高300元/吨。套利者进行分析之后，估算出持仓费用为180元/吨左右，套利者认为可以进行期现套利。具体来说，就是在3月份按照2000元/吨的价格买入玉米现货，同时在期货市场以2350元/吨的价格卖出期货合约，然后一直持有期货合约至5月份。

此时，套利者可将之前在现货市场购买的玉米用于期货市场上的交割，这样的话，赚取的价差为350元/吨，即2350－2000＝350元/吨，扣除购买玉米所花费的持仓费用之后，套利者实现盈利，获得套利利润。

1. 套利成本分析

基础费用如下：

仓储存单费用：0.5元/吨·天（5月至10月为0.6元/吨·天）

资金占用成本：根据实际年利率计算

期货交易手续费：1元/吨（单边）

期货交割手续费：1元/吨（单边）

检验费：1元/吨

铁路运费（长春—大连）：60元/吨

入库费：40元/吨（最高）

升（贴）水：若容重大于等于650元/吨且小于675元/吨，贴水40元/吨；生霉粒大于2%且小于等于4%，贴水50元/吨

2. 套利收益分析

收益的具体计算如下：

收购玉米生成仓单后交割（3月份按15天计算，5月份按20天计算成本）。

资金占用成本：2000×0.487%×2＝19.48元（两个月，年息以5.85%计）

增值税：（2350－2000）×0.09/1.09＝28.9元/吨

仓储费：0.5×45＋0.6×20＝34.5元/吨

大连玉米仓单成本价＝收购价＋运费＋固定成本（交易手续费＋交割手续费＋检验费＋入库费用）＋可变成本（仓储费＋资金占用利息＋增值税）＝2000＋60＋（1＋1＋1＋40）＋（34.5＋19.48＋28.9）＝2185.88元/吨

收益：预期利润＝期货价格－仓单成本价＝2350－2185.88＝164.12元

收益率＝164.12/2350＝6.98%

当期货价格高过现货价格的幅度超过套利成本时，企业就可以采购现货，在期货市场上抛售，实现利润。

## 五、玉米相关企业在从事期现套利时要注意哪几个方面?

### (一) 一定要关注大连玉米期货合约设计和质量的要求

把住玉米采购质量，是期现套利的重中之重。因为交割现货是我们在期货这个高风险市场上敢于做空的基础，一旦这个基础被破坏，那么我们将面临期货市场上巨大的敞口风险。特别应当指出的是，在当今各方贸易日益活跃的前提下，诚信是商家生存的命脉，如果在这方面出问题，无疑是害人又害己。

与现货贸易不同的是，期货交割对水分的要求是限于 14 个水分以下的，而一般现货要求 14.5 个水分基本就可以了，但 0.5 的差异就有可能导致交割失败，所以这对湿粮的烘干提出了更高的要求。一般，交割粮要通过二次烘干，因为二次烘干既可保证玉米色泽鲜艳，水分达到安全水分标准，同时烘伤粒不大。对操作烘干的技术人员的要求是技术过硬、责任心强。

由于收购的现货玉米要在产区仓库存放一段时间，在经过了夏天之后，如果仓库保管条件不好，玉米会发生霉变，从而致使霉粒和不完善粒超标。所以在选择仓库时要考察仓储条件，并与仓库签订保管协议书。

杂质也是影响玉米质量的关键。杂质过多，不但影响达标，而且杂质会吸附水分，导致霉粮的产生。

我们在交割玉米时，大都选择散粮交割，但散粮交割是分车皮取样，而检测结果一般是在散粮灌入筒仓后才能取出，这就有可能发生只因为部分指标不合格，但最终导致整个筒仓都无法注册成仓单的现象。因此，我们在准备交割粮的时候，应对所有的交割粮质量做一个详细的了解，并严格执行质量标准。

在产区储存玉米时，尽量避免用过高的筒仓保管玉米，部分散装粮食不符合交割标准的原因出在不完善粒上。散粮不完善粒高的原因是上游仓储企业的筒仓内没有溜管，即没有防破损措施。散粮灌仓时，粮食从几十米的高空跌落，从而造成破损粒增加。

### （二）一定要注意保证运输

在一般市场条件下，期现套利的利润来源主要是产区和大连不同性质仓库的仓储费用的差价，这就要求我们既不能过早地把货物运到大连（运过去太早，则仓储费高，利润会大打折扣），也不能过晚运到（如果过晚，来不及交割的话，结果更糟糕）。所以对产区的运输条件和仓库的发货装车能力要求非常高。这需要产区粮食部门以及粮库与铁路部门有一个长期良好的合作关系，要做到计划周密，使交割粮能够装得上、运得出。

### （三）严密的财务预算

要保证套利交易成功，就要对所有环节所发生的费用有一个严密的预算，特别是对仓单成本要计算周密。比如，黑龙江地区的玉米仓单成本，是指将黑龙江省的玉米加工筛选成符合期货交割标准的玉米并运到大连交割仓库的过程中所要花费的运费、交易费用、仓储费用等一切费用，再加上黑龙江省当地玉米收购价格的总和。具体计算公式如下：

黑龙江地区玉米仓单成本 = 黑龙江玉米库内收购价格（期货交割标准）+ 清选烘干费用 + 运费、杂费 + 入库费 + 检验费 + 仓储费 + 交易交割费 + 资金利息 + 包装费

其中：

黑龙江玉米库内收购价格（期货标准）包括农村当地收购价格与库内收购价格之间的一个短途运输费用和送粮贩的合理利润。

一般来讲，农民出售的玉米都不能满足期货的交割标准，需要烘干并花费一定的人力将其筛选成符合交割标准的玉米，这个过程中需要花费的费用就是期货玉米烘干清选费用。

产区仓库储存保管费用：指在发往大连之前在当地保管储存期的费用。

运费、杂费：将玉米运到大连需要一定的运输费用，火车站也要收取一定的费用，如国税、地税、篷布使用费、篷布网卡扣费用等。

入库费：玉米运到大连港口后，运送到交割仓库所需的费用。

检验费：入库时对玉米进行质量检验所需的费用。

仓储费：玉米进入交割仓库后的存储费用。

交易交割费：期货交易所和期货经纪公司收取的交易手续费和交割手续费。

资金利息：收购玉米所占用资金的利息成本，如贷款需要支付一定的贷款利息。

包装费：装运玉米所需麻袋等的费用。

以上费用各个地区都不同，在从事套利交易之前，要前往产地对以上费用做详细的调研。

### （四）资金保障

无论是在产区收购玉米，还是在期货市场上抛空，都需要资金的支持，可以说，农产品的期现套利是一个资金密集型的贸易行为。目前，东北产区特别是黑龙江省的农业发展银行对玉米收储企业资金支持的力度还是非常大的，但使用农发行的资金必须由产区粮食企业长期的商业资信能力作为前提，所以收储企业的资信要高，除非粮食企业本身就拥有较大规模的自有资金。国有粮食企业按照规定可以从事期货市场的套期保值和套利，但实际的情况是，很多国有粮食收储企业对参与期货市场仍抱有谨慎甚至排斥的态度。事实上，正是这种态度使很多套利机会白白流失了。

### （五）套利失败的总结

在过去几年中，粮食企业在利用期货市场进行套期保值和套利的过程中取得了许多成功的经验，但也有一些教训。总体来看，失败原因如下：

1. 进行投机操作

一些粮食直接进入期货市场操作，刚开始时，都是以套期保值和套利为目的，但操作一段时间后，觉得投机也不错，于是开始转变成投机操作，结果因为经验不足，造成亏损。

2. 卖出数量超出实际现货数量

一部分现货企业在进行套期保值和套利操作时，超出了自己预计对冲的现货数量，超出的部分就成为投机交易，结果因为价格大幅上涨，自己没有足够的玉米可供交割，造成了较大损失。

3. 对期货交易的保证金制度了解得不够

当行情出现较大波动时，因无力追加保证金而被迫“砍仓”，从而出现亏损。

## 六、玉米跨期套利如何进行？

前面我们讲过跨期套利的概念，跨期套利是指利用同一交易所同种商品但不同交割月份期货合约的价差进行的套利交易。由于持仓成本的存在，在理论上玉米期货远期合约的价格要高于近期合约，而持仓成本就是这个价差。但由于各种原因，不同月份的价差可能出现超过合理持仓成本的现象，这就形成了套利机会。

跨期套利的进行与前面讲过的期现套利差不多，首先要判断套利的方向，其次要根据计算的套利成本识别套利的机会。套利成本的计算参考前文期货套利部分。

### （一）跨期套利案例

**案例 13－5**

**跨期套利**

2020 年 1 月 25 日，C2005 合约结算价为 2203 元/吨，C2009 合约结算价为 2350 元/吨。理论上，大连玉米跨期套利的持仓成本＝交易费＋交割费＋仓储费＋资金利息＋增值税等。

具体说明如下：

（1）将 5 月玉米存放到 9 月，玉米的仓储费是 $0.5\times122=61$ 元/吨

（2）接合约 C2005 到 C2009，资金占用成本为：$(2203+2350\times10\%)\times$

6.06% ×122/365 =49.38 元/吨

(3) 交易费：1 ×2 =2 元/吨

(4) 交割费：1 ×2 =2 元/吨

(5) 增值税：147 ×9%/1.09 =12.13 元/吨

据此可以计算出持仓成本为：61 +49.38 +2 +2 +12.13 =126.51 元/吨。

可见，C2009 合约和 C2005 合约的价差已超过了两个合约的套利成本，产生了无风险套利机会。在实际的套利操作当中，可能会出现非交割套利和交割套利两种方式：

第一，如果两合约之间价差缩小，则按跨期套利的方法，直接在期货市场中平仓了结，实现目标利润。

第二，如果两合约之间价差扩大，则通过两次实物交割完成交易，通过接仓单的方式，实现套利利润。

针对第一种情况：如果 C2009 合约与 C2005 合约价差缩小至 126 元/吨，就在期货市场同时完成对冲，赚取价差缩小的利润。

保证金占用：

C2005 合约为：10 ×2203 ×10% =2203 元/吨

C2009 合约为：10 ×2350 ×10% =2350 元/吨

手续费：10 ×2 ×2 =40 元/吨

利润：(2350 -2203 -126) ×10 -40 =170 元/吨

利润率：利润/(保证金 + 手续费) =170/(2203 +2350 +40) =3.7%

该方案的优点是占用资金量较小，盈利率高，无风险。缺点是市场有时可能不会出现这样的机会，这时我们需要执行交割方案。

针对第二种情况：当价差出现不利变动时，只能采取交割方式取得既定利润。

利润：(2350 -2203 -126.51) ×10 =204.9 元/吨

该方案的优点是无任何风险，收益稳定。缺点是动用资金较大。

### (二) 在跨期套利过程中需要注意的问题

(1) 一般理论上跨期套利的收益率是在考虑交割的情形下计算出来的，一旦出现有利的价差变化情形，则可以将套利头寸全部平仓，无须动用资金进行交割，这可以明显增加套利收益。

（2）个人客户不允许交割，单位客户需要具备相应资格。

（3）周密的资金安排。期现套利可能涉及实物交割，在交割日需要提交全部货款，但在交割之前，期货交易的保证金不多，所以，周密合理地利用资金可以提高资金使用效率。

（4）增值税风险的防范。根据我国税务方面的法规，期货交割中计税价格依据为期货交割结算价，而不是期货交易时的交易价格，这样增值税计税基础价格与期货交易价格不同，从而在增值税方面产生不确定性。

可以通过以下办法来规避增值税风险。开始建仓时，按照套利数量，减少 11.5% 的远月合约空头头寸，在远月合约临近交割时，补足 11.5% 的空头头寸。

当价格上涨时，在高价补足的空头头寸正好弥补多缴的增值税；当价格下跌时，在低价补足的空头头寸正好充抵少缴的增值税。

**小贴士**

**如何结合市场行情来判断玉米跨期套利的市场机会**

除了计算套利成本来判断套利机会外，很多时候我们需要结合实际的市场情况来判断机会的有无。常见的寻找套利机会的途径有以下几种：

（一）图表分析法

在进行套利交易前，首先应对目前的套利关系用图表加以分析。一般情况下，图表是决定时点的主要工具，它在价格（价差）的波动方面提供了历史性资料。套利图表与一般的价格表的差异在于，它记载着不同月份的合约之间彼此相互的关系。所以，套利将图表作为分析、预测行情的工具。这些图表并不注重绝对的价格水平，而是在图表中标出价差的数值，以历史价差作为进行套利分析的依据。

（二）季节性分析法

套利常会显示出季节性的关系，即在一个特定的时间显示出价格变动幅度的宽窄差异。实践证明，其符合季节性的程度相当高，此种套利即为季节性套利。这种分析方法必须回溯分析多年前的价格资料，并且应将现在的供求状况加以考虑，然后研究确定过去的市场行为是否能够在未来的几年再现。这种类比研究法是以多种市场分析方法综合而得的分析技术，此方法是用来证明最初导致价差变化的因素能否在套利季节再度发生。为了使这种季节性的趋势增加可信度，重要的是确定这些因素可能发生作用的程度。

作为谷物商品，玉米价格具有显著的季节性特点，在收获期间，价格相对较低，而在其他时间的价格则可能较高。而且，在不同的生长阶段，玉米受气候及病虫害的影响也有差异，这样各合约间价格差距会出现不同方向、不同幅度的波动，投资者可根据历史数据来判断当前价格差异是否正常，如果存在较明显的异常，则很可能存在跨期套利的机会。例如，5月和9月，玉米生长处于不同的阶段，市场流通的陈粮也存在价格差异，一般这两个月的合约之间的价差在70元/吨至90元/吨之间，若低于50元/吨时，可以考虑卖出5月合约的同时买入9月合约，当价差恢复到正常水平则可以获利。当价差明显偏高时，投资者也可买入5月合约并卖出9月合约进行套利。在选择套利时机时，除了关注合约价差之外，还应考虑不同合约成交量的差异，成交量过低的合约，成交有难度，所以投资者不宜参与。

（三）相同期间供求分析法

在收集以往套利资料时，不要将不同期间的资料拿来做比较。在期间相似的情形下，通常相同的供求力量会引起类似的套利。因此，在价格剧烈上涨的期间里，参考同期的利多市场可得到相似的价格行为。例如，美国在20世纪70年代初，“逆转市场”主宰了整个行情，后来比较正常的市场结构引导了市场走向，但有的供给量较吃紧的商品期货如咖啡、可可仍保持着逆转形式。了解这些引起市场不均衡的因素及特定商品对这些不均衡状况的反应，投资者可在后来的套利中有所参考和借鉴。

## 七、有哪些跨期套利的机会是我们需要放弃的?

值得我们注意的是，虽然我们花了很大的力气发现了一些套利机会，但有很多套利机会是必须放弃的。

首先，不做跨年度的跨期套利。

其次，不做非短期因素影响的正向套利。因为套利机会是根据中长期价格关系找到短期价格出现偏离的机会，产生套利机会的因素一般都是短期或者突发事件引起的价格异变，所以，一般不应介入非短期因素影响的正向套利机会。

最后，不做流动性差的合约的套利。如果组建的套利组合中一个或两个期货合约的流动性很差，则我们就要注意该套利组合是否可以顺利地同时开仓和平仓，如果不能，则要考虑放弃该次套利机会。此外，如果组合构建得足够大，则组合的两个合约都存在一定的冲击成本。

在实际投资中，资金是有机会成本和借入成本的两个交易账户均须备有足够的预留保证金，这会增加利息成本，从而降低收益率。我们需要考虑资金的来源是自有资金还是借贷资金，而资金借入的期限和套利头寸的持有期限可能并不匹配。

## 八、玉米可以与哪些品种进行跨品种套利?

在上面我们提到，玉米的跨品种套利包括玉米与小麦，玉米与大豆，玉米与豆粕，玉米与淀粉，玉米、豆粕与鸡蛋，玉米、豆粕与生猪之间的套利。玉米与小麦、大豆、豆粕可以进行套利的主要原因是玉米与这些品种因某一方面的内在联系的相关性较高，几乎均在90%以上，保证了玉米和相关品种之间能够维持特定的价差，而各品种间因各自的影响因素不同又略有差异。价差并不会时刻维持在特定的合理水平，而会随着各自影响因素的变化，呈现一定幅度的波动，当不合理的价差出现时就是玉米跨品种套利的好机会。而玉米与淀粉，玉米、豆粕与鸡蛋以及玉米、豆粕与生猪之间的套利主要受上下游之间利润拉锯的影响。基于资本逐利性，高利润必然会通过产能增长来修复，低利润必然会通过产能压缩来修复，因此产业链利润始终维持在相对区间内运行，这三类近似利润套利，同样也会维持在区间内运行。当出现超出合理区间的比价时，就是我们进行套利的好机会。

下面就玉米与各品种之间套利的内在联系进行简单剖析。

### （一）玉米和小麦之间的套利

玉米和小麦均为口粮，是我国粮食储备当中非常重要的两大品种，涉及国家的粮食安全问题和我国民众的吃饭问题，同时又都可用作食品加工，尤其在饲料生产中二者均为能量饲料，具有替代作用。因此，玉米与小麦的价格走势存在较强的相关性，相关性高达93.0%，两者长期维持着一定的比价关系。小麦价格通常高于玉米价格，二者之间的价差一般为正数。不过，因为各自的影响因素不完全相同，玉米和小麦的价差并不是时刻都恒定的，而是存在一定的变化（见图13－1、图13－2）。比如，因为小麦和玉米的收获季节不同，两者价差会存在一定的季节性特征。通常，在小麦收割后的六七月份，现货市场面临集中供应的压力，此时小麦价格往往相对较低，而此时玉米正在生长发育期，市场供应减少，期货市场炒作题材较多，此时玉米价格往往相对较高，二者之间的价差往往呈现出缩小的趋势。而在9月、10月、11月玉米收获的季节，玉米价格相对较低，小麦价格相对较高，二者之间的价差往往呈现出进一步扩大的趋势。套利者就是通过这种不合理价差来进行套利的。综上所述，套利者进行操作的过程首先是发现小麦与玉米之间正常合理的价差区间，然后利用短时间内出现的异常价差机会进行套利。

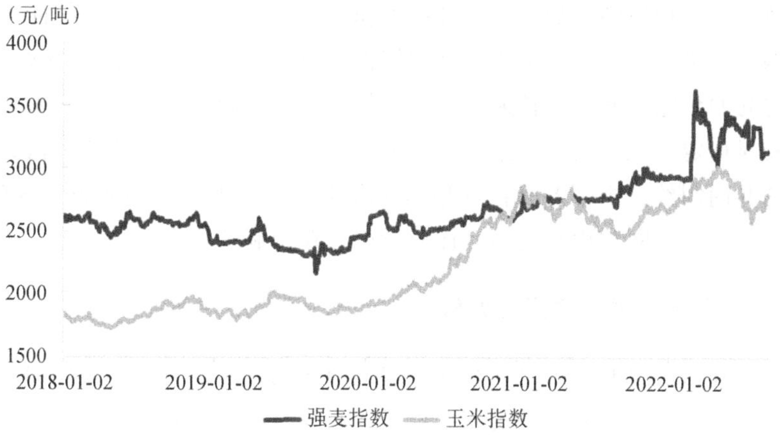


**图 13－1　强麦和玉米价格的相关性**

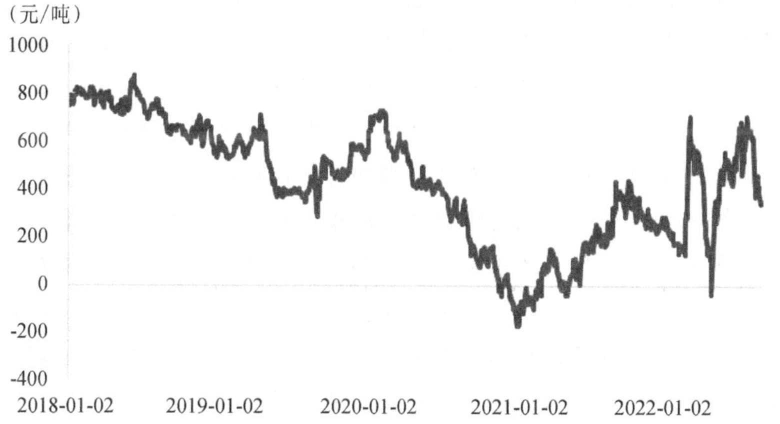


**图 13－2　玉米和小麦期货价差走势**

## (二) 玉米和大豆之间的套利

玉米和大豆作为世界两大重要农作物，产量巨大。二者在种植上存在一定的冲突性，当种植收益上出现变动时，农民会相应调整其大豆和玉米的种植面积。长久以来，大豆和玉米都是我国最重要的两种农作物，且其产地主要集中在我国华北东北地区，二者对于土地的需求同样存在较大的冲突性，从而导致二者价格受到一只无形的手的调控。当大豆与玉米价差偏高时，农户种植大豆的积极性增加，玉米种植面积相应下滑，大豆受到种植面积增加的影响，价格开始下滑，玉米受到种植面积下滑预期提振，价格开始上行，两者之间的价差回归合理价差。因此，长久以来，国内外大豆与玉米都保持一个相对稳定的比价关系，这种比价关系受到价格、种植面积和种植成本等因素的共同制约，当价差因各自基本面影响因素的不同而远离正常区间时，就有回归正常区间的内在动力，而此时就存在套利的机会。

### （三）玉米和豆粕之间的套利

我们知道大豆和玉米之间存在一定的内在制约力，豆粕是大豆加工后的主要产品之一，豆粕和大豆的相关性极高，故豆粕和玉米之间，单从大豆与玉米的关系来讲，就有一定的内在约束力。此外，豆粕和玉米的消费用途比较一致，都是饲料原料。豆粕具有蛋白高、氨基酸平衡以及适口性好等特点，可以在饲料中提供重要的植物性蛋白；玉米也是重要的能量饲料来源，玉米和豆粕同处于一个饲料产业链中，均会受到下游养殖的影响，需求影响的一致性使豆粕跟玉米之间存在较强的相关性。这是我们进行玉米与豆粕间跨品种套利的基础。但同时豆粕和玉米均有其自身的基本面，两者的价差有时会出现偏离，不过一旦两者价格的偏离程度超过正常区间，饲料厂便会考虑改变饲料配方，比如豆粕价格过高，饲料厂就会开始考虑在饲料配方中适当减少蛋白原料豆粕的使用，尽量多地使用能量饲料玉米，这样豆粕需求逐渐缩减，价格逐渐回落，玉米需求增加，价格逐渐上涨，从而两者之间的价差逐渐回归正常。当玉米价格过高时，道理也是一样的。可见，豆粕及玉米的供需基本面不同会产生不合理价差，从而有套利的机会，而不合理价差出现时，由于两者在饲料配方中有替代性，会令两者有回归正常价差的动力，从而能够保证套利的顺利实现。可见，玉米与豆粕之间的饲料替代性及较强的相关性和供需差异性，是套利得以实现的前提。

### （四）玉米和淀粉之间的套利

玉米淀粉是玉米的下游产品之一，毋庸置疑，两者之间存在高度的相关性。玉米是生产玉米淀粉的主要原料，在玉米淀粉的生产成本中占比约为83%，也就是说，玉米淀粉与玉米的价差在很大程度上反映了行业加工利润的变化。当玉米淀粉与玉米价差扩大时，意味着行业加工利润扩大，加工厂开工率则会提高，玉米淀粉产量增加，接下来玉米淀粉就会进入阶段性供过于求，玉米淀粉价格跟随下行，利润修复价差缩小；反之，玉米淀粉与玉米价差缩小时，意味着行业加工利润收缩，当利润收缩到多数工厂亏损时，加工企业将被迫停产，玉米淀粉的产量又会进入阶段性下滑，淀粉市场出现阶段性供应短缺，利润修复价差扩大。玉米淀粉与玉米价差主要围绕着相对利润区间波动，上游加工厂利润不太可能长期维持负数，也不可能长期维持高位，玉米和淀粉的套利套的是“利润”的利。

### （五）玉米、豆粕和鸡蛋之间的套利

玉米、豆粕作为饲料的主要原料，在饲料中的占比分别为50%～60%、20%～25%，可见二者是构成饲料的主要成本。目前，我国蛋鸡养殖成本中饲料成本一般占到65%左右，也就是说，玉米、豆粕是构成鸡蛋成本的主要因素，同样也说明玉米、豆粕与鸡蛋的价格之间存在产业利润的约束。当鸡蛋与玉米和豆粕组成的近似饲料成本比值扩大时，意味着蛋鸡养殖利润呈现增长态势，此时蛋鸡养殖产能将跟随扩张，相应地，鸡蛋供应将逐步增加，鸡蛋就会进入阶段性的供应充裕阶段，该比值就会缩小；反之，当鸡蛋与玉米和豆粕组成的近似饲料成本比值缩小，意味着蛋鸡养殖利润呈现下滑态势，当该比值缩小到产业多数养殖企业不能承受的情况，蛋鸡养殖产能就会跟随收缩，相应地，鸡蛋供应将逐步缩小，鸡蛋又会进入供应偏紧阶段，该比值随之扩大。因此，在产业行为的影响下，鸡蛋与玉米和豆粕组成的近似饲料成本比值呈现出区间波动的规律，当该比值超出区间边界时，意味着比值套利机会出现。不过，需要注意的是，该套利组合涉及三个品种，在运用过程中除了考虑品种波动率差异之外，还需要考虑合约价值的差异。此外，在该套利组合中养殖端的变化占主导性，因此鸡蛋价格波动对该比值的影响更加突出。

### （六）玉米、豆粕和生猪之间的套利

玉米、豆粕也是猪饲料的主要原料，两者在猪饲料成本中的比重也比较高，也是生猪养殖成本的主要影响因子。因此，玉米、豆粕与生猪的价格之

间同样存在产业利润的约束，其比值套利和玉米、豆粕、鸡蛋之间的套利类似。生猪与玉米、豆粕组成的近似饲料成本比值扩大，意味着生猪养殖利润呈现增长态势，此时生猪养殖产能将跟随扩张，相应地，生猪供应将逐步增加，生猪就会进入阶段性的供应充裕阶段，该比值就会缩小；反之，当生猪与玉米、豆粕组成的近似饲料成本比值缩小，意味着生猪养殖利润呈现下滑态势，当该比值缩小到产业多数养殖企业不能承受的情况时，生猪养殖产能就会跟随收缩，相应地，生猪供应将逐步缩小，生猪又会进入供应偏紧阶段，该比值随之扩大。因此，在产业行为的影响下，生猪与玉米、豆粕组成的近似饲料成本比值呈现区间波动的规律，该比值超出区间边界，意味着比值套利机会出现。不过，我们还要注意该套利组合涉及三个品种，在运用过程中除了考虑品种波动率差异之外，还需要考虑合约价值的差异。此外，在该套利组合中，养殖端的变化更占主导性，因此生猪价格波动对该比值的影响更加突出。

## 九、玉米跨品种套利的基本做法是怎样的？

从前文我们可以看到，玉米与小麦、大豆、豆粕之间均存在某种内在的联系，这种内在的联系决定了玉米与小麦、大豆、豆粕套利的可能性。同时，各品种的供需等基本面又存在很大的差异，这种差异决定了套利利润的来源和大小。玉米与玉米淀粉，玉米、豆粕和鸡蛋，玉米、豆粕和生猪属于产业链的上下游产品，这三类套利机会主要围绕产业链利润展开，因此，相关产业链利润变化的特点是我们进行套利的主要依据。

如果要寻找玉米与小麦，玉米与豆粕跨品种套利的机会，则需要从以下几个方面进行分析。

### （一）对套利对象的供需基本面进行对比分析，判断套利是否可行

供需关系的对比分析实际上是确定套利的方向问题，即买什么品种和卖

什么品种的问题。总的原则是买进那些供需关系相对紧张、后期涨势相对较好的品种，相应地，要卖出那些供需关系相对宽松、后期跌势相对较大的品种。供需关系对比分析大致包括以下几个方面。

1. 玉米和其他相关品种的产量对比，包括单产比较、种植面积比较和总产量比较以及影响产量的因素的比较

我国是玉米生产大国，总产量位居全球第二，玉米生产区域分布广泛，北方的黑、吉、辽、蒙、晋、冀、鲁、豫8省区产出了全国70%以上的玉米，尤其是东北地区（含内蒙古），常年玉米播种面积为1600万公顷，正常年份的玉米产量为1.12亿吨左右，占全国玉米总产量的43%左右，是我国最大的玉米商品粮产地。华北黄淮地区（包括京、津、晋、冀、鲁、豫、苏和皖）常年玉米播种面积为1500万公顷，正常年份的玉米产量为9050万吨左右，产量约占全国总产量的34%，商品率低于东北地区。

对于玉米和小麦来讲，玉米和小麦的生产具有相对独立性，进口量较低，出口量相对稳定，每年的国内产量成为影响国内供给的主要因素，进而呈现出比较明显的季节性走势，即在丰收的时候价格回落，青黄不接时价格攀高。一般而言，国内玉米在10月底开始陆续上市，上市时正是玉米现货价格走低的时候，玉米价格在收割期供应量达到最高时开始下跌，每年春季和初夏（6月）玉米供应紧缺及新作产量不确定时，玉米价格达到高点。夏季的中期至晚期（7月和8月），玉米新作产量情况会逐渐明朗，这个时间段也是受天气影响最为关键的时期，玉米价格可能在此时达到顶峰。而小麦一般与玉米正好相反。一般，每年冬麦上市后的7月份为小麦的供应旺季，小麦价格最低。从9月份开始，小麦消费进入旺季，现货价格稳步上升，春节（2月至3月）期间，小麦消费进入高峰期，小麦价格也达到年内高点。春节过后，小麦价格逐步回落，在4月至5月青黄不接时，小麦价格会略有反弹，随后一直回落到6月至7月的低价区。如此循环往复。当然，受其他因素影响，这一规律也会有所变化，比如近年4月至5月小麦产区常常进行陈化粮、库存小麦的拍卖，制约了这期间小麦价格的回升。从前文我们看到，一般，6月至7月小麦价格位于低位，而玉米价格处于相对高位，两者之间的价差处于相对低位，而在春节期间小麦处于消费高峰期，价格达年内高点，而此时是玉米集中上市的高峰期，玉米价格相对较低，进而小麦与玉

米价差在此时相对较高，6 月至 7 月与春节期间，小麦和玉米均可能出现套利机会，交易者可以关注这两个时点。

与玉米、小麦等粮食类品种不同，我国大豆的进口依赖度较强，分析我国大豆供应时首先要考虑全球大豆的供应情况，无论国际还是国内，大豆的种植、供应都是季节性的。全球大豆以南北半球分为两个收获期，南美（巴西、阿根廷）大豆的收获期是每年的 3 月至 5 月，而地处北半球的中国、美国的大豆收获期是 9 月至 10 月。因此，每隔 6 个月，大豆都会出现集中供应的情况。一般来说，在收获期，大豆的价格比较低。其次，大豆、玉米等作物的种植效益每年都不一样，如果上一年玉米种植效益好，则下一年大豆的种植面积就可能相应缩减，正因为如此，大豆的种植面积是经常变化的，从而对大豆市场价格产生影响。最后，大豆的生长期大约是 4 个月，种植期内气候因素、生长情况、收获进度都会影响大豆产量，进而影响大豆价格。

豆粕的供应受到大豆供应及油厂利润等情况的综合制约，所以我们要进行综合比较，要分析大豆的进口情况、港口的库存情况、油厂的库存及利润等。

在分析大豆与玉米的套利时应注意不同品种供应的不同特点。

2. 消费状况的比较

玉米的消费主要来自饲料、口粮和工业加工，其中饲料占到 70% 以上。玉米的最大用途是饲养牲畜和家禽，因此如果牲畜和家禽饲养量上升，玉米价格就看涨；反之，则看跌。另外，高企的油价和低廉的玉米价格为燃料乙醇的玉米深加工带来机遇，近年来，燃料乙醇也在玉米消费中占据一席之地，因此，分析玉米的消费时除了要考虑下游的养殖，还需要考虑工业消费以及原油市场的情况。

大豆的食用消费相对稳定，对价格的影响较弱。大豆压榨后，豆油、豆粕产品的市场需求变化不定，影响因素较多。大豆的压榨需求变化较大，对价格的影响也较大。

一般来讲，随着第三季度水产养殖旺季的来临以及第四季度食用油消费旺季的来临，大豆、豆粕的消费在下半年会相对比较好，会对大豆、豆粕形成较强的支撑。此阶段，大豆、豆粕趋涨的可能性较大，而玉米在 4 月至 5

月、7月至8月青黄不接时趋涨的可能性较大，因为养殖户为赶上国庆节、中秋节等节日，一般会在4月至5月启动生猪补栏，这对玉米有提振作用。此外，原油在第三季度的使用量也相对旺盛，上行的可能性较大，玉米生产乙醇成本增加，会相应地提振玉米市场，故此阶段玉米上行的可能性也较大。各品种有各自不同的消费特点，需要套利交易者仔细把握、比较，以期能发现较理想的套利时机。

3. 进出口的比较

我国是主要的大豆进口国，玉米、小麦、豆粕的进口较少，在分析大豆的供需时尤其需要考虑进口方面对供应的影响，玉米、小麦则主要分析国内供需就可以了。由于大豆的产地不同、收获季节不同，进口量的大小在不同的时段会有很大的不同，同时，进口也会受到诸如港口阻塞、相关生产国罢工以及关税政策等突发事件的影响。这些因素均可能会引起大豆阶段性供需变化，进而有可能产生明显的套利机会。

4. 库存状况的比较

在一定时期内，一种商品库存水平的高低直接反映了该商品供需情况的变化，是商品供求格局的内在反映。因此，研究库存变化有助于了解价格的运行趋势。一般，在库存水平提高的时候，价格走低；在库存水平降低的时候，价格走高；结转库存水平和价格存在负相关关系。对套利的各品种进行供需分析时，可通过库存状况的对比来判断各品种的相对紧缺程度。

### （二）根据套利对象之间的历史价差是否合理来判断有无套利机会

在对套利对象的供求关系进行分析之后，我们还要了解并掌握它们之间历史价差的变化情况，以作出是否入市的判断。

1. 玉米和小麦的历史价差情况（见图13－3、图13－4）

从历年的数据统计来看，小麦与玉米的价差90%的概率落在70元/吨至750元/吨之间，说明价差在这个区间是大概率事件，偏离这个区间的价差是小概率事件。如果一旦价差关系偏离这个正常价差后，两者将会出现消费的替代现象，最终两者的价差关系将逐渐恢复到正常的区间内。按照托市条件下季节性规律，小麦现货通常在1月中上旬达到年内高位；春节时，随着加工采购淡季的到来，小麦价格出现回调，并经历4～5个月的震荡期。

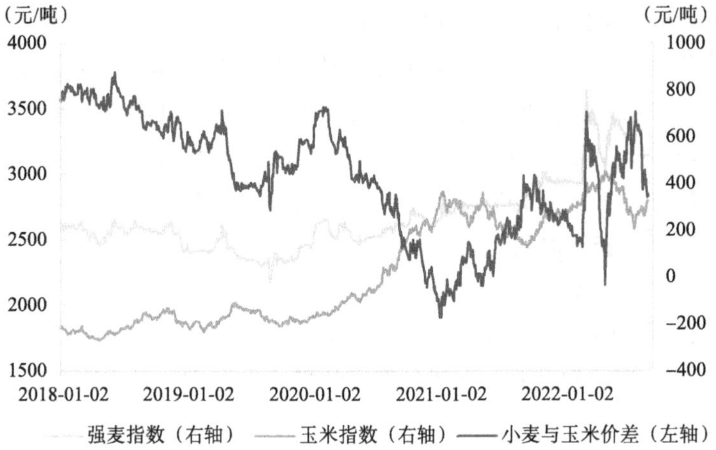


**图 13－3　玉米和小麦历史价差情况**

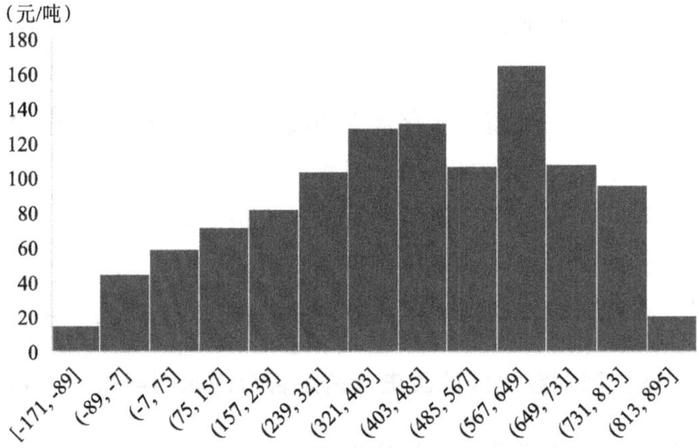


**图 13－4　小麦和玉米价差直方图**

如果产量正常，6 月至 7 月逐渐面临新粮上市的压力，从而小麦行情走低。而玉米通常是 11 月初建底，春节期间出现弱势期，春节后开始启动第二阶段上涨，7 月至 8 月，玉米价格建立年内高点。由于季节性规律的差异，强麦与玉米价差通常会在春节后至 6 月份之间缩小。我们在对品种的套利分析时需要注意这些细节。

2. 玉米和大豆的历史价差情况

根据 2018 年 1 月至 2022 年 9 月的大豆与玉米的比价分析发现，在 1148

个样本数据中，大豆与玉米比价区间为1.72～2.5，比价位于1.72～1.83的个数为163个，概率为14.2%；比价位于1.83～2.35的个数为941个，概率为81.9%；比价在2.35～2.52的个数为44个，概率为3.83%。从以上可以看出，大豆和玉米的价差集中在1.78～2.46区间内的概率在90%以上，集中在1.83～2.35区间内的概率为80%左右。比价一旦超过该区间，则套利机会有望出现。具体数据见图13－5、图13－6。

**图13－5　历年大豆与玉米比值（价差）走势**

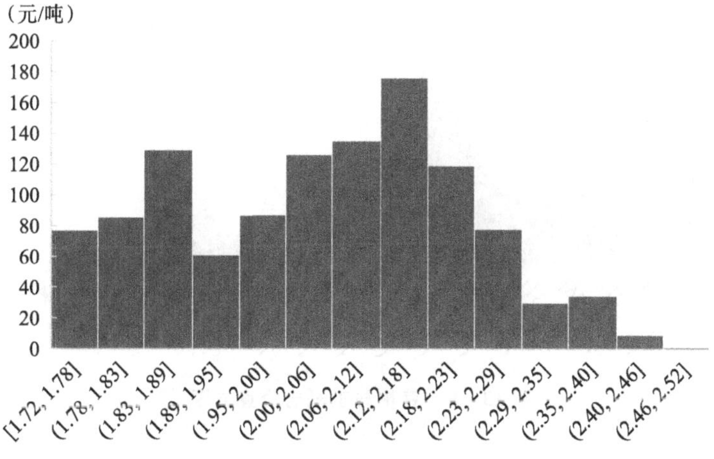


**图13－6　大豆、玉米比值直方图**

3. 玉米和豆粕的历史比价情况

通过历年的统计数据来看，2018 年至 2022 年，豆粕与玉米的期价比值基本处于 1.1 至 1.94，其中比值高于 1.24 的概率超过 85%。如果豆粕和玉米的期价比值偏离这个区间，则套利机会出现。具体数据见图 13 - 7、图 13 - 8。

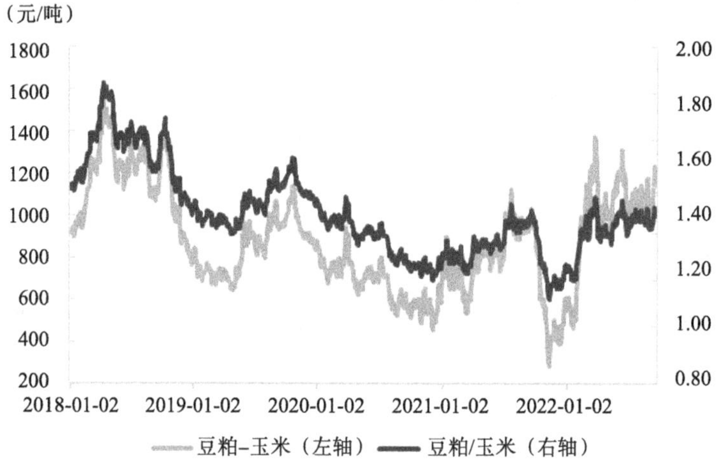


图 13 - 7　历年豆粕与玉米比价（价差）走势

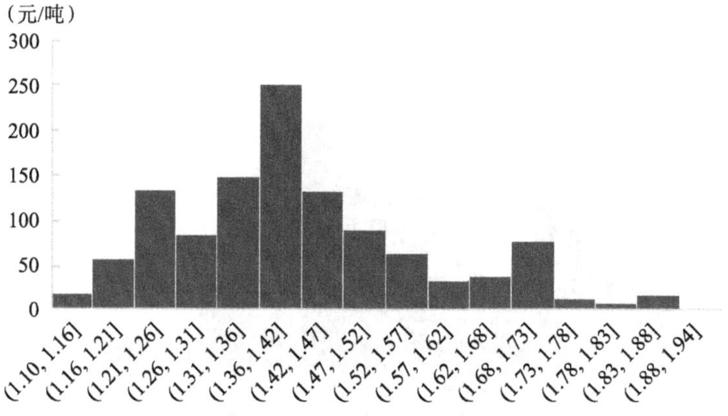


图 13 - 8　豆粕与玉米比价直方图

### （三）确定套利区间并采取相应的对策

在对比玉米与小麦、大豆、豆粕的历史价差之后，投资者可对当前套利对象的价差情况进行初步定性，即看看当前的价差是偏大、偏小，还是处在正常的区间，抑或它们之间的价差正处在趋势性的变化当中，然后采取相应的套利交易来进行操作。

（1）当玉米与小麦、大豆、豆粕价差过大时，卖出玉米期货合约，买入相应的其他期货合约。

（2）当玉米与小麦、大豆、豆粕价差过小时，卖出其他期货合约，同时买入玉米期货合约。

（3）当玉米与小麦、大豆、豆粕价差按照原趋势放大时，买入玉米期货合约的同时，卖出其他品种相应的合约。

（4）当玉米与小麦、大豆、豆粕价差按照原趋势缩小时，卖出玉米期货的同时，买入其他品种相应的合约。

我国玉米和小麦行情具有相对独立性，季节性规律较为明显，所以套利也具有较明显的季节性特点，这一特点使投资者把握两者的套利时机时相对容易。但是，大豆的进口依赖度较强，影响因素相对复杂一些，投资者在套利的时候需要根据各品种的特点注意时机的把握。

如果要寻找玉米与玉米淀粉，玉米、豆粕和鸡蛋以及玉米、豆粕和生猪间的套利机会，则需要围绕产业利润分析来开展。因为玉米、豆粕和鸡蛋以及玉米、豆粕和生猪间的套利影响因素相对复杂，且实践操作中的难度也比较大，所以我们这里不做进一步讨论。

下面我们主要讨论玉米与玉米淀粉的套利。玉米与玉米淀粉的套利操作与前面玉米与其他品种的套利操作有趋同的地方。

首先要分析玉米与玉米淀粉的基本面情况，主要是需求差异。当玉米淀粉需求表现特别强劲时，会放大行业利润，相应地，玉米淀粉与玉米的价差也会呈现扩大态势；反之，玉米淀粉需求表现非常疲弱时，将会收敛行业利润，相应地，玉米淀粉与玉米的价差也呈现收缩态势。

其次分析玉米与玉米淀粉历史价差的情况。通过历年的统计数据来看，2018 年至 2022 年，玉米淀粉与玉米的期价价差基本处于 194 元/吨至

608 元/吨之间，其中，价差高于 324 元/吨的概率超过 85%。如果玉米淀粉和玉米的期价价差偏离这个区间，则套利机会出现。具体数据见图 13－9、图 13－10。

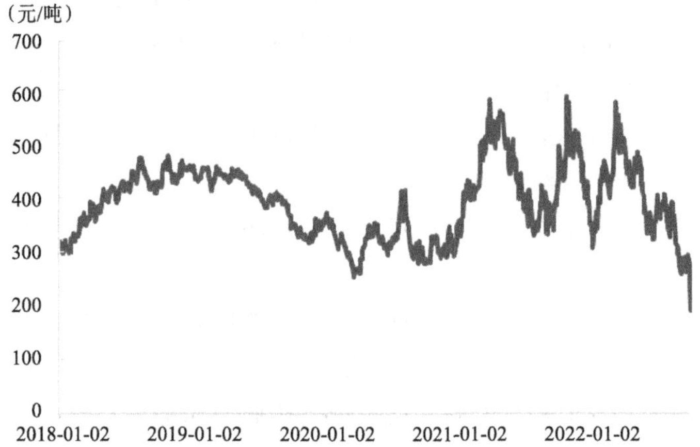


**图 13－9　历年玉米淀粉与玉米价差走势**

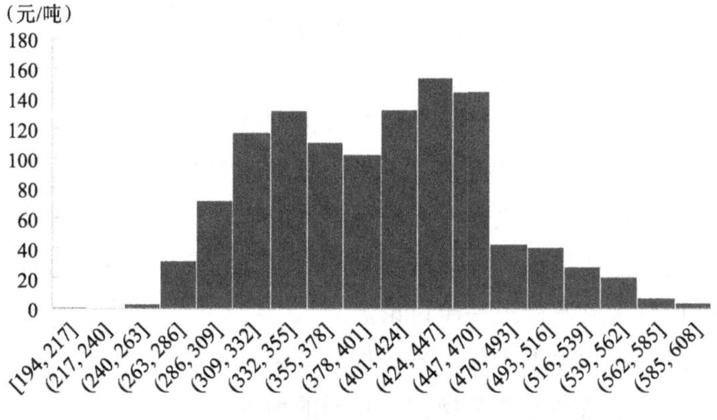


**图 13－10　玉米淀粉与玉米价差直方图**

最后要判断当前价差是否存在套利机会以及如何操作。当玉米淀粉与玉米价差过大，同时玉米淀粉需求有明显下滑预期时，投资者就可以考虑卖出玉米淀粉期货合约，同时买入玉米期货合约；反之，当玉米淀粉与玉米价差过小，同时玉米淀粉需求有明显恢复预期时，则可以考虑买入玉米淀粉期货合约，同时卖出玉米期货合约。

## 十、实务中玉米跨品种套利具体应当如何操作?

前文给大家讲了如何识别玉米跨品种套利的机会，识别出套利对象上存在套利机会，那么下一步投资者可以开始套利操作了。下面来看一下玉米和小麦套利的例子。

**案例 13-6**

2017 年 7 月 1 日，强麦 1801 合约的价格是 2633 元/吨，而玉米 1801 合约的价格是 1721 元/吨，当时小麦与玉米的价格相差 912 元/吨，某套利者基于基本面情况以及历史价差分析，认为小麦和玉米价差的合理区间应该在 600 元/吨下方，当前价差偏高，且按照以往玉米和小麦季节性走势规律，小麦和玉米在每年 8 月至 9 月时也会有小幅的季节性回落，如果市场机制运行正常，价差预计会逐步向合理区间靠拢。于是该套利者认为套利的机会来临，决定以 2633 元/吨的价格卖出 50 手 1 月份的强麦合约，同时以 1721 元/吨的价格买入 50 手 1 月份的玉米合约，以期望市场通过品种自身的价差关系进行自我调节，在未来的某个时间恢复到合理的价差区间内，从而获利平仓，赚取套利交易的利润。

投资者在方案制订时，必须先计划好开仓的价差、开仓时间、预期利润以及止损点等，另外，还需要对该方案占用的资金进行估算。该套利者具体操作流程如下：

（1）首先根据价差走势及季节性规律判断方向，买玉米期货 1 月份合约，卖强麦 1 月份合约。

（2）确定操作数量：计划各建仓 50 手（双向 100 手）。

（3）资金要求为 50 万元。

（4）止损：价差达到 950 元/吨。

（5）操作计划：在7月1日分批建仓，玉米期价平均价格为2633元/吨，强麦期价平均价格为1721元/吨。

（6）资金及盈利估算：此方案设计了100手的持仓，持仓保证金大概22万元，止损最大亏损2万元，目标价差为700元/吨，盈利11万元。盈亏比大概为5.5∶1。该套利者的操作过程见表13－1。

表13－1　　套利操作过程及结果

| 时间 | 强麦1801合约 | 玉米1801合约 | 价差关系 |
| --- | --- | --- | --- |
| 7月1日 | 卖出开仓50手，价格2633元/吨 | 买入开仓50手，价格1721元/吨 | 价差912元/吨 |
| 11月1日 | 买入平仓50手，价格2455元/吨 | 卖出平仓50手，价格1705元/吨 | 价差750元/吨 |
| 交易结果 | （2633－2455）×10×50＝89000元 | （1705－1721）×10×50＝－8000元 | （912－750）×10×50＝81000元 |
| 套利结果 | 如预期一样，经过两个多月时间，两个品种价差缩小162元/吨，1手套利组合盈利1620元 | | |

到11月1日，小麦1801合约与玉米1801合约的价差如期缩小至750元/吨，基本达到预期的利润，于是该套利者选择同时平仓了结，盈利约8.1万元，收益率接近16%。由于小麦与玉米市场会受到政策影响，投资者的资金操作应比较谨慎。当时整个市场呈现震荡的行情，不少选择单向操作的投资者找不到方向，获利甚微，甚至个别投资者出现了亏损，但该套利者通过抓住套利机会，成功获得了一笔稳定且可观的收益。

**案例13－7**

2017年5月，玉米期价受临储政策取消的影响降至阶段性低位，强麦与玉米的期货价差被拉大到了1200元/吨的历史高位。当时玉米处于市场格局转换的环境中，而小麦依然处于供应宽松的局面当中，高价差持续的难度比较大，价差走弱的概率较高，因此，某投资者认为当时多玉米空强麦可能有较好的风险回报比。

2016年是玉米供给侧结构性改革第一年，临储政策取消使玉米集中上市带来的供应压力凸显，整体价格表现为承压运行。2016年9月，玉米指数触及阶段性低点1434元/吨，期价快速回落使利空情绪得以消化。同时，市场利多支撑逐步显现，比如玉米低价优势刺激需求，2016年第四季度玉米期价呈现震荡回升。进入2017年后，供给侧结构性改革政策对玉米市场的支撑仍然比较明显，同时市场可预见的利空有限，整体价格预期延续震荡上行波动趋势。

小麦市场仍然是高库存高升水政策市。国家控制着小麦运行箱体，缺乏超级行情的质变基础。国家随时可以拿出几百万吨甚至几千万吨小麦来定向销售或者拍卖。

从往年的数据统计来看，小麦与玉米的价差有90%的概率落在120元/吨至820元/吨之间。如果比价关系严重偏离这个正常价差，两者将会出现消费的替代现象，最终两者的价差关系将逐渐恢复到正常的区间内。

综合以上玉米和小麦的市场情况以及两者历年的统计数据，5月份存在比较好的买玉米卖强麦的套利机会。当然，在套利过程中也存在一定的风险，比如资金面对市场的干扰等。

投资者经过初步判断之后决定进行买玉米卖小麦的套利操作，之后，该投资者于5月10日以2600元/吨的价格卖出100手9月份的强麦合约，同时以1500元/吨的价格买入100手9月份的玉米合约。截止到7月初，小麦9月合约和玉米9月合约的价差缩减到900元/吨左右，初步实现套利目标。考虑到换月等影响，为了锁定盈利，该投资者决定结束套利，及时止盈。该投资者7月5日在小麦及玉米两个市场平掉所有期货头寸，小麦期货平仓价为2550元/吨，玉米期货的平仓价为1650元/吨。套利过程及结果见表13-2。

**表13-2　　套利过程及结果**

| 时间及结果 | 强麦1709合约 | 玉米1709合约 | 价差关系 |
|---|---|---|---|
| 5月10日 | 卖出开仓100手，价格2600元/吨 | 买入开仓100手，价格1500元/吨 | 价差1100元/吨 |
| 7月5日 | 买入平仓100手，价格2550元/吨 | 卖出平仓100手，价格1650元/吨 | 价差900元/吨 |

续表

| 时间及结果 | 强麦 1709 合约 | 玉米 1709 合约 | 价差关系 |
|---|---|---|---|
| 交易结果 | (2600 - 2550) ×10 ×100 = 50000 元 | (1650 - 1500) ×10 ×100 = 150000 元 | (1100 - 900) ×10 ×100 = 200000 元 |
| 套利结果 | 如预期一样，经过两个多月时间两个品种的价差缩小 200 元/吨 100 手套利组合盈利 20 万元，1 手套利组合盈利 2000 元 | | |

通过以上介绍，大家可能对玉米和小麦套利有了一定的认识，下面给大家说下大豆和玉米套利的例子。

**案例 13－8**

## 大豆和玉米跨品种套利

上面我们讲到，大豆与玉米作为主要的经济作物，具有相似的种植条件，因此，生产者往往会根据种植收益来选择二者的种植面积，从而对两者价格偏离度有所制约，玉米与大豆之间是正相关的关系，其相关系数达 0.9，使两者之间的比价关系在大部分时间里维持在一个正常的波动区间内，当价格走势出现大的变化时，比价关系会出现偏差，当比价关系开始由偏差向常态运动区间回归时，可能出现跨品种套利的机会。

2020 年国内玉米价格上涨比较明显，尤其是 5 月份之后，黄大豆一号（以下简称“豆一”）虽然也有所上涨，但是整体涨幅小于玉米，豆一与玉米比价呈现回落态势。9 月份，玉米产区遭遇台风，在小幅减产的影响下，玉米期价再度走高，而大豆市场表现平稳，期价呈现震荡整理趋势。此种情况下，豆一与玉米的比价也呈现快速回落，并且触及阶段性低点 1.72，超出了长期的合理区间。某投资者认为当前是进行豆一与玉米套利的好机会。

从当时的玉米市场情况来看，减产多带来的利多有所兑现，同时，随着新粮收获的推进，集中供应压力有所增加，玉米期价预期进入震荡整理波动状态。然而，当时大豆市场则在国际大豆偏强波动的影响下有走强预期。10 月份，美国艾奥瓦州等主产州先后遭遇飓风、高温干燥等不利天气，美国农业部（USDA）下调了美豆新作单产、收获面积以及期初库存，市场预期美豆供应偏紧，国际大豆价格持续走强，为国内大豆期价带来比较强的支撑。

根据历史经验，豆一与玉米的比价一般在 1.8 至 2.4 之间。当二者的比价关系偏低时，后期比价上升的概率加大，则大豆与玉米两者将会出现套利机会。此时投资者就可以进行买大豆卖玉米的跨品种套利。目前，两者的比价关系在1.8之下，处于正常区间之外，历史比价角度支撑买大豆卖玉米的套利交易。

经过综合分析，该投资者决定进行买大豆卖玉米的套利交易。具体操作上，在9月20日买入100手2101大豆合约，价格为4510元/吨，同时卖出100手的玉米合约，价格为2570元/吨，当时两者比价为1.75。截止到10月20日，玉米2101合约价格2600元/吨，大豆合约价格为5330元/吨，两者价差回归到2.05左右，该投资者赚得790元/手。

最后再通过例子给大家说下玉米和豆粕套利的具体操作，好让大家有一个直观的认识。

**案例13-9**

### 玉米和豆粕的跨品种套利

2021年11月20日，豆粕2205合约的价格是2910元/吨，而玉米2205合约的价格是2719元/吨，两者的价差为191元/吨，两者比值为1.07。基于历史价差分析，豆粕与玉米期价比值基本处于1.1至1.94之间，而目前两者的比值为1.07，低于历史正常区间。另外，根据当时两者的基本面对比，豆粕的利多炒作因素较多，有南美天气干扰、美豆需求预期良好以及国内大豆买船偏低等，期价预期震荡上行。而玉米市场随着产量的兑现，市场焦点转向需求，下游利润不佳，增加了市场对需求的分歧，整体价格预期呈现高位震荡波动状态。该投资者经过综合考虑后，认为豆粕后期的涨势要好于玉米，豆粕和玉米的比值有望扩大、最终回归历史正常区间的可能性比较大。此时，豆粕、玉米有套利的机会。于是，该套利者决定进行买豆粕卖玉米的套利操作，以期望市场通过品种自身的比价关系进行自我调节，在未来的某个时间恢复到合理的价差区间，从而获利平仓，赚取套利交易的利润。

根据价差及基本面判断好套利方向后，投资者还需要对建仓时间、操作数量进行确定，也就是什么时候开始套利、买卖几手、准备多少资金的问题。该投资者通过以上分析认为，目前套利时机已到，计划从11月20日开始套利操作，市价开仓。根据自己的资金状况，投资者决定买100手豆粕卖

100 手玉米，占用资金为 56 万元左右。

此外，投资者还要考虑风险控制，因为跨品种套利更多的是看历史价差及基本面判断方向，有一定的主观性，存在反向运行的可能，故套利也不是完全没有风险的，套利者在进行操作时需要做好风险控制，在操作前就要做好止损准备。建仓时，豆粕、玉米价差为 191 元/吨，该投资综合考虑后设定止损价差为 150 元/吨左右，该投资者根据自己资金及风险偏好认为这样的亏损是能够接受的最大限度。

在确定了方向、数量后要对套利的建仓时间及价格进行准确的定位，该投资者考虑到当时时机已经成熟，且豆粕正值突破之际，上行会比较强劲，有利于比值扩大，进而提高盈利水平，所以该投资者决定在 11 月 20 日进行分批建仓。此外，投资者还需要考虑资金及盈利估算。此方案设计 100 手的持仓，持仓保证金大概为 56 万元，止损最大亏损额为 4.1 万元，目标比值 1.5 左右，盈利 120 万元左右。该投资者的操作过程及投资效果见表 13－3。

**表 13－3　　套利过程及结果**

| 时间及结果 | 豆粕 2205 合约 | 玉米 2205 合约 | 价差关系 |
|---|---|---|---|
| 11 月 20 日 | 买入开仓 100 手，价格 2910 元/吨 | 卖出开仓 100 手，价格 2719 元/吨 | 191 元/吨 |
| 3 月 1 日 | 卖出平仓 100 手，价格 4200 元/吨 | 买入平仓 100 手，价格 2800 元/吨 | 1400 元/吨 |
| 交易结果 | （4200－2910）×10×100＝1290000 元 | （2719－2800）×10×100＝－81000 元 | — |
| 套利分析 | 如预期一样，经过三个多月的时间，豆粕与玉米价差扩大，该投资者的盈利为 1290000－81000＝1209000 元 | | |

截止到 3 月 1 日，豆粕 2205 合约与玉米 2205 合约的价差如期扩大至 1400 元/吨，已经基本接近预期目标，该投资者基于基本面情况以及换月的考虑，决定获利了结，最终该套利者获利 1209000 元。

**案例 13－10**

## 玉米和玉米淀粉跨品种套利

2015 年 10 月 28 日，玉米淀粉 1601 合约的价格是 1984 元/吨，而玉米

1601 合约的价格是 1962 元/吨，两者的价差为 22 元/吨。基于历史价差分析，玉米淀粉与玉米期价价差基本处于 194 元/吨至 608 元/吨之间，而目前两者的价差为 20 元/吨，明显低于历史正常区间。另外，根据当时两者的基本面对比来看，玉米淀粉下游需求存在向好修正的预期，价格面临向上修正的预期。而玉米市场则面临高产量、高库存以及市场化改革预期的压制，整体价格预期呈现弱势震荡。该投资者经过综合考虑后，认为玉米淀粉后期明显强于玉米，玉米淀粉和玉米的价差有望扩大，最终回归历史正常区间的可能性比较大。此时，玉米淀粉、玉米有套利的机会。于是该套利者决定进行买玉米淀粉卖玉米的套利操作，以期望市场通过品种自身的比价关系进行自我调节，在未来的某个时间恢复到合理的价差区间内，从而获利平仓赚取套利交易的利润。

经过综合考虑，该投资者决定从 10 月 28 日开始套利操作，根据自己的资金状况，买入 100 手玉米淀粉 1601 合约，同时卖出 100 手玉米 1601 合约。此外，考虑风险控制，该投资者设定止损价差为 -50 元/吨左右。该投资者根据自己资金及风险偏好认为，这样的亏损是能够接受的最大限度。目标价差为 200 元/吨左右，盈利预期 15 万元左右。该投资者的操作过程及投资效果见表 13 -4。

**表 13 -4　　　　套利过程及结果**

| 时间及结果 | 玉米淀粉 1601 合约 | 玉米 1601 合约 | 价差关系 |
|---|---|---|---|
| 10 月 28 日 | 买入开仓 100 手，价格 1984 元/吨 | 卖出开仓 100 手，价格 1962 元/吨 | 22 元/吨 |
| 12 月 1 日 | 卖出平仓 100 手，价格 2208 元/吨 | 买入平仓 100 手，价格 2053 元/吨 | 155 元/吨 |
| 交易结果 | (2208 - 1984) × 10 × 100 = 224000 元 | (1962 - 2053) × 10 × 100 = -91000 元 | — |
| 套利分析 | 如预期一样，经过一个多月的时间，玉米淀粉与玉米价差扩大，该投资者的盈利为 224000 -91000 =133000 元 | | |

截止到 12 月 1 日，玉米淀粉 1601 合约与玉米 1601 合约的价差如期扩大至 155 元/吨，已经基本接近预期目标，该套利者基于基本面情况以及换月的考虑，决定获利了结，最终该套利者获利 133000 元。

## 十一、玉米跨品种套利需要注意的风险控制是什么?

因为跨品种套利需要同时操作不同的期货品种，套利者无法持有商品合约进入交割月，所以对于大多数套利者而言，跨品种套利不可能是无风险的套利，只能是投机性的套利。一般情况下，套利交易需要持仓时间较长，因此通常情况下建议套利者在合约的活跃期过去之前尽量择机止盈离场，以规避后期合约不活跃造成的流动性风险。当然，投资者在进行套利时一定要设置止损点，当价差和比值没有朝投资者预期的方向变化时，为防止亏损的进一步扩大，投资者也需要有止损的意识。虽然从长期来看，有替代关系的商品比值最终会回归到合理的价位上，但投资者未必能等持有到盈利的那一刻。针对套利的风险，我们可以通过分批建仓和严格止损等操作手段来规避。

## 十二、为什么能利用玉米期货进行跨市场套利?

跨市套利是投资者对不同交易所的玉米期货合约的同时买卖，也就是说，在某个交易所买入某一交割月份的玉米期货合约的同时，在另一个交易所卖出同一交割月份的玉米期货合约，或者在某个交易所卖出某一交割月份的玉米期货的同时，在另一个交易所买入同一交割月份的玉米期货合约。

在期货市场上，许多交易所都有玉米商品，国际交易所如芝加哥期货交易所、东京谷物交易所，都进行玉米期货交易。国内市场有吉林玉米中心批发市场（JCCE）的玉米和大连商品交易所（DCE）的玉米期货。一般来说，玉米在各交易所之间的价格会有一个稳定的差额，一旦这一差额发生短期的变化，交易者就可以在这两个市场间进行套利，购买相对价格较低的合约，卖出相对价格较高的合约，以期在期货价格趋于正常时平仓，赚取低风险利润。

由于存在地域和时空的差异，玉米在不同国家的期货市场上往往存在合理的价格差异。一般来说，它们彼此的比价或价差稳定在一个固定的区域，即使有时会出现短暂的异常，但在市场经济规律的调节下，这种异常最终也会恢复到正常水平。这就为玉米的跨市套利提供了可能性和机会。

受到现行政策法规的制约，人们通常用实物进口成本来衡量套利机会。当某一国际化程度较高的商品在不同国家的市场价差超过其进出口费用时，就存在进行跨国际市场的套利机会。进出口费用一般包括关税、增值税、报关检疫检费用、信用证开证费、运输费用、港杂费等。例如，在国内期货市场中，当美国玉米进口成本价格远低于大连玉米期货价格时，可认为套利机会出现，即可进行买入芝加哥期货交易所（CBOT）玉米期货合约同时卖出大连玉米期货合约的跨市套利操作。

除了需要存在合理的价格差异，跨市套利还有三个前提：第一，期货交割标的物的品质相同或相近；第二，期货品种在两个期货市场的价格走势具有很强的相关性；第三，进出口政策宽松，商品可以在两国自由流通。

由于我国玉米能够自给自足，进出口量相对较小，具有相对独立性，和CBOT等市场的玉米相关性不大，不具有和这些交易所进行玉米套利的基础。目前，比较常见的玉米跨市场套利是国内的吉林玉米中心批发市场的玉米和大连商品交易所玉米期货之间的套利。

总的来说，跨市套利交易风险相对较小，利润也相对稳定，是适合于具有一定资金规模的机构投资者和追求稳健收益的投资者的一种期货投资方式。

近年来，随着我国玉米消费的逐年增加，但玉米种植面积的增加幅度有限，因而国内的玉米缺口越来越大，导致玉米进口量有增加的趋势。目前，我国玉米与国际玉米逐渐接轨，与国际玉米的联动性也将越来越强，国内外玉米套利机制将逐渐成熟。

## 十三、玉米跨市套利该如何进行？

相对于玉米的常规套利而言，跨市套利是一种更为复杂也更为专业的套利方式。一套完整的跨市套利策略，通常会涉及机会识别、数理验证、动因分析、历史检验、趋势确定、成本计算、风险控制等一系列复杂的环节。正因为跨市套利本身所具有复杂性和专业性，所以对套利者在策略制定、实施、监控和改进等方面提出了更高的要求，跨市套利的复杂性和专业性也加大了跨市套利操作的风险。因此，有效和规范的方法和步骤就显得尤为重要，玉米跨市套利操作时的主要步骤如下：

### （一）机会识别

从成本的角度讲，一般先要对实物进出口费用进行比较，之后再确定是否存在跨市套利机会。从市场角度讲，可对近三个月国内外各品种的价格走势、成交量、持仓量等数据进行分析，从中识别出可能存在的套利机会。其中，主要是选取国内外各品种的价格指数，周期可分为1周、1个月、3个月、6个月、1年等，可根据研究的具体需要进行选取。在对比分析历史数据表现（如1年）及近期数据的基础上，挖掘出具有内外套利机会的品种。

### （二）历史确认

这一步主要是要确认选中的内外套利品种的比值或者价差（一般选取比值），是否在某一区间内进行波动，也就是要观察假如进行相关套利操作，风险是否可控。在可能的情况下，应统计出比值波动的界限，也就是风险的上界和下界。

### （三）概率分布及相关性确认

接下来套利者需要对上述数据的分布及相关性进行确认。相关性确认的目的是确保两品种价格走势之间存在一定的联系以及统计依赖关系。

### （四）基本面因素分析

上述的套利机会识别都是从数据计算和分析的角度展开的，但基本面也是不可忽视的决定性因素。因此，在数据分析的基础上，应注意结合基本面因素，以便为跨市套利机会的捕捉和选择提供更好的依据和支持。

### （五）基金持仓验证（CFTC）

由于跨市套利涉及国外品种，但外盘基本面的分析难度较大，在此，可以借助 CFTC 与外盘品种价格趋势的关系来判断相关国外品种的价格走势。由于国外期货市场较为成熟，投资者结构也较为合理（机构投资者为主），基金持仓具有一定的参考价值。此外，跨市套利关注的重点是商品关系的变化状态和趋势，而商品间的关系趋势又往往由其构成的单品种趋势所决定。利用可以有效揭示单品种趋势的软件和工具，无疑会为我们的决策提供更好的参考。

**案例 13－11**

#### DCE 玉米期货与 JCCE 玉米的跨市套利

通过对大连商品交易所（DCE）和吉林玉米中心批发市场（JCCE）两个市场玉米品种的对比分析，可以得出以下结论：

（1）DCE 和 JCCE 两个市场的玉米交易标的物标准品完全一致，从合约与合同的对照可以看出，JCCE 以“C”为标识的玉米电子交易合同的标的物和 DCE 玉米期货合约交割的标准品所有的品质指标完全一致（引用的国家标准一样），替代品的容重、水分、杂质等指标都相同。也就是说，在 JCCE 市场采购的玉米在 DCE 玉米期市交割没有问题。

（2）交易（交收）单位一样。无最小交割量限制，最小单位都是 1 手，即 10 吨。

（3）两个市场最近的交割（收）时间相差一个月，DCE 玉米合约的交割期是单月的第 12 个交易日，JCCE 以“C”为标识的玉米电子交易合同是双月的 15 日，也就是说，在任何一个市场完成交割再到另外一个市场注册仓单，时间上应该都来得及，而且JCCE在大连地区有12个仓库，在营口地区有5个仓库，这更为交割（收）提供了便利。

(4) 两个市场对交割（收）总量都没有限制，单个月份的成交总量在两个市场中很接近。JCCE的优质玉米（以“C”为标识的玉米电子交易合同）8月合同从3月25日起日成交量成倍放大（从每日单边2万批到4月14日单边7.9万余批，相当于双边达15.8万批，1批为10吨），当前主力月份合同每天成交量维持在单边4万到5万批，这为大资金进出市场提供了方便。

操作模式分析：

(1) 实物收售操作。我们把从JCCE购货到DCE玉米交货称为正向操作；反之，则为反向操作。由于JCCE是以长春为基准价，而DCE玉米市场是以大连为基准价，两个市场的玉米价格存在地区价差。根据JCCE市场交割规定，大连与长春地区的价差为60元/吨。一般情况下，DCE玉米期货价格比JCCE的以“C”为标识的玉米电子交易合同价高出100~115元/吨为正常值，因为从出库到入库的成本平均为40元/吨，还要加上少量的交易费用。

初步测算，只要相邻两个月价差超过120点时（即大连玉米市场价格高出吉林玉米市场价格120元/吨），就可以进行跨市套利操作。具体费用测算：吉林市场在大连所设玉米交货仓库出库费每吨4.6元，交割费每吨1元，仓储费半月时间为每吨2.3元，损耗费1个月时间为每吨1.2元，合计为每吨9.1元（汽车运输出库）。大连玉米市场入库费每吨3元，检验费每吨3元，交割费每吨1元，短途运费每吨15元、仓储费半月时间每吨9元，合计为每吨31元（汽车运输入库）。总体来看，从吉林玉米市场购货后（从大连地区仓库提货）换成大连玉米市场的标准仓单成本为每吨40元左右，即两个市场玉米价格的价差为115~120元/吨时，在吉林玉米市场购货到大连玉米市场交割能基本保本。价差在120元/吨以上时有利可图（9月以后可以进行散装交割，无须包装物及包装费用）。也就是说，如果DCE玉米价格和JCCE玉米价格的价差在120元/吨以上，可考虑正向套利。

(2) 利用价差变化进行套利。两个市场的价格虽然都受玉米供需关系的影响，但是由于两个市场的基本功能不一样，参与者的构成不同，对同一事件的反应会因为参与者的心理影响而有先有后，两个市场的价格变化也并非完全一致，两个市场的价差存在变化，即一个市场可能会对事件的影响反应过度，而另外一个市场可能反应不足。经过近一年时间的观察，我们发现吉林玉米市场和大连玉米市场两个相邻月份价差虽然在不断变化，但变化波动范围一直较为稳定，在 60 ~ 130 元/吨，这为在两个市场间进行价差套利提供了很好的机会。在价差相对大时做正向操作，当价差缩小后，在两个市场同时转让合约（合同），这样有可能出现在一个市场盈利比在另一个市场亏损的金额多，也可能出现两个市场都是盈利。例如：3 月 29 日，吉林玉米市场 8 月合同价为 1230 元/吨，大连玉米市场 9 月合约价格为 1350 元/吨，价差为 120 元/吨。以 4 月 13 日两市收盘价计算，两市价差为 82 元/吨（大连玉米价格为 1328 元/吨，吉林玉米市场价格为 1246 元/吨）。4 月 14 日，吉林玉米市场最高价达到了 1260 元/吨，大连玉米市场最低价为 1317 元/吨，两市瞬间最小价差为 57 元/吨，价差比之前缩小了 63 元/吨。

如果两个市场价差在 70 元/吨以下时，可以考虑反向操作，即买进大连玉米合约，卖出吉林玉米合同，当价差回到合理水平 90 元/吨至 110 元/吨时，在两个市场同时转让合约（同），也可以获取价差收益。当然，和所有的反向套利一样，这具有一定的风险（因不具有实际交收的可行性）。

（3）机构投资案例分析。某机构投资者通过一段时间的观察，发现吉林市场优质玉米合同与大连市场玉米合约之间的价格差在不断变化，而且从 3 月 25 日起吉林玉米日成交量成倍放大。成交量的放大，为机构资金进出市场提供了方便，该机构投资者在寻求最佳投资时机。

3 月 29 日，该机构以 1230 元/吨的价格在吉林玉米市场买进 8 月合同玉米 1000 批，每批定金 800 元，占用资金 80 万元。与此同时，其以 1350 元/吨的价格在大连玉米市场卖出 9 月合约玉米 1000 手，占用保证金 67.5 万元。此次操作锁定两个市场的玉米价差 120 元/吨。4 月 13 日，该机构投资者在两个市场以收盘价的价位平仓，当时的价差为 82 元/吨（大连玉米期货市场价格为 1328 元/吨，吉林玉米市场价格为 1246 元/吨），获利 38 元/吨，获毛利 38 万元，除去在吉林玉米市场支付的交易服务费 8000 元，在大连期货玉米市场支付的交易手续费 6000 元后，获利 36.6 万元，利润率为 24.8%，占用时间为半个月。

分析：该机构投资者能利用两个市场的价格差进行套利，应该讲是一个比较实用的投资方法。由于购得吉林玉米中心批发市场优质玉米（“C”字头的玉米合同）在大连期货市场交割没有任何障碍，这为套利的实现提供了可靠的保证。万一价差不缩小，从吉林市场购得玉米到大连市场交割也是可以实现的，只要价差大于支付地区的价差60元/吨以及出入库费用（40元/吨左右）之和。现阶段，如果大连和吉林市场的玉米价格差大于120元/吨，在吉林玉米市场买入优质玉米合同并在大连玉米市场卖出相邻月份的玉米合约，其风险是较小的。

值得注意的是：如果玉米价格上升（或下降）趋势确立，那么两个市场玉米价格会同时上涨或下跌，锁定价差无利可图。如果两个市场的玉米价格上升（或下降）一段时间后，基本面没有大的变化的情况下，采用这种跨市套利的方法较适宜。两个市场的玉米价格在一定区间振荡之时，投资者可以在吉林市场买入玉米合同，同时在大连玉米市场卖出邻近月份的玉米合约，锁定价差（120元/吨以上，价差越大越好），当价差缩小时，在两个市场同时转让（平仓）玉米，可以获取价差变化收益。

以上分析基于市场现行的交易、交割规则，投资者具体操作时还须根据市场规则的变化及时进行相应调整。

## 十四、跨市套利在操作中需要注意哪些事项？

在跨市套利中应特别注意以下几个方面的因素。

### （一）运输费用

运输费用是决定同一品种在不同交易所间价差的主要因素。一般来说，离产地越近的交易所期货价格越低，离产地越远，其价格越高，两者之间的正常价差为两地间的运费。投资者在进行跨市套利时，应着重考虑两地间的运输费用和正常的价差关系。

### （二）交割品级的差异

跨市套利虽然是在同一品种间进行，但不同交易所对交割的品质级别有不同的规定。同时，各交易所对替代品的升贴水标准也有很大的差异。投资者在进行跨市套利时，应对各交易所间交割品级的差别有充分了解。

### （三）市场风险

期货套利投资的市场风险主要是指在特定的市场环境下或时间范围内，套利合约价格的异常波动。处在这种市场情形之下的套利交易者如果不能及时采取应对措施，在交易所落实化解市场风险的措施过程中，被冲掉获利方向的持仓，留下亏损的单向头寸，导致整个套利交易重大损失的可能性也是真实存在的。

### （四）交易风险

交易风险一般是指投资者在套利头寸的建仓/平仓过程中发生的意外情况，尤其是在行情剧烈变化的情况下，价格起伏波动太快，一些原本空间不大的套利在开平仓时，随时都可能出现价格或者持仓数量的失误，导致整个套利操作的混乱，直接影响和改变该次套利投资的结果。

### （五）交易单位与汇率波动

投资者在进行跨市套利时，可能会遇到不同交易单位和报价体系问题，将会在一定程度上影响套利的效果。如果在不同国家的市场进行套利，还要承担汇率波动的风险。投资者在进行套利前应对可能出现的损失进行全面估量。

### （六）保证金和佣金成本

跨市套利需要投资者在两个市场缴纳保证金和佣金，保证金的占用成本和佣金费用要计入投资者的成本。只有两个市场间的套利价差高于上述成本，投资者才能进行跨市套利。由于跨市套利是在两个市场之间进行交易的，其交易成本一般要高于其他套利方式。

### （七）信用风险

由于国内禁止未经允许的境外期货交易，目前大多数企业只能采用各种变通形式，通过注册地在中国香港或新加坡的小规模代理机构进行外盘操作，这种途径存在一定的信用风险。如有些企业虽与一些国外的正规代理机构签订了外盘代理协议，但从法律角度看，这种协议的有效性仍存在疑问。外盘业务的正常开展及资金安全主要依赖国外代理机构的信誉。有些企业为了规避法律障碍，利用自己在境外拥有的海外关联企业的名义，与国外代理机构签订代理协议，然后进行外盘操作。因此，涉及与外盘有关的套利操作，必须注意规避非交易性风险。

### （八）时间敞口风险

由于内外盘交易时间存在一定差异，很难实现同时下单的操作，不可避免地会存在时间敞口问题，这加大了跨市套利的操作性风险。

### （九）政策性风险

政策性风险或称系统性风险，指国家对相关商品政策进行调整，比如进出口政策及税收政策等的变化，这些都可能导致跨市套利的条件发生重大改变，进而影响套利的最终效果。

## 自测题

### 一、不定项选择题

1. 玉米期货套利交易与通常的投机交易相比有（　　）特点。

A. 较低的风险　　B. 方便大资金进出

C. 长期稳定的获利率　　D. 更高的交易频率

2. 玉米期货套利的种类有（　　）。

A. 期现套利　　B. 跨期套利

C. 跨商品套利　　　　　　　　D. 跨市套利

3. 跨市套利是投资者对不同交易所的同种商品合约的同时买卖，因此，跨市套利可以（　　）。

A. 在某个交易所买入某一交割月份的某种商品合约的同时，在另一个交易所买入同一交割月份的同种商品合约

B. 在某个交易所买入某一交割月份的某种商品合约的同时，在另一个交易所卖出同一交割月份的同种商品合约

C. 在某个交易所卖出某一交割月份的某种商品合约的同时，在另一个交易所买入同一交割月份的同种商品合约

D. 在某个交易所卖出某一交割月份的某种商品合约的同时，在另一个交易所卖出同一交割月份的同种商品合约

4. 理论上玉米期货和现货之间会有一个合理的价差，而这个价差反映的是玉米现货的持仓成本，包括（　　）等成本。

A. 运输成本　　　　　　　　B. 质检成本

C. 仓储成本　　　　　　　　D. 税费

5. 跨期套利的方法有（　　）。

A. 成本法　　　　　　　　B. 图标分析法

C. 季节性分析法　　　　　　D. 供求分析法

6. 虽然我们花了很大的力气发现了一些套利机会，但有很多套利机会是必须放弃的，下列（　　）套利机会我们要放弃。

A. 两个套利的合约流动性都比较差

B. 跨年度的跨期套利

C. 期货交易账户中的资金是借贷资金，资金借入的期限和套利头寸的持有期限并不匹配

D. 产区小幅干旱所出现的价格扰动

## 二、判断题

1. 期货套利交易，指同时买进和卖出两张不同种类的期货合约，交易者买进自认为是“便宜的”合约，同时卖出那些“高价的”合约，从两合约价格间的变动关系中获利。（　　）

2. 跨品种套利是指利用两种不同的但相互关联的商品之间的期货合约价格差异进行套利。 (　　)

3. 玉米跨期套利是指利用玉米的不同交割月份合约间的价差进行的套利行为。 (　　)

4. 跨市套利没有交易风险，利润稳定，因而适合具有一定资金规模的机构投资者和追求稳健收益的投资者的一种期货投资方式。 (　　)

5. 套利行为有助于玉米期货市场流动性的提高。 (　　)

6. 跨市套利者进行套利时，只需要关心价差即可，不需要关注各个交易所对交割品质级别的规定。 (　　)

7. 投资者在进行跨市套利时，可能会遇到不同交易单位和报价体系问题，将在一定程度上影响套利的效果。 (　　)

8. 由于跨品种套利需要同时操作不同的商品品种，有的投资者无法持有商品合约进入交割月，所以对于大多数投资者而言，跨品种套利不可能是无风险套利，只能是投机性套利。 (　　)

9. 玉米的跨品种套利包括玉米与小麦、玉米与大豆、玉米与豆粕之间，玉米与淀粉，玉米、豆粕与鸡蛋，玉米、豆粕与生猪之间的套利。 (　　)

10. 因为跨品种套利是利用两种不同的但相互关联的商品之间的期货合约价格差异进行套利，所以，不需要关注两个品种基本面的变化情况。

(　　)

## 三、计算题

1. 2019 年 9 月 28 日，小麦 2005 合约价格为 2120 元/吨，玉米 2005 合约价格为 1715 元/吨，价差为 405 元/吨；到 2019 年 10 月 29 日，小麦 2005 合约价格涨至 2158 元/吨，玉米 2005 合约价格涨至 1729 元/吨，价差扩大，请问此时该做何种套利，套利盈利如何？

2. 2019 年 8 月 31 日，豆粕 2005 合约价格为 2960 元/吨，玉米 2005 合约价格为 1780 元/吨，价差为 1180 元/吨；到 2019 年 9 月 27 日，豆粕 2005 合约价格跌至 2700 元/吨，玉米 2005 合约价格跌至 1720 元/吨，价差缩小，请问此时该做何种套利，套利盈利如何？

## 参考答案

### 一、不定项选择题

1. ABC　2. ABCD　3. BC　4. ABCD　5. ABCD　6. ABCD

### 二、判断题

1. √　2. √　3. √　4. ×　5. √　6. ×　7. √　8. √
9. √　10. ×

### 三、计算题

1. 应该用跨品种套利操作。2019 年 9 月 28 日买入小麦 2005 合约 1 手的同时卖出玉米 2005 合约 1 手，10 月 29 日卖出小麦 2005 合约的同时买入玉米 2005 合约，实现跨品种套利。

具体操作过程如下：

| 时间及结果 | 小麦 2005 合约 | 玉米 2005 合约 | 价差（元/吨） |
| --- | --- | --- | --- |
| 9 月 28 日 | 买入开仓 1 手，价格 2120 元/吨 | 卖出开仓 1 手，价格 1715 元/吨 | 405 |
| 10 月 28 日 | 卖出平仓 1 手，价格 2158 元/吨 | 买入平仓 1 手，价格 1729 元/吨 | 429 |
| 盈亏情况 | （2158 －2120） ×10 =380 元 | （1715 －1729） ×10 = －140 元 | |

套利结果：

如预期一样，经过两个多月的时间，两个品种的价差扩大至 429 元/吨，1 手套利组合盈利 240 元。

2. 应该用跨品种套利操作，具体操作过程如下：

| 时间及结果 | 豆粕 2005 合约 | 玉米 2005 合约 | 比价 |
|---|---|---|---|
| 8 月 31 日 | 卖出开仓 1 手，价格 2960 元/吨 | 买入开仓 1 手，价格 1780 元/吨 | 1.663 点 |
| 9 月 27 日 | 买入平仓 1 手，价格 2700 元/吨 | 卖出平仓 1 手，价格 1720 元/吨 | 1.569 点 |
| 盈亏情况 | （2960 - 2700） ×10 = 2600 元 | （1720 - 1780） ×10 = -600 元 | |

套利结果：如预期一样，经过两个多月的时间，两个品种的比价缩减至 1.57 点，1 手套利组合盈利 2000 元。

# 第十四章

# 玉米期权的套利策略

**本章要点**

玉米期权市场除了相关企业参与套保外，还有投机者和套利者参与。本章主要是在期权基本交易策略基础上，来给大家介绍期权相关的套利策略。期权交易本身就较为复杂，所以本章主要以理论与案例相结合的形式来给大家展开。希望通过对相应案例的解读，能够给投资者以有益的启示，以帮助投资者直观地认识和运用玉米期权套利策略。

## 一、玉米期权套利的原理是什么?

玉米期权套利，是指通过适当的期权组合实现无风险的利润。从某种程度上来讲，期权套利的目标是在期权市场上享受“免费的午餐”。一般来说，在构造期权套利时，应当遵循两条基本原则：一是买低卖高原则，即买进价值被低估的期权，卖出价值被高估的期权；二是风险对冲原则，即利用合成期权对冲买入或卖出实际期权的风险头寸。期权套利主要分为两大类：一类是针对期权价格出现不合理失真进行的纯价格性套利；另一类是以波动率或涨跌幅不同步为基础进行波动率套利。

## 二、玉米期权套利类型有哪些？

期权套利一般分为三类：垂直套利、水平套利和对角套利。垂直套利是指期权之间行权价不同但合约到期日相同的任何期权套利策略；水平套利是指买进和卖出行权价相同但到期月份不同的看涨期权或看跌期权合约的套利方式；对角套利是指利用相同标的资产、不同行权价格、不同到期日的看涨期权或看跌期权的价格差异赚取无风险利润的行为。

## 三、什么是垂直套利策略？

垂直套利的交易方式为买进一个期权的同时卖出一个相同品种、相同到期日，但是执行价格不同的期权，这两个期权应同属看涨或看跌。垂直套利的特点在于将风险和收益度均限制在一定的范围内。垂直套利是按不同的行权价同时买进和卖出同一到期月份的看涨期权或看跌期权，共有以下四种形式。

### （一）牛市看涨期权垂直套利

牛市看涨期权套利是垂直套利方式的一种形式。交易方式是买进一个执行价格较低的看涨期权，同时卖出一个到期日相同但执行价格较高的看涨期权，以利用两种期权之间的价差波动寻求获利（见图 14 - 1、表 14 - 1）。

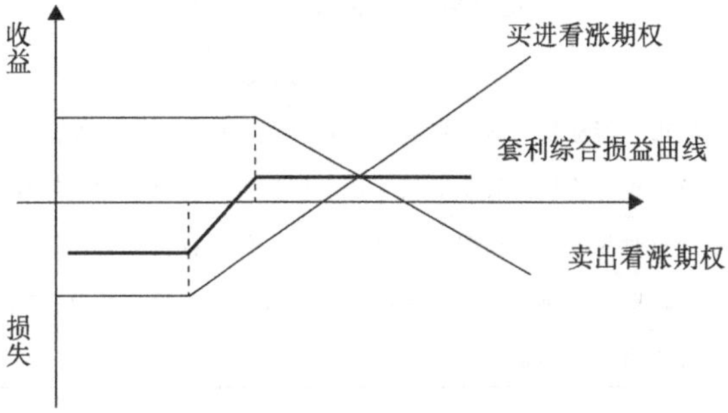


**图 14－1　牛市看涨期权垂直套利损益**

**表 14－1　牛市看涨期权套利综合分析**

| 项目 | 牛市看涨期权垂直套利 |
|---|---|
| 使用场合 | 看多后市，但认为不会大幅上涨。特点在于权利金成本低，风险收益均有限 |
| 操作方式 | 买入较低执行价格的看涨期权＋卖出较高执行价格的看涨期权 |
| 最大获利 | 卖出看涨期权的执行价格与买进看涨期权的执行价格之差再减去最大风险值即权利金净支出 |
| 最大损失 | 买进期权时付出的期权费和卖出期权时收取的期权费之差 |
| 损益平衡点 | 低执行价格＋权利金净支出 |

## （二）牛市看跌期权垂直套利

牛市看跌期权套利的交易方式是指在买进一个执行价格较低的看跌期权的同时，卖出一个到期日相同但是执行价格较高的看跌期权（见图 14－2、表 14－2）。

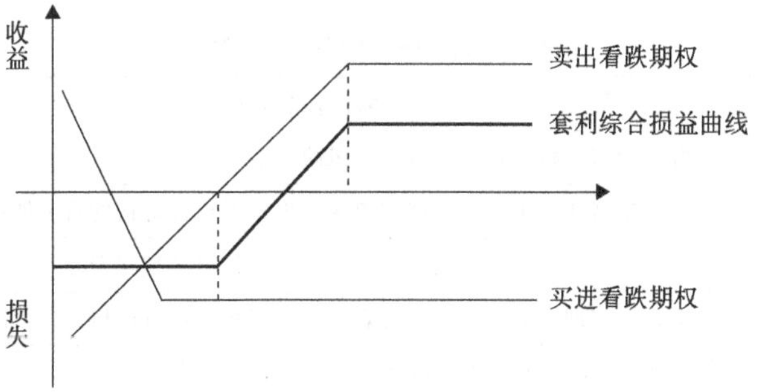


**图 14－2　牛市看跌期权垂直套利损益**

表 14－2　　牛市看跌期权套利综合分析

| 项目 | 牛市看跌期权垂直套利 |
| --- | --- |
| 使用场合 | 看多后市，但涨幅有限。特点是风险有限，风险收益也有限 |
| 操作方式 | 买入较低执行价格的看跌期权＋卖出较高执行价格的看跌期权 |
| 最大获利 | 卖出期权时收取的期权费与买进期权付出的期权费之差 |
| 最大损失 | 卖出看跌期权的执行价格与买进看跌期权的执行价格之差再减去最大收益值 |
| 损益平衡点 | 高执行价格－权利金净收入 |

## （三）熊市看涨期权垂直套利

熊市看涨期权套利是指出售一个看涨期权的同时，买入第二个看涨期权。第二个看涨期权的标的物和到期日同第一个期权相同。但是执行价格要比第一个期权高（见图 14－3、表 14－3）。

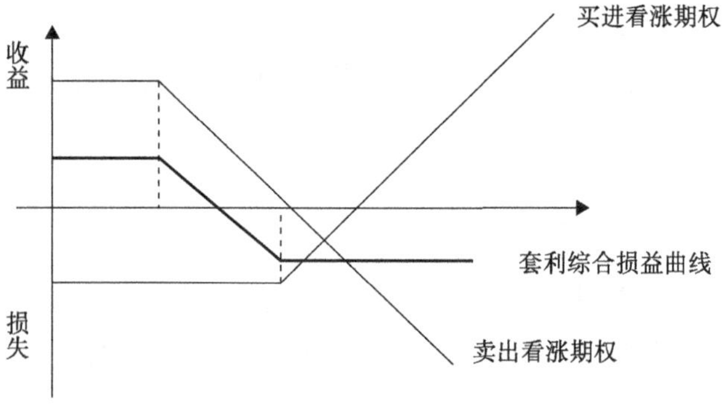


图 14－3　熊市看涨期权垂直套利损益

表 14－3　　熊市看涨期权套利综合分析

| 项目 | 熊市看涨期权垂直套利 |
| --- | --- |
| 使用场合 | 看空后市。特点是风险有限，风险收益也有限 |
| 操作方式 | 买入较高执行价格的看涨期权＋卖出较低执行价格的看涨期权 |
| 最大获利 | 卖出期权时收取的期权费与买进期权时付出的期权费之差 |
| 最大损失 | 买进看涨期权的执行价格与卖出看涨期权的执行价格之差再减去最大收益 |
| 损益平衡点 | 低执行价格＋权利金净收入 |

### （四）熊市看跌期权垂直套利

熊市看跌期权套利的交易方式是买进一个执行价格较高的看跌期权，同时卖出一个到期日相同但是执行价格较低的看跌期权（见图 14－4、表 14－4）。

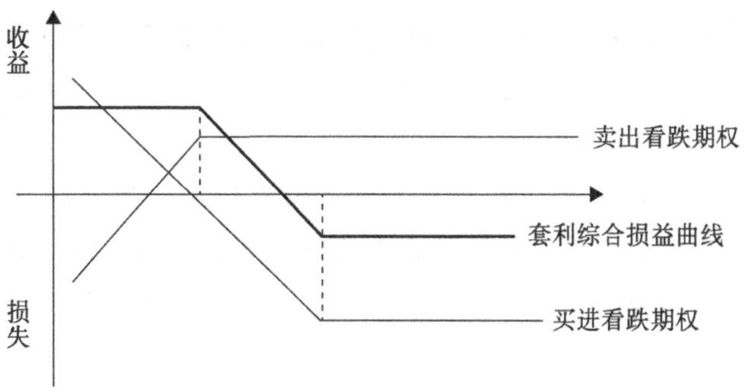


**图 14－4　熊市看跌期权垂直套利损益**

**表 14－4　熊市看跌期权套利综合分析**

| 项目 | 熊市看跌期权垂直套利 |
|---|---|
| 使用场合 | 看空后市，但认为期货价格不会大幅下跌。特点在于权利金成本低，风险收益均有限 |
| 操作方式 | 买入较高执行价格的看跌期权＋卖出较低执行价格的看跌期权 |
| 最大获利 | 买进看跌期权的执行价格与卖出看跌期权的执行价格之差再减去最大风险值即权利金净支出 |
| 最大损失 | 买进期权时付出的期权费与卖出期权时收取的期权费之差 |
| 损益平衡点 | 较高执行价格－净权利金支出 |

**案例 14－1**

假如某投资者预测玉米价格未来将上涨，但又担心判断有误，想在风险有限的前提下获得比较稳妥的有限收益，于是他打算进行牛市看涨期权套利交易。考虑到9月期权合约到期时间较短，而11月期权合约交易又十分清淡，该投资者选取来年1月合约进行牛市套利。

具体操作为：买进执行价格1750元/吨的来年1月玉米看涨期权一份，支付权利金90元/吨，同时卖出执行价格1800元/吨的来年1月玉米看涨期权一份，收取权利金45元/吨（手续费略）。

情形1：假如在12月份期权到期时，玉米价格并未预期上涨，而是出现下跌，期货价格跌破1750元/吨执行价格，则该投资者买进的看涨期权亏损，不会行权，但卖出的那份看涨期权，买方更不会行权，该投资者的最大亏损为45－90＝－45元/吨。

情形2：假如在12月份期权到期时，玉米价格如期上涨，期货价格高于1800元/吨的执行价格，则该投资者买进的看涨期权盈利，但以1800元/吨卖出的那个期权合约很有可能被买方要求行权，将出现亏损。所获最大收益为（1800－1750）－（90－45）＝5元/吨。原因是卖出的那个期权把本该由买进期权获得的未来收益给截断了。

情形3：假如在12月份期权到期时，玉米价格一直小幅徘徊于1750～1800元/吨，则该投资者的这个套利组合是赚是赔就需要计算套利的损益平衡点，即1750＋（90－45）＝1795元/吨。当期货价格超过这个价位，则套利组合盈利；低于这个价位，则该套利亏损。显然，在1月期货合约收于1795元/吨时，该投资者正好不赚不赔。

从以上分析可以发现，建立牛市看涨期权垂直套利组合的目的主要有两个考虑：一是由于权利金成本高昂，买入一份期权的同时，也卖出一份期权，收回部分权利金，以降低投资成本；二是对于商品期货，价格虽然看涨，但也心有疑虑，存在看涨意愿不是特别强烈的情况，因而可卖出等量期权降低损益平衡点，增大获利的可能性。

此外，若卖出的期权执行价格距离买入的期权执行价格越远，那么卖出期权获得的权利金对于降低投资成本的作用就越小，对盈利平衡点的改善作用也越小，但最大收益空间显然增加了。若进行牛市套利时，商品期货价格越接近低执行价格，牛市套利的吸引力就越大。

## 四、什么是水平套利策略？

水平套利又称为日期套利、横向套利、跨月份套利或时间套利，是指买进和卖出敲定价格相同但到期月份不同的看涨期权或看跌期权合约的套利方式。水平套利的交易方式是买进一份期权，同时卖出一份执行价格相同、同属看涨或者看跌类别，但到期日不同的期权。由于远期期权与近期期权有不同时间价值的衰减速度。在一般情况下，近期期权的时间价值要比远期期权的价值衰减得更快。因此，水平套利的一般做法是买进远期期权，卖出近期期权。水平套利分为看涨期权水平套利和看跌期权水平套利两种，预计长期价格将稳中趋涨时，运用前者；而预计长期价格将稳中趋疲时，运用后者（见表 14－5）。

**表 14－5　　水平套利期权套利综合分析**

| 项目 | 水平套利 |
| --- | --- |
| 使用场合 | 长期价格看涨趋势时运用看涨期权进行水平套利交易，在长期价格又稳中趋跌时运用看跌期权进行水平套利交易 |
| 操作方式 | 买进一份远期期权的同时，卖出一份近期执行价格相同，同属看涨或者看跌类别，但到期日不同的期权 |
| 最大获利 | 收取的权利金－支出的权利金 |
| 最大损失 | 买入期权的盈利－卖出期权的亏损－权利金净支出 |

**案例 14－2**

某投资者预测玉米价格未来将小幅上涨，但波动幅度不会太大，他想通过水平套利获得期权因时减值的价差收益。该投资者选取执行价格同为1750元/吨的9月和来年1月两个期权合约进行水平套利。具体操作为：买入执行价格为1750元/吨的来年1月玉米看涨期权1手，支付权利金45元/

吨，同时卖出执行价格为3500元/吨的9月玉米看涨期权1手，获得权利金收入25元/吨（手续费略）。

情形1：假如在8月中旬期权到期时玉米期货价格上涨，超过1750元/吨的执行价。因为9月期权的时间价值已经没有了，而内涵价值也被固定为：期价－1750元/吨。1月期权的内涵价值是：期价－1750元吨，两者对冲抵消了。因此，套利者所能获得的最大收益要看1月期权合约当时的剩余时间价值。反映在交易价格上，肯定是1月看涨期权价格大于9月看涨期权价格。该投资者将获得稳定的套利收益。

情形2：假如在8月中旬期权到期时玉米期货价格下跌，低于1750元/吨的执行价，则此时该套利投资者所买、卖的两个看涨期权都不会行权。因为9月期权的时间价值和内涵价值都已经没有了，价格为0，而最大亏损程度是1月期权，价格也跌到了0，则该套利者面临的最大风险是25－45＝－20元/吨的权利金损失。但实际上，此时1月期权合约并没有到期，即便内涵价值没有了，但多少还有一点时间价值，因此通常亏损会小于20元/吨。

分析以上案例可以发现，水平套利的盈利点主要在于期权的因时减值因素。随着时间的消逝，因时减值的作用在近期到期的期权上会比到期日较远的期权的作用大得多，即近期期权价值的衰减速度要远胜于到期日较远的期权，此时便存在远近期权的价值基差变化的套利机会。水平套利的优点在于初始投资相对便宜。由于水平套利的最大风险就是初始构建时所支付的净权利金成本，相应锁定了风险。这个净权利金成本费用是有限的，但水平套利的收益在理论上是很大的。

## 五、什么是跨式期权套利策略？

跨式套利是指一种基于行情波动性判断的常用组合策略。在一段时间内，投资者如果认为行情会有爆发性的运动，虽然并不确定行情的方向性，但是可以考虑同时买入买权与卖权，如此，投资者都将有利可图；反之，如预期短期内股市将处于盘整的小幅振荡行情，基于这种低波动率的预期，投资者可以考虑同时卖出买权与卖权，从而获取权利金收入。

### （一）买入跨式期权套利

投资者同时买入相同执行价格的买权与卖权，适用于对后市方向判断不明确，但认为会有显著波动的情况。如一份可以左右市场的宏观经济统计报告即将公布，或者标的资产正面临强支撑位或阻力位，并预计将在这一价格水平有强烈反弹或向下反转（见图 14－5、表 14－6）。

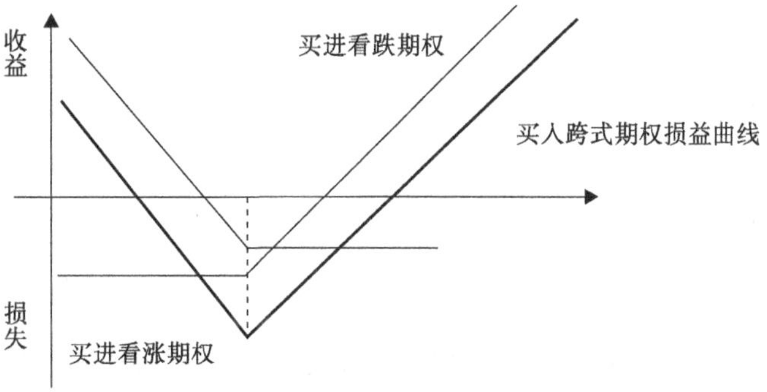


**图 14－5　买入跨式期权套利损益**

**表 14－6　买入跨式期权套利综合分析**

| 项目 | 买入跨式期权套利 |
| --- | --- |
| 使用场合 | 后市方向不明确，但认为会有显著的价格变动，波动性会增大。波动性越大，对期权部位越有利。只要价格波动超过高平衡点或低于低平衡点，就会有盈利 |
| 操作方式 | 以相同的执行价格同时买入看涨期权和看跌期权（月份、标的物也相同） |
| 潜在获利 | 价格上涨，收益增加，收益＝期货价格－执行价格－权利金<br>价格下跌，收益也增加，收益＝执行价格－期货价格－权利金 |
| 最大损失 | 所支付的全部权利金 |
| 损益平衡点 | 高平衡点（P2）＝执行价格＋总权利金<br>低平衡点（P1）＝执行价格－总权利金 |

**案例 14 – 3**

假设某玉米期货合约的当前价格是1800元/吨，一个月后到期、行权价格为1850元/吨的看涨期权（标的资产为该玉米期货合约）的价格是80元/吨，相应的看跌期权的价格是130元/吨。投资者如果同时买入上述看涨期权和看跌期权各1手，支付权利金210元/吨，则在到期日该策略组合的损益曲线如图14 – 6所示。

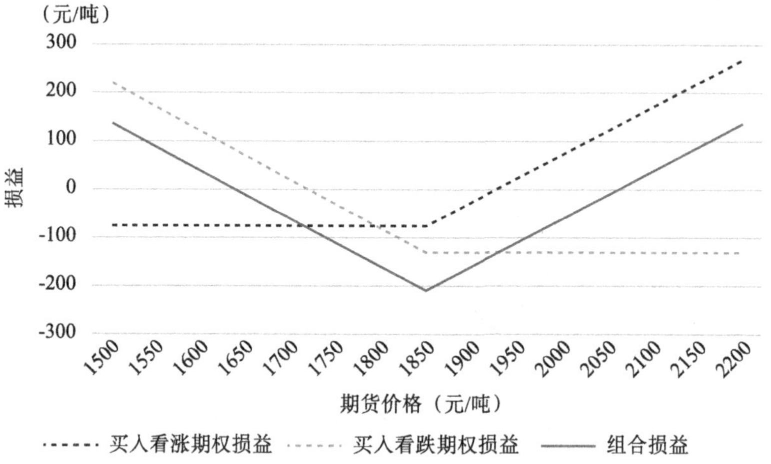


**图14 – 6　买入跨式期权套利损益**

当该玉米期货合约价格在一个月后高于1930元/吨，只有看涨期权可以行权，看跌期权损失权利金，且只有当玉米期货合约价格高于2060元/吨时，看涨期权的收益才能完全覆盖两个期权的权利金；当玉米期货合约价格在一个月后低于1720元/吨，只有看跌期权可以行权，看涨期权损失权利金，且只有当玉米期货合约价格低于1640元/吨时，看跌期权的收益才能完全覆盖两个期权的权利金。

总结买入跨式套利的特点发现，标的期货价格波动性越大，向P1与P2两端延伸得越远，对跨式套利越有利。因为涨得越猛，套利组合中买入的看涨期权就越能发挥效益，买入的看跌期权即作废；跌得越凶，套利组合中的买入看跌期权就越能发挥效益，而此时买入的看涨期权作废。

### （二）卖出跨式期权套利

卖出跨式套利是指投资者通过同时卖出执行价相同的买权与卖权，获得初始的两笔权利金收入，并从期货的窄幅波动中稳固期初盈利。卖出跨式套利是一种卖出市场波动的行为，在市场波动率平稳时有利可图（见图 14－7、表 14－7）。

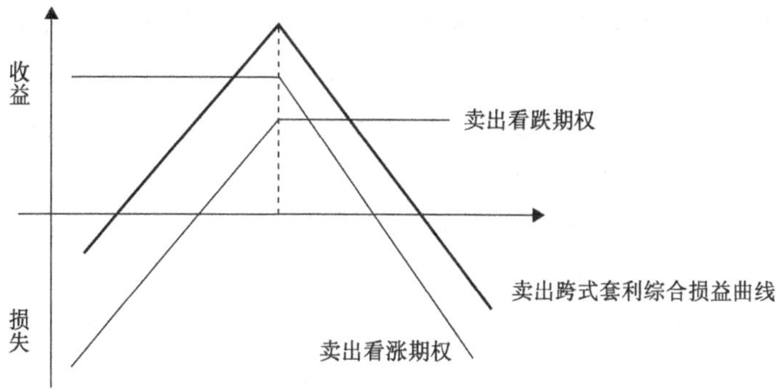


**图 14－7　卖出跨式期权套利损益**

**表 14－7　卖出跨式期权套利综合分析**

| 项目 | 卖出跨式期权套利 |
|---|---|
| 使用场合 | 后市方向不明确，但认为市场处于平静期，价格会维持牛皮盘整 |
| 操作方式 | 以相同的执行价格同时卖出看涨期权和看跌期权（月份、标的物也相同） |
| 潜在风险 | 价格上涨，风险增加，风险＝执行价格－期货价格＋权利金<br>价格下跌，风险增加，风险＝期货价格－执行价格＋权利金 |
| 最大收益 | 所收取的全部权利金 |
| 损益平衡点 | 高平衡点（P2）＝执行价格＋总权利金<br>低平衡点（P1）＝执行价格－总权利金 |

**案例 14－4**

9 月 28 日，大商所玉米期权行情如表 14－8 所示。

某投资者无法准确预测在 10 月至来年 3 月期间玉米期价的涨跌方向，但他预计在这期间，尤其是在 11 月至来年 1 月，玉米市场趋势性推动因子

表 14－8　　大商所玉米期权行情

| 看涨期权价格（元/吨） | | | | 行权价格（元/吨） | 看跌期权价格（元/吨） | | | |
|---|---|---|---|---|---|---|---|---|
| 1月 | 3月 | 5月 | 7月 | | 1月 | 3月 | 5月 | 7月 |
| 55.0 | 75.5 | 90.0 | 110.5 | 2700 | 36.0 | 48.5 | 66.5 | 86.0 |
| 35.5 | 40.0 | 62.5 | 86.5 | 2760 | 45.5 | 62.0 | 80.5 | 101.0 |
| 20.5 | 31.5 | 45.0 | 58.0 | 2820 | 56.0 | 73.0 | 98.0 | 121.5 |

不足，期价将会受到宏观市场、外围环境、供需面的影响，呈现区间窄幅波动。于是，他想通过卖出跨式套利赚取期权价格波动幅度值。该投资者选取执行价格为 2700 元/吨的看涨期权和看跌期权合约进行卖出跨式套利。具体操作为：卖出执行价格为 2700 元/吨的 5 月看涨期权 1 手，收取权利金 90.0 元/吨；同时卖出相同执行价格、相同月份的看跌期权 1 手，再收取权利金 66.5 元/吨（这里不考虑手续费）。

该投资者想知道，在什么情况下可以获利，在什么情况下会有亏损？

我们可以计算出：最大盈利为所收取的全部权利金 = 90.0 + 66.5 = 156.5 元/吨；上行损益平衡点（P1） = 执行价格 + 总权利金 = 2700 + 156.5 = 2856.5 元/吨；下行损益平衡点（P2） = 执行价格 − 总权利金 = 2700 − 156.5 = 2543.5 元/吨。

当 5 月玉米期货合约价格处于 2543.5 ~ 2856.5 元/吨时，该投资者将会获得权利金收益。尤其是当 5 月玉米期货价格处于 2700 元/吨时，可能出现最大盈利 156.5 元/吨，也就是，该投资者所收取的全部权利金。

当价格上涨时收益开始下降，直至价格超过 2856.5 元/吨后开始有净亏损。至于亏损幅度主要取决于 5 月玉米期货合约价格能涨多高，期价涨得越高，投资者亏损就越大。上行亏损 = 期货标的价格 − 执行价格 − 总权利金 = 5 月玉米期货价格 − 2856.5 元/吨。理论上，上行潜在亏损是无限大的。

当价格下跌时收益同样开始下降，直至价格跌破 2543.5 元/吨后开始有净亏损。至于亏损幅度，主要取决于 5 月玉米期货合约价格能跌多少。期价跌得越低，投资者亏损就越大。下行潜在收益 = 执行价 − 期货标的价格 − 总权利金 = 2543.5 − 5 月玉米期货价格。理论上，当期货价格跌至 0 时，下行最大亏损为 2543.5 元/吨。

总结卖出跨式套利的特点发现，标的期货价格波动性越小，离执行价格越近，对跨式套利越有利。因为涨得越多，套利组合中卖出的看涨期权的亏损就越大；跌得越多，套利组合中的卖出看跌期权亏损就越大。

## 六、什么是宽跨式期权套利策略？

宽跨式套利也叫异价对敲或勒束式期权组合，它是对跨式套利的扩展，是指投资者同时买进或卖出相同标的物、相同到期日，但不同执行价格的看涨期权和看跌期权。根据投资者买卖方向的不同，宽跨式套利可分为买入宽跨式套利与卖出宽跨式套利。

### （一）买入宽跨式套利

买入宽跨式套利的构造方式为：以较低的执行价格买入一份看跌期权的同时以较高的执行价格买入一份看涨期权。投资者预测后市标的物的价格将会有较大变动，但是无法确定其变动方向时，可以使用这个策略，这个策略同样是认为后市的价格波动率将上升。这种策略的成本一般比跨式套利低，因为两个执行价格一般都处于比较深的虚值状态，所以构建此策略的成本较低（见图14－8、表14－9）。

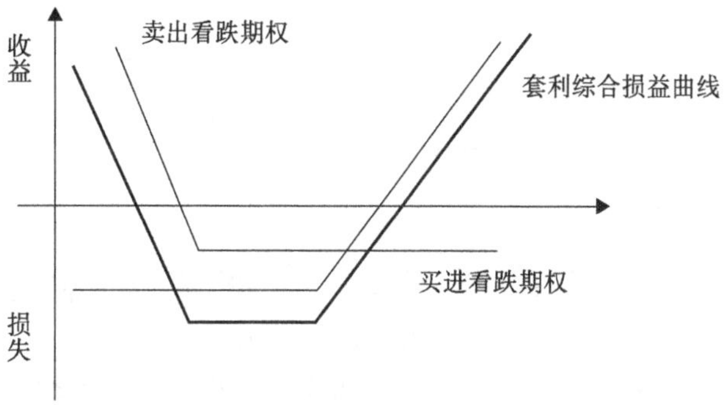


**图14－8　买入宽跨式期权套利损益**

表 14－9　　买入宽跨式套利综合分析

| 项目 | 买入宽跨式套利 |
|---|---|
| 使用场合 | 预测标的物价格将有大的变动，但无法确定其方向；市场波动率上升。宽跨式套利的成本比跨式套利低，这是因为两个执行价格都处于较深的虚值状态，因此成本较低 |
| 操作方式 | 以较低的执行价格买入看跌期权，并以较高的执行价格买入看涨期权 |
| 潜在收益 | 期货价格高于高平衡点，收益＝期货价格－高执行价格－权利金<br>期货价格低于低平衡点，收益＝低执行价格－期货价格－权利金 |
| 最大风险 | 支付的全部权利金 |

**案例 14－5**

假设投资者预计未来一个月某玉米期货合约的价格会有较大波动，玉米期货合约的当前价格是 1800 元/吨，一个月后到期、行权价格为 1850 元/吨的看涨期权（标的资产为该玉米期货合约）的价格是 80 元/吨，相同标的的资产、一个月后到期、行权价格为 1750 元/吨的看跌期权的价格是 90 元/吨。投资者如果同时买入上述看涨期权和看跌期权各 1 手，支付权利金 170 元/吨。在到期日该策略损益如图 14－9 所示。

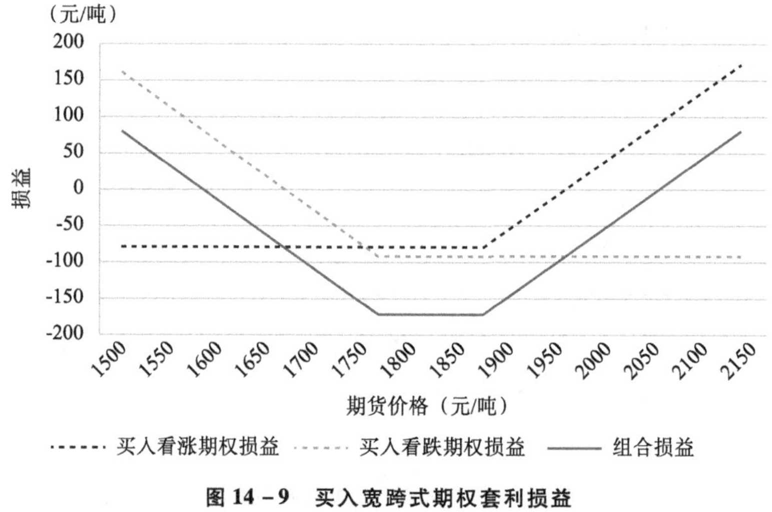


**图 14－9　买入宽跨式期权套利损益**

### （二）卖出宽跨式套利

卖出宽跨式套利的构造方式为卖出一个较高执行价格的看涨期权，同时卖出一个较低价格的看跌期权。投资者预测后市价格将不会有较大变动或者市况日趋盘整，由于卖出两份期权，投资者认为后市的价格波动率将下跌，随着时间的流逝，对投资者有利。卖出宽跨式套利获得权利金比卖出跨式套利获得权利金少，因为这两种执行价格的期权一般都处于较深的虚值中，但是能够获利的价格范围比卖出跨市套利的要宽（见图 14－10、表 14－10）。

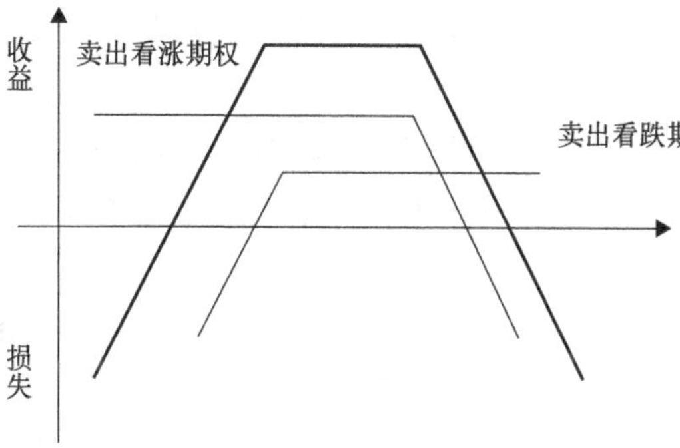


**图 14－10　卖出宽跨式期权套利损益**

**表 14－10　卖出宽跨式套利综合分析**

| 项目 | 卖出宽跨式套利 |
|---|---|
| 使用场合 | （1）预测标的物价格将有变动，但无法确定其方向。空头宽跨式套利的成本比跨式套利低，这是因为两个执行价格都处于较深的虚值状态<br>（2）市况日趋盘整，价位波幅收窄，图表上形成楔形三角形或矩形形态走势<br>（3）市场波动率下跌<br>（4）到达损益平衡点较慢，因此更适合长线的买卖策略 |
| 操作方式 | 以较高执行价格卖出看涨期权，并以较低执行价格卖出看跌期权 |
| 潜在风险 | 期货价格高于高平衡点，风险 = 高执行价格 - 期货价格 + 权利金<br>期货价格低于低平衡点，风险 = 期货价格 - 低执行价格 + 权利金 |
| 最大收益 | 所收取的全部权利金 |
| 损益平衡点 | 高平衡点 = 高执行价格 + 权利金<br>低平衡点 = 低执行价格 - 权利金 |

**案例 14 -6**

接案例 14 -4，投资者还可以卖出宽跨式套利，这样既能赚取期权价格波动幅度值，又能降低套利成本。该投资者选取执行价格为 2700 元/吨和 2820 元/吨的两个不同执行价格的看跌期权和看涨期权合约进行卖出宽跨式套利。具体操作为：卖出低执行价格 2700 元/吨的 5 月看跌期权 1 手，收取权利金 86 元/吨，同时卖出高执行价格 2820 元/吨、相同 5 月的看涨期权 1 手，再收取权利金 58 元/吨（手续费略）。

该投资者想知道，在什么情况下可以获利，在什么情况下会有亏损？

我们可以计算出：

最大收益 = 所支付的全部权利金 = 86 + 58 = 144 元/吨

上行损益平衡点（P1）= 高执行价格 + 总权利金 = 2820 + 144 = 2964 元/吨

下行损益平衡点（P2）= 低执行价格 - 总权利金 = 2700 - 144 = 2556 元/吨

当 5 月玉米期货合约价格处于 2556 ~ 2964 元/吨区间时，该投资者将会获得权利金收益。尤其是当 5 月玉米期货价格处于 2700 ~ 2820 元/吨区间时，将出现最大盈利 144 元/吨，也就是该投资者所收取的全部权利金。与跨式套利相比，宽跨式套利的最大盈利值价位范围要比跨式套利宽泛得多，套利所承担的风险也相应小一些。

当价格上涨到足够大幅度时，5 月玉米期货价格向上突破 2964 元/吨的上行损益平衡点后，该投资者会面临亏损。后期的亏损幅度主要取决于 5 月玉米期货合约价格能涨多高。期价涨得越高，投资者亏损就越大。此时的亏损为：期货标的价格 - 高执行价格 - 总权利金 = 5 月玉米期货价格 - 2964 元/吨。此时的亏损在理论上是无限大的。

当价格下跌到足够大幅度时，也就是当 5 月玉米期货价格向下跌破 2556 元/吨的下行损益平衡点后，该投资者会面临亏损。后期的亏损幅度主要取决于 5 月玉米期货合约价格能跌多少。期价跌得越低，投资者亏损就越大。此时的亏损为：低执行价格 - 期货标的价格 - 总权利金 = 2556 -

5 月玉米期货价格。理论上，当期货价格跌至 0 时，下行最大亏损为 2556 元/吨。

## 七、什么是蝶式期权套利策略?

蝶式套利是一种期权策略，是跨时期套利的一种常用形式。蝶式套利是由 3 份合约合成的一种交易形式，这 3 份合约分别为近月合约，居中合约和远月合约。在头寸的分布上，交易者买入（或者卖出）1 份近月合约，同时卖出（或者买入）2 份居中合约，并且买入（或者卖出）1 份远月合约。蝶式套利利用了同一品种的不同交割月份的合约之间存在的不同价差，这种价差是期权本身的期限等原因造成的，当这些价差的变动向着有利于交易者的方向发展时，交易者便可平仓了结，获得收益。

### （一）买入蝶式期权套利

买入蝶式套利的操作特点是卖出居中执行价格的看涨（看跌）期权的同时买入两边低执行价格和高执行价格的看涨（看跌）期权（见图 14－11、表 14－11）。

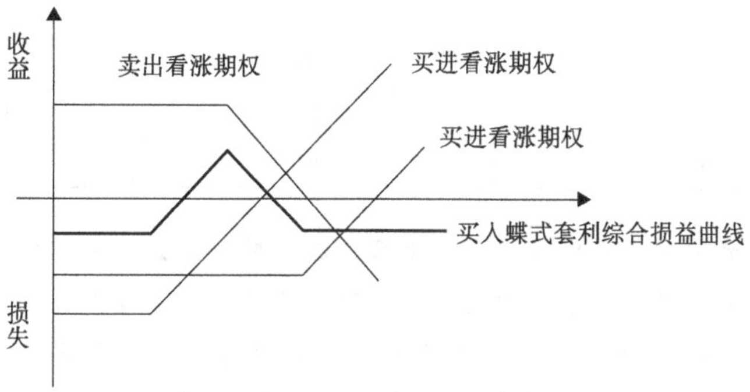


图 14－11　买入蝶式期权套利损益

表 14-11　　买入蝶式期权套利综合分析

| 项目 | 买入蝶式套利 |
| --- | --- |
| 使用场合 | 对认为标的物价格不可能发生较大波动的投资者来说，这是一个非常适当的策略。使用该策略可以保证当期货价格在一定幅度内波动时，能够获得一定的收益，并且，在价格超过既定波动幅度时，面临的亏损也是有限的 |
| 操作方式 | 方式一：买进一个低执行价格（A）的看涨期权，卖出两个居中执行价格（B）的看涨期权，再买进一个高执行价格（C）的看涨期权<br>方式二：买进一个低执行价格（A）的看跌期权，卖出两个居中执行价格（B）的看跌期权，再买进一个高执行价格（C）的看跌期权 |
| 最大收益 | 居中执行价格－低执行价格－净权利金 |
| 最大风险 | 净权利金 |
| 损益平衡点 | 高平衡点＝居中执行价格＋最大收益<br>低平衡点＝居中执行价格－最大收益 |

**案例 14-7**

大商所玉米期货合约 C2109 盘中价格为 2766 元/吨。同期，各期权合约行情如表 14-12 所示。

表 14-12　　玉米期权行情　　（单位：元/吨）

| 看涨 | 行权价 | 看跌 |
| --- | --- | --- |
| 160 | 2660 | 37 |
| 137 | 2720 | 58 |
| 102 | 2760 | 78 |
| 75 | 2820 | 108 |
| 62 | 2860 | 134 |

某投资者预测玉米价格将小幅上涨，波动幅度不会太大，又担心自己的预测出现较大失误，不想承担过大的风险。于是，他通过买入蝶式套利赚取期权时间价值及波动幅度值。该投资者选取执行价格为 2660 元/吨、2760 元/吨、2860 元/吨的三个看涨期权合约进行买入蝶式套利。具体操作为：买入执行价格为 2660 元/吨的看涨期权 1 份，支付权利金 160 元/吨；同时

卖出执行价格为 2760 元/吨的看涨期权 2 份，获得权利金收入 204 元/吨；再买入执行价格为 2860 元/吨的看涨期权 1 份，支付权利金 62 元/吨（此处不考虑手续费）。

该投资者想知道，在什么情况下可以获利，在什么情况下会有亏损？

根据表 14－12 中的数据，可以计算出：

最大潜在风险＝权利金净支付＝160＋62－204＝18 元/吨

最大潜在收益＝执行价格间距－权利金净支付＝100－18＝82 元/吨

上行损益平衡点（Pl）＝高执行价格－权利金净支付＝2860－18＝2842 元/吨

下行损益平衡点（P2）＝低执行价格＋权利金净支付＝2660＋58＝2718 元/吨

当玉米期货合约价格处于 2718～2842 元/吨时，该投资者就能获利。尤其是当期货价格处于 2760 元/吨时，该投资者将获得 82 元/吨的最大收益。如果期货价格上涨或下跌幅度较大，价格超过 2842 元/吨或跌破 2718 元/吨后，则该投资会出现亏损，不过最大亏损也不会超过 18 元/吨。

### （二）卖出蝶式期权套利

卖出蝶式套利的操作特点是买入居中执行价格看涨（看跌）期权的同时卖出两边低执行价格和高执行价格的看涨（看跌）期权（见图 14－12、表 14－13）。

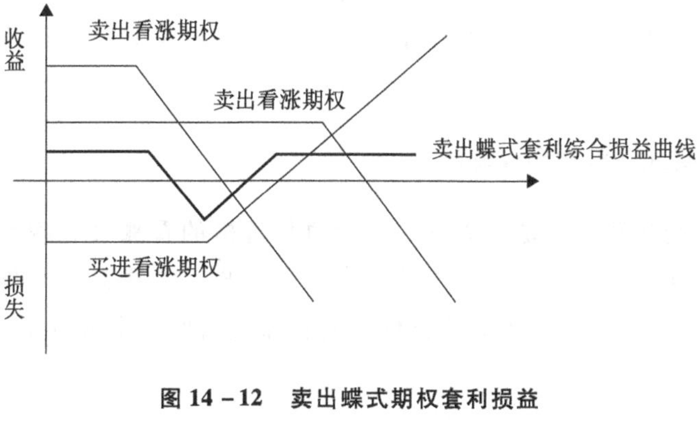


**图 14－12　卖出蝶式期权套利损益**

表 14－13　　卖出蝶式套利期权综合分析

| 项目 | 卖出蝶式套利 |
|---|---|
| 使用场合 | 适合标的物价格可能发生较大波动的情况。投资者认为市价出现向上或者向下突破，但是又不愿意支付买入跨式期权那么多的权利金。这种策略可以在价格出现大幅度变化时获取收益，并且即使预测错误，所承担的损失也是有限的 |
| 操作方式 | 方式 1：卖出一个低执行价格的看涨期权（A），买入两个居中执行价格的看涨期权（B），再卖出一个高执行价格的看涨期权（C）<br>方式 2：卖出一个低执行价格的看跌期权（A），买入两个居中执行价格的看跌期权（B），再卖出一个高执行价格的看跌期权（C） |
| 最大风险 | 居中执行价格－低执行价格－净权利金 |
| 最大收益 | 净权利金 |
| 损益平衡点 | 高平衡点＝居中执行价格＋最大风险值<br>低平衡点＝居中执行价格－最大风险值 |

## 八、什么是飞鹰式期权套利策略？

飞鹰式套利，也叫秃鹰式套利。在期货市场中，是指分别卖出（买进）两种不同执行价格的期权，同时分别买进（卖出）较低与较高执行价格的期权。所有的期权都有相同的类型、标的合约与到期日、执行价格的间距相等。

### （一）买入飞鹰式期权套利

买入飞鹰式套利，是指买进一个低执行价格的看涨（看跌）期权，卖出一个中低执行价格的看涨（看跌）期权，卖出一个中高执行价格的看涨（看跌）期权，买入一个更高执行价格的看涨（看跌）期权（见图 14－13、表 14－14）。

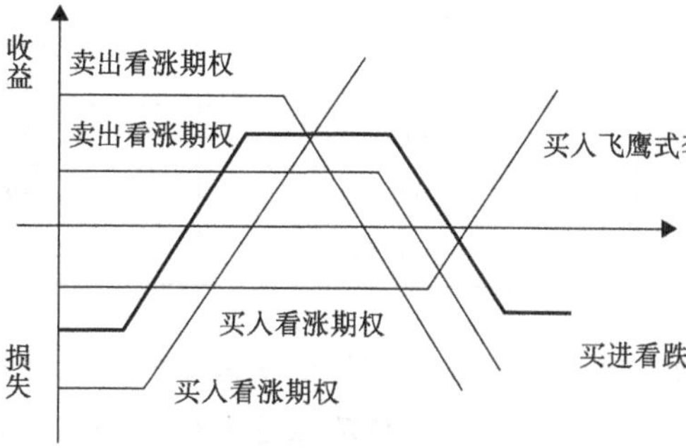


**图 14－13　买入飞鹰式期权套利损益**

**表 14－14　买入飞鹰式套利综合分析**

| 项目 | 买入飞鹰式套利 |
|---|---|
| 使用场合 | 对后市没有把握，但希望标的物价格到期日能在中低执行价格和中高执行价格之间。当投资者认为时间价格会处于某个幅度内，但希望投资一个比蝶式套利更保守的组合时，会考虑选择此策略 |
| 操作方式 | 买入一个较低执行价格的看涨（看跌）期权，卖出一个中低执行价格的看涨（看跌）期权，卖出一个中高执行价格的看涨（看跌）期权，买入一个高执行价格的看涨（看跌）期权 |
| 最大风险 | 净权利金 |
| 最大收益 | 中低执行价格－低执行价格－净权利金 |
| 损益平衡点 | 高平衡点＝中高执行价格＋最大收益<br>低平衡点＝中低执行价格－最大收益 |

**案例 14－8**

1 月 12 日，大商所 5 月玉米期货合约盘中价格为 2286 元/吨。同期，各期权行情如表 14－15 所示。

**表 14－15　玉米期权行情**　（单位：元/吨）

| 看涨 | 行权价 | 看跌 |
|---|---|---|
| 285 | 2100 | 38 |
| 178 | 2200 | 56 |

续表

| 看涨 | 行权价 | 看跌 |
| --- | --- | --- |
| 101 | 2300 | 110 |
| 82 | 2400 | 195 |
| 43 | 2500 | 302 |

某投资者预测玉米期货价格在5月之前将小幅上涨，但波动幅度不会太大，又担心自己的预测出现较大失误，不想承担过大的风险。于是，他想通过买入飞鹰式套利赚取期权时间价值及波动幅度值。该投资者选取执行价格为2200元/吨、2300元/吨、2400元/吨、2500元/吨的4个看涨期权合约进行买入飞鹰式套利。具体操作为：买入执行价格为2200元/吨的看涨期权1份，支付权利金178元/吨；同时卖出执行价格为2300元/吨的看涨期权1份，获得权利金收入101元/吨；再卖出执行价格为2400元/吨的看涨期权1份，获得权利金收入82元/吨；最后买入执行价格为2500元/吨的看涨期权1份，支付权利金43元/吨（此处不考虑手续费）。

该投资者想知道，在什么情况下可以获利，在什么情况下会有亏损或亏损程度如何？

根据表14－15中的相关数据可以计算出：

最大潜在风险＝权利金净支付＝101＋82－178－43＝－38元/吨

最大潜在收益＝执行价格间距－权利金净支付＝100－38＝62元/吨

上行损益平衡点（P1）＝高执行价格－权利金净支付＝2500－38＝2462元/吨

下行损益平衡点（P2）＝低执行价格＋权利金净支付＝2200＋38＝2238元/吨

当5月玉米期货合约价格处于2238～2462元/吨时，该投资者就能获利。尤其是当期货价格处于2300～2400元/吨时，该投资者将获得62元/吨的最大收益。如果期货价格上涨或下跌幅度较大，价格超过2462元/吨或跌破2238元/吨后，则该投资者会出现亏损，不过最大亏损也不会超过38元/吨。

### （二）卖出飞鹰式期权套利

卖出飞鹰式套利是指在卖出一份高执行价格和低执行价格期权合约的同时，买入两份中间执行价格（两个执行价格不同）的期权合约，并且执行价格距离相等（见图 14－14、表 14－15）。

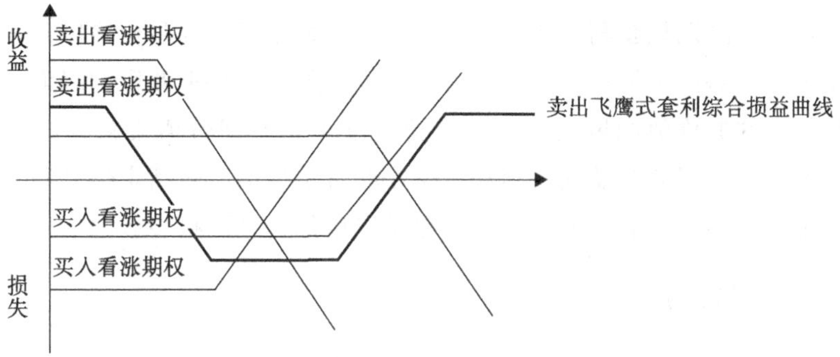


**图 14－14　卖出飞鹰式期权套利损益**

**表 14－15　　卖出飞鹰式套利综合分析**

| 项目 | 卖出飞鹰式套利 |
| --- | --- |
| 使用场合 | 对后市没把握，但希望标的物价格到期时能低于低执行价格或高于高执行价格<br>投资者认为，市场会出现向上或向下突破，但嫌卖出蝶式套利组合所付出的权利金太高，因此愿意将平衡点的距离拉大，减少权利金支出 |
| 操作方式 | 卖出一个较低执行价格的看涨（看跌）期权，买入一个中低执行价格的看涨（看跌）期权，买入一个中高执行价格的看涨（看跌）期权，卖出一个高执行价格的看涨（看跌）期权 |
| 最大收益 | 净权利金 |
| 最大风险 | 中低执行价格－低执行价格－净权利金 |
| 损益平衡点 | 高平衡点＝高执行价格－净权利金<br>低平衡点＝低执行价格＋净权利金 |

## 九、期权套利注意事项有哪些？

期权套利是一种同时进行多个期权交易以获得收益的策略。在进行商品期权套利时，有几个注意事项需要考虑。

### （一）熟悉相关知识

在进行商品期权套利之前，确保自己对期权市场、商品价格以及相关交易策略等有足够的了解和知识储备。了解期权的定价模型和影响因素，确保理解期权合约的价值和风险特征，避免过度承担时间价值衰减或波动率风险。掌握多种不同的商品期权套利策略是非常重要的，包括定价套利、跨期套利和组合套利等，通过多样化的策略可以增加套利的机会。

### （二）市场分析

通过分析商品市场的基本面和技术面因素，以及观察期权市场的波动性和隐含波动率，选择适合的套利机会和策略。

### （三）交易成本考虑

要考虑交易费用、佣金、买卖价差等因素，并对套利操作的潜在盈利进行综合评估，确保交易成本不会过高，影响套利收益。

### （四）风险管理

期权套利可能涉及各种风险，如价格波动风险、期限风险和流动性风险等。合理规划资金使用和设置止损点，采取有效的风险管理策略是必要的。

### （五）及时监控和调整

持续关注期权市场和商品价格的变化情况，及时调整套利策略，防止出现不利的市场条件或风险事件，以免对套利造成较大影响。

## 自测题

### 一、不定项选择题

1. 一般而言期权套利分类有（　　）。

A. 垂直套利　　B. 水平套利　　C. 对角套利

2. 垂直套利是按不同的行权价同时买进和卖出同一到期月份的看涨期权或看跌期权，形式包括（　　）。

A. 牛市看涨期权垂直套利　　B. 牛市看跌期权垂直套利

C. 熊市看涨期权垂直套利　　D. 熊市看跌期权垂直套利

3. 牛市看涨期权垂直套利交易方式是买进一个（　　），同时卖出一个到期日相同、但（　　），以利用两种期权之间的价差波动寻求获利。

A. 执行价格较低的看跌期权　执行价格较高的看跌期权

B. 执行价格较低的看涨期权　执行价格较高的看涨期权

C. 执行价格较高的看跌期权　执行价格较低的看跌期权

D. 执行价格较高的看涨期权　执行价格较低的看涨期权

4. 熊市看跌期权的损益平衡点为（　　）。

A. 较高执行价格 - 净权利金支出　　B. 较高执行价格 + 净权利金支出

C. 低执行价格 - 权利金净收入　　D. 低执行价格 + 权利金净收入

5. 在一般情况下，近期期权的时间价值要比远期期权的时间价值衰减得（　　），因此，水平套利的一般做法是（　　）。

A. 更慢　买进远期期权、卖出近期期权

B. 更慢　卖出远期期权、买进近期期权

C. 更快　买进远期期权、卖出近期期权

D. 更快　卖出远期期权、买进近期期权

6. 对买入跨式期权套利而言，波动性越（　　）越有利，其最大（　　）为全部权利金；对卖出跨式期权套利，波动性越（　　）越有利，其最大（　　）为全部权利金。

A. 大　收益　小　损失　　B. 小　收益　大　损失

C. 大　损失　小　收益　　D. 小　损失　大　收益

7. 卖出宽跨式套利获得权利金比卖出跨式套利获得权利金（　　），因为这两种执行价格的期权一般都处于较深的虚值中，能够获利的价格范围比卖出跨市套利的要（　　）。

A. 多　窄　　B. 多　宽　　C. 少　窄　　D. 少　宽

8. 期权套利是一种同时进行多个期权交易以获得收益的策略。在进行商品期权套利时，需要考虑（　　）注意事项。

A. 熟悉相关知识　　B. 市场分析与风险管理

C. 交易成本考虑　　D. 及时监控和调整

## 二、填空题

1. 一般来说，在构造期权套利时，应当遵循两条基本原则：（　　）、（　　）。

2. （　　）是指期权之间行权价不同但合约到期日相同的任何期权套利策略，（　　）是指买进和卖出行权价相同但到期月份不同的看涨期权或看跌期权合约的套利方式，（　　）是指利用相同标的资产、不同行权价格、不同到期日的看涨期权或看跌期权的价格差异赚取无风险利润的行为。

3. 水平套利分为看涨期权水平套利和看跌期权水平套利两种，预计长期价格将稳中趋涨时运用（　　）；而预计长期价格将稳中趋疲时运用（　　）。

4. 在一段时间内，投资者如果认为行情会有爆发性的运动，虽然并不确定行情的方向性，但是可以考虑同时（　　）买权与卖权，如此，投资者都将有利可图；反之，如预期短期内股市将处于盘整的小幅振荡行情，基于这种低波动率的预期，投资者可以考虑同时（　　）买权与卖权，从而获取权利金收入。

5. 卖出蝶式套利的操作特点是（　　）居中执行价格的看涨（看跌）期权的同时（　　）两边低执行价格和高执行价格的看涨（看跌）期权。

## 三、判断题

1. 期权套利主要分为两大类：一类是针对期权价格出现不合理失真进行的纯价格性套利；另一类是以波动率或涨跌幅不同步为基础进行波动率套利。（　　）

2. 建立牛市看涨期权垂直套利组合的目的主要有两个考虑：一是由于权利金成本昂贵，买入一份期权的同时也卖出一份期权，收回部分权利金，以降低投资成本；二是对于商品期货价格虽然看涨，但也心有疑虑，看涨意愿不是特别强烈的情形，可卖出等量期权降低损益平衡点，增大获利的可能

性。（　　）

3. 若卖出的期权执行价格距离买入的期权执行价格越远，那么卖出期权获得的权利金对于降低投资成本的作用就越小，并且对盈利平衡点的改善作用就越小，最大收益空间也会减小。（　　）

4. 买入宽跨式套利的构造方式为以较低的执行价格买入一份看跌期权的同时以较高的执行价格买入一份看涨期权。（　　）

5. 对后市没把握，但希望标的物价格到期时能低于低执行价格或高于高执行价格时，采用买入飞鹰式套利。投资者认为，市场会出现向上或向下突破，但嫌卖出蝶式套利组合所付出的权利金太高，因此愿意将平衡点的距离拉大，以减少权利金支出。（　　）

## 参考答案

### 一、不定项选择题

1. ABC　2. ABCD　3. B　4. A　5. C　6. C　7. D　8. ABCD

### 二、填空题

1. 买低卖高原则；风险对冲原则　2. 垂直套利；水平套利；对角套利　3. 看涨期权水平套利；看跌期权水平套利　4. 买入；卖出　5. 买入；卖出

### 三、判断题

1. √　2. √　3. ×　4. √　5. ×

# 第十五章

# 玉米期货交割须知

**本章要点**

期货市场参与者真正进行实物交割的并不多，但期货市场得以发挥价格晴雨表作用正是由于实施了实物交割制度。本章从玉米期货实物交割的地点、形式、操作流程以及注意事项等方面详细介绍一下实物交割，让大家比较全面地了解并利用期货市场。

## 一、玉米的交割仓库主要分布在哪些省份？

玉米的交割仓库是指经大连商品交易所指定的，在指定交割地点为期货合约履行实物交割提供服务的法人。交割仓库分为仓库和厂库。仓库是指以保管人身份提供仓储等服务的指定交割仓库；厂库是指以交易所认可的担保方式承诺提供货物及相关服务的指定交割仓库。此外，大连商品交易所设有集团交割仓库，是指经交易所批准的，可以设立分库的指定交割仓库。

根据现货市场的实际情况以及贸易的便利性，大连商品交易所以玉米主产区为玉米期货主要交割地。玉米交割仓库经交易所批准，可以设立延伸库区。玉米集团交割仓库分库分为东北地区分库（设立在辽宁、吉林、黑龙江和内蒙古四省区的分库）和非东北地区分库（设立在辽宁、吉林、黑龙江和内蒙古以外地区的分库），东北地区分库采用固定升贴水，非东北地区分库采用动态升贴水。

目前，玉米期货有 10 个交割仓库、7 个延伸库、4 个交割厂库、9 个集团交割仓库（下设 17 个分库），主要分布在辽宁、吉林、黑龙江、内蒙古、江苏、陕西、河北、山东和浙江。

## 二、玉米期货交割仓库日常业务流程是怎样的？

玉米期货交割仓库应保证期货交割商品优先办理入库、出库，对期货交割业务进行计算机管理，期货账目及有关单据须按交易所规定的统一格式进行处理，并定期发送至交易所。

交割仓库的日常业务分为三个阶段：商品入库、商品保管和商品出库。经交割预报的商品在入库过程中，交割仓库应及时进行抽样检验或者验收，并将入库数量、检验结果及时录入计算机。交割仓库对检验后的样品应设专门地点存放，以备查验。期货货物须合理堆放。

交割仓库应对保管的期货商品进行定期检测，检测内容包括水分、温度、虫情、鼠情等，并做好记录以备查验。对水分较大或水分不均的期货商品，交割仓库应及时采取相应的保管措施，确保商品质量。在高温季节（5 月 1 日至 10 月 31 日），必须对露天保管的商品采取加盖顶席、苇席兜底的保管措施，应及时对期货商品进行熏蒸。交割仓库还应定期灭鼠，减少期货商品损耗。

交割仓库必须积极配合货主发运商品，不得故意拖延，还应及时将出库商品的进度、垛位及发运方向等情况反馈到交易所。

## 三、期货交易所是如何对交割仓库进行监管的?

交割仓库必须对库存交割商品投保财产险；必须对期货交割商品单独设账管理；必须确定一名负责人主管期货交割业务，指定专人负责交割商品的管理和办理标准仓单业务。

为保证和提高交易所指定交割仓库为会员、客户的服务质量，切实改进仓库管理水平，交易所对交割仓库实行仓库自查、交易所抽查和年审制度。

### （一）自查制度

交割仓库根据《大连商品交易所指定交割仓库管理办法》《大连商品交易所交割管理办法》《大连商品交易所标准仓单管理办法》和仓库的实际情况，每月选择一项或几项工作内容进行检查，并将检查结果报送交易所。

### （二）交易所抽查制度

交易所根据掌握的情况或会员、客户的反映，随时对交割仓库的一项或多项工作进行抽查，并做好详细记录，以检查指定交割仓库在日常工作中对交易所的各项规定的执行情况。

### （三）年审制度

交易所每一年度对交割仓库的工作做一次年度检查和评比。交易所将根据审核评比结果，调整交割仓库的配货量和交割限量。对确不符合指定交割仓库要求又不能做改进的仓库，交易所可以取消其指定交割仓库资格。

交易所审查的内容包括仓储设施、库容库貌、业务能力、业务实绩、账目管理、会员满意程度以及交易所认为必要的其他内容。交易所有权根据市场情况调整指定交割仓库的交割限量。

交割仓库应向交易所缴纳风险抵押金作为仓库履行义务的保证。若未发生经济赔偿的，交易所应将其利息返还给仓库，利息按中国人民银行公布的同期银行活期存款利率计算；若发生经济赔偿的，交易所要用其所缴纳的风险抵押金赔偿，抵押金不足以赔偿的，交易所有权向指定交割仓库追索。风险抵押金的具体数额和缴纳方式应在交割仓库的协议书上明确。

## 四、玉米标准仓单是怎样生成的?

玉米合约的交割必须以标准仓单的形式来进行。标准仓单是交易所指定交割仓库按照交易所规定的程序提交注册申请后，经交易所注册的符合期货合约规定质量标准的实物提货凭证。玉米标准仓单分为仓库标准仓单和厂库标准仓单。

卖方客户注册仓库标准仓单进行交割，必须要提前进行交割预报、发货入库、标准仓单注册、交割（或标准仓单注销）及出库等环节。正常情况下，玉米从入库后到最后仓单注册需 7 天左右的时间。

仓库标准仓单生成包括交割预报、商品入库、验收、指定交割仓库签发及交易所注册等环节。商品入库、出库，货主应当到库监收监发。货主不到库监收监发的，视为货主对指定交割仓库所收所发的实物重量、质量没有异议。

货主向指定交割仓库发货前，应当由会员向交易所办理交割预报。交易所应当在收到办理交割预报申请后的 3 个交易日内予以答复，并按“择优分配、统筹安排”的原则安排指定交割仓库。货主应当向交易所安排的指定交割仓库发货。未办理交割预报的商品不得用于交割。已经交割过的商品如在原指定交割仓库继续进行交割，不需办理交割预报。

会员办理玉米期货交割预报时，必须按10元/吨向交易所缴纳交割预报定金。交割预报自办理之日起有效，有效期为30个自然日。在有效期内按照交割预报执行的，交割预报定金在商品入库后予以返还；部分执行的，按照实际到货量予以返还；未在有效期内执行的，交割预报定金不予返还，未返还的交割预报定金罚没需给对应的指定交割仓库。

办理完交割预报的货主在发货前应当将车船号、品种、数量、到货时间等通知指定交割仓库，指定交割仓库应当合理安排接收商品入库。交割商品入库后，会员可通过电子仓单系统办理返还交割预报定金。

货主未向交易所安排的指定交割仓库发货的，应当重新办理交割预报，同时，该批商品应当倒运到交易所新安排的指定交割仓库进行交割，由此产生的费用及出现的后果由货主承担。

商品收发重量以指定交割仓库检重为准。指定交割仓库按照交易所有关规定对入库的玉米进行检验。检验结果为合格的，指定交割仓库将有关检验报告报交易所。交易所或者交易所委托质量检验机构对入库商品进行核查，确认无误后方为入库商品检验合格。入库过程中，包装不符合有关规定的，指定交割仓库应当拒收并及时通知货主。

玉米期货合约的交易价格为散粮价格，包装款由货主同指定交割仓库结算，可以采用散粮或包粮进行交割，包粮的包装物为麻袋，包装物价格由交易所确定，并在玉米合约上市时提前公布。玉米期货合约质量升贴水的差价款由货主同指定交割仓库结算。

麻袋规定为长107±5厘米、宽74±3厘米不破、不漏的麻袋。麻袋卫生要求为无毒害物质污染，无油污，无霉变，无严重的煤灰、石灰、铁锈、泥土、水渍等污染。交易所可根据现货市场情况对包装物标准进行调整。包装物上或随行文件中应注明产品的名称、类别、等级、产地、收获年度和月份。玉米的包装物数量按每吨12条麻袋计算。麻袋重量按每条0.9公斤计重。麻袋缝口可以是机器缝口或手工缝口。机器缝口必须达到两头锁紧双趟标准；手工缝口必须达到双线16针以上（含16针）标准。麻袋缝口质量达不到标准，可由指定交割仓库调换麻袋或对缝口加针，由此发生的费用由卖方货主承担。

入库商品质量、数量或者重量检验、验收合格的，指定交割仓库在与会员或者客户结清有关费用后，可以通过电子仓单系统提交标准仓单注册申请。

标准仓单注册申请经会员确认后，交易所对标准仓单进行注册。标准仓单注册后在电子仓单系统中以电子形式存在。交易所可以根据会员申请打印标准仓单持有凭证。标准仓单持有凭证代表打印时点可流通的标准仓单数量。标准仓单持有凭证打印后，电子仓单系统中相应的标准仓单予以冻结。会员持有的标准仓单持有凭证应当由专人保管，不得涂改、伪造。如有遗失、毁损或者灭失等情形的，会员应当及时到交易所办理挂失、补办等手续。

此外，会员或者客户与厂库结清货款等费用后，厂库可以通过电子仓单系统提交标准仓单注册申请。玉米入库时，对于设立延伸库区的指定交割仓库，货主可以选择在主体库区或者在延伸库区入库。选择在延伸库区入库的货主应当与指定交割仓库协商向延伸库区发货的数量、主体库区与延伸库区的升贴水。指定交割仓库为在延伸库区入库的货物申请注册标准仓单的，应当向交易所提供交易所认可的银行履约担保函、现金保证金或者交易所认可的其他担保方式。

**小贴士**

**进口玉米能否进行国内期货交割？玉米仓单有效期是怎样规定的？玉米期货交割的质检机构分别有哪些？**

进口玉米不能进行国内期货交割，只有国内检验合格的玉米才可以进行国内期货交割。

大连商品交易所没有明文规定玉米仓单的有效期，故只要过期仓单上的玉米期货符合检验标准就可以再次生成新的仓单进行质押。

国内玉米期货交割的质检机构目前有5家：中国检验认证集团辽宁有限公司、通标标准技术服务有限公司、大连产品质量检验检测研究院有限公司、大连华正检验有限公司、华测检测认证集团股份有限公司。

小贴士

**客户如何办理交割预报?**

标准仓单注册的过程中可能存在一些不确定的因素，如果其中某个环节出现问题（例如运输出现问题或质量、包装不合格等），就有可能导致注册周期延长。建议客户一般至少应在距离最后交割日15天之前办理交割预报并组织玉米入库。

办理交割预报时，首先由客户委托会员填报交割预报申请，通过电子仓单系统或者交易所业务窗口交到商品一部申报交割预报，交易所应在3个工作日内予以答复。交易所根据“择优分配，统筹安排”的原则，同时考虑会员的选择意向指定交割仓库。预报被批准后，会员须向交易所缴纳10元/吨的交割预报定金，结算部在批准当日收取交割预报定金。

办理完交割预报的货主在发货前，须将车船号、品种、数量、到货时间等通知指定交割仓库，指定交割仓库凭“交割预报表”合理安排接收商品入库。

## 五、玉米标准仓单如何流通?

标准仓单流通，是指标准仓单用于在交易所履行合约的实物交割、标准仓单交易及标准仓单在交易所外转让。标准仓单进行实物交割的，按照《大连商品交易所交割管理办法》和《大连商品交易所玉米期货业务细则》相关规定办理。有关标准仓单交易的组织和实施办法由交易所另行制定、公布。

标准仓单转让应当通过会员提交标准仓单转让申请，办理过户手续，同时结清有关费用。未办理过户手续而转让的标准仓单，发生的一切后果由标准仓单持有人自负。关于标准仓单转让的货款收付，交易双方可以自行办理，也可以委托交易所办理。委托交易所办理的，交易双方应当通过会员向交易所提交委托申请，货款支付及增值税专用发票流转按照《大连商品交易所结算管理办法》相关规定处理。标准仓单转让手续费由交易所另行公布。

## 六、玉米仓单怎样注销？

标准仓单注销，是指标准仓单合法持有人到交易所办理标准仓单退出流通手续的过程。标准仓单持有人注销标准仓单，须通过会员提交标准仓单注销申请及相应的“标准仓单持有凭证”。标准仓单注销申请信息包括会员名称、会员号、客户名称、客户码、注销品种、数量。交易所注销相应的标准仓单，结清有关费用，并应开具“提货通知单”。会员通过电子仓单系统申请注销标准仓单的，交易所应注销相应的标准仓单，结清有关费用，通过电子仓单系统向会员发送提货密码，并向会员和指定交割仓库或者交割厂库发送提货通知。

货主从仓库提货的，在实际提货日 3 个自然日前，应与指定交割仓库联系有关出库事宜，并在标准仓单注销日后 10 个工作日内（含当日）到指定交割仓库提货。货主提货时，应当向指定交割仓库提供提货人身份证、交易所认可的提货人所在单位证明、提货通知单或者提货密码，同时与指定交割仓库结清自标准仓单注销日次日至提货日的有关费用。

货物存放在有延伸库区的指定交割仓库的，客户在仓单注销前应与指定交割仓库联系确认如下事项：一是货物全部在主体库区的，按照上述流程执行；二是货物全部或部分在延伸库区的，货主可以选择在主体库区或者有货物的延伸库区提货。货主选择在主体库区提货的，指定交割仓库负责将货物运达主体库区，运输等费用由指定交割仓库承担；货主选择在延伸库区提货的，应当与指定交割仓库协商确认在延伸库区提货的数量、主体库区与延伸库区的升贴水。货主应当在确认以上事项后 1 个工作日内注销仓单。货主未在标准仓单注销前与指定交割仓库联系确认的，视为在主体库区提货。

集团交割仓库应当为每个非东北地区分库指定唯一的东北地区分库，并经交易所同意后作为对应分库。客户持有非东北地区分库的标准仓单的，注销仓单前，应该选择在该分库或其对应分库提货，并在电子仓单系统中录入提货分库意向。

货主从厂库提货的，应当在标准仓单注销日后（不含注销日）的4个自然日内（含当日）到厂库提货。货主提货时，应当向厂库提供提货人身份证、交易所认可的提货人所在单位证明、提货通知单或者提货密码，同时与厂库结清自标准仓单注销日次日起的有关费用。厂库应当在标准仓单注销日后（不含注销日）的4个自然日内（含当日）开始发货。玉米出库时，厂库应当在货主的监督下进行抽样，经双方确认后将样品封存，并将样品保留至发货日后的30个自然日。

货主应当在交易所规定的时间内提货，逾期未提货的，标准仓单相应的期货商品转为现货，指定交割仓库不保证全部商品质量符合期货标准。标准仓单相应的期货商品转为现货后，如需再次生成标准仓单，应当按照期货合约标准重新检验。玉米标准仓单在每年的3月份最后1个交易日之前应当进行标准仓单注销。

**小贴士**

**交易所是如何为客户的入库玉米选择仓库的?**

为了加强对仓库货物来源的管理，交易所可根据仓库管理水平、贮存条件等为客户统筹安排发运仓库。

客户可以提出意向发运仓库，供交易所参考。交易所根据“择优分配，统筹安排”（主要考虑交割仓库的库容量、仓库等级、仓库的保粮水平等）的原则，同时考虑客户的选择意向，指定交割仓库。

## 七、玉米期货交割方式有哪些?

玉米期货合约适用期货转现货（以下简称“期转现”）、滚动交割和一次性交割。

期转现，是指持有同一交割月份合约的交易双方通过协商达成现货买卖协议，并按照协议价格了结各自持有的期货持仓，同时进行数量相当的货款和实物交换。

滚动交割，是指在交割月第一个交易日至最后交易日的前一交易日期间，由持有标准仓单（已冻结的除外）和交割月单向卖持仓的卖方客户主动提出，并由交易所组织匹配双方在规定时间完成交割的交割方式。

一次性交割，是指在合约最后交易日后，交易所组织所有未平仓合约持有者进行交割的交割方式。

## 八、玉米期货期转现具体怎样操作？

期转现分为标准仓单期转现和非标准仓单期转现。

提出期转现申请的客户必须是单位客户，期转现的期限为该合约上市之日起至交割月份前一个月倒数第三个交易日（含当日）。

玉米期转现交易的流程包括：寻找对手；商定平仓和现货交收价格；向交易所申请；交易所批准；办理结算。

### （一）买卖双方为现货市场的贸易伙伴

第一步，商定远期交货意向。买卖双方如果达成远期交货意向并希望远期价格稳定（保值或成本稳定），买卖双方可以初步商定远期交收货物，并通过期货市场保值。

第二步，买卖双方在期货市场上建仓。买卖双方在期货市场上选择与远期交收货物最近的合约月份建仓，建仓量和远期货物量相当，建仓时机和价格分别由双方根据市况自行决定。这相当于通过期货市场，买卖双方签订了一个远期合同。

第三步，进行期转现。

（1）协商现货交收价格和平仓价格。商定的期货平仓价格和现货交收价格之间的差额要合理。差额的确定要考虑期转现节约的交割成本、仓储费和利息等。

（2）签订现货买卖协议。

（3）通过会员向交易所申请期转现。标准仓单期转现应在交易日11：30前向交易所提出申请，买卖双方向交易所提交下述材料：期转现申请；现货买卖协议；相关的货款证明；相关的标准仓单、入库单、存货单等货物持有证明。同时，卖方会员应在当日11：30前将相应数量的标准仓单交到交易所，买方会员应在11：30前将按协议价格计算的全额货款划入交易所账户。

（4）交易所批准。标准仓单期转现，交易所在申请的当日内予以审批。非标准仓单期转现，交易所在收到申请后的3个交易日内予以审批。

（5）办理结算。标准仓单期转现和非标准仓单期转现结算流程是有差异的。

标准仓单期转现的仓单交收和货款支付由交易所负责办理。批准日结算时，交易所将交易双方的期转现持仓按协议价格进行结算处理，产生的盈亏计入当日平仓盈亏，同时从会员结算准备金中扣划期转现手续费，期转现手续费按交割手续费标准收取。批准日闭市后，交易所将货款的80%付给卖方会员，余款在卖方会员提交了发票后结清，同时将卖方会员提交的标准仓单交付买方会员。批准日后7个交易日内，卖方会员应向买方会员提交发票，交易所将剩余货款付给卖方会员。

非标准仓单期转现的货物交收由交易双方自行办理；货款收付，交易双方可以自行办理，也可以委托交易所办理。批准日结算时，交易所将交易双方的期转现持仓按协议价格进行结算处理，产生的盈亏计入当日平仓盈亏，同时从会员结算准备金中扣划期转现手续费，期转现手续费按交易手续费标准收取。期转现货物交收以及货款收付自行办理的，交易双方应在现货交易结束后向交易所提交货物交收证明和货款支付证明，交易所有权对交易双方的现货行为进行监督和核查。委托交易所收付货款的，买方应当在批准日11：30前将全额货款划入交易所的专用结算账户。批准日闭市后，交易所将货款的80%付给卖方会员，余款在卖方会员提交了发票后结清。批准日后7个交易日内，卖方会员应向买方会员提交发票，交易所将剩余货款付给卖方会员。

### （二）买卖双方偶然进行期转现

第一步，寻找期转现对象。希望期转现的一方可自行寻找期转现对方，或通过交易所发布期转现信息，寻找期转现对方。

第二步，进行期转现（方法同上述第三步）。

**案例 15－1**

**以买卖双方商定的价格平仓期货部位和以双方商定的另一价格进行现货交收。期转现双方为非现货贸易伙伴**

4月初，美国一出口商根据出口合同，需要在6月份购买玉米50000吨。为了防止价格上涨，在芝加哥期货交易所（CBOT）进行了买期保值，即买入7月份玉米期货合约393张（约50000吨），价格1522元/吨（折合成人民币元）。

6月初，一玉米储存商为了防止玉米现货价格的下跌，也在这个市场卖出7月份玉米期货合约400张（约50800吨），期货价格为1600元/吨。

6月中旬，7月份玉米期货合约的价格上涨到1650元/吨（结算价格），现货价格为1700元/吨左右。这时，出口商需要玉米，向储存商询购玉米，得知该储存商也在期货市场进行了卖期保值，因而希望购买玉米和平仓期货头寸同时进行。假若到期交割成本为35元/吨，储存和利息等成本为5元/吨。

第一方案：期转现

玉米储存商同意期转现，则出口商和储存商可按下述程序达成期转现协议：双方商定7月15日签订现货合同，合同规定双方以1620元/吨的价格交收玉米，同时签署期转现协议，协议规定买卖双方按照1640元/吨的价格平仓头寸393张。

1. 出口商实际购入玉米价格

出口商平仓盈亏：1640－1522＝118元/吨

商定的交收玉米价格：1620元/吨

购货玉米实际价格：1620 - 118 = 1502 元/吨

出口商购买玉米的实际价格比建仓价格低，也比“交割”方式得到玉米的价格低。

2. 玉米储存商实际销货价格

储存商平仓盈亏：1600 - 1640 = -40 元/吨

商定的交收玉米价格：1620 元/吨

实际销售玉米价格：1620 - 40 = 1580 元/吨

玉米储存商实际销售价格低于建仓价格 1650 元/吨，如果“到期交割”要付出其他成本 40 元/吨，因此，相对交割来说，玉米储存商节约成本 40 元/吨。

第二方案：交易所平仓后买卖现货

如果玉米出口商和储存商分别在交易所平仓，再买卖玉米，得到的购销玉米价格如下（假如双方平仓价格有三种可能）：

出口商和储存商平仓价格：1630 元/吨、1640 元/吨、1650 元/吨

出口商购入玉米价格：1492 元/吨、1392 元/吨、1292 元/吨

储存商销售玉米价格：1590 元/吨、1580 元/吨、1570 元/吨

平仓价格为 1630 元/吨时，出口商“平仓购买玉米”的实际成本比“期转现”购买玉米的实际成本低，玉米储存商销售玉米的实际收益比期转现方式销售玉米的实际收益要少。如果平仓价格为 1650 元/吨，出口商平仓买卖玉米实际支付比期转现购买玉米实际成本高，储存商销售玉米的实际收益比期转现方式销售玉米的实际收益要多。但由于交易所平仓价格不确定，期转现对买卖双方来说还是相对更稳妥有利的。

## 九、企业进行期转现有什么优越性？

期转现交易的优越性体现在以下几个方面：

### （一）期转现有利于降低交割成本

粮食期货中引进期转现，有利于粮食经营企业、面粉加工企业和食品企业顺利接到现货，节约搬运、整理和包装等费用。

### （二）期转现使买卖双方可以灵活地选择交货地点、时间和品级等

期转现能够满足加工企业和生产经营企业对不同品级货物的要求。加工企业和生产经营企业可以灵活地选择交货地点，降低了交货成本，弥补了期货标准化过程中所失去的灵活性。

### （三）期转现可以提高资金的利用效率

期转现既可以使生产、经营和加工企业回避价格风险，又可以使企业提高资金利用效率。加工企业如果在合约到期集中交割，必须一次拿出几百万元甚至几千万元把原料购进，增加了库存量，且一次性占用了大量资金。期转现可以使企业根据加工需要分批分期地购回原料，减轻了资金压力，减少了库存量。生产经营企业也可以提前和分批收到资金用于生产。

### （四）期转现比“平仓后购销现货”更有优越性

期转现使买卖双方在确定现货买卖价格的同时，确定了相应的期货平仓价格，由此可以保证期现市场风险同时锁定。如果买卖双方采取平仓后再购销现货，双方现货价格商定后，可能由于平仓时期货价格波动而给一方带来损失。

### （五）期转现比远期合同交易和期货交易更有利

远期合同交易可以回避价格风险，但面临违约问题和流动性问题，面临被迫履约问题。期货交易虽没有上述问题，但存在交割品级、交割时间和地点的选择等缺乏灵活性问题，而且成本较高。期转现吸收了上述交易的优点，解决了上述问题。

## 十、玉米期货滚动交割具体是怎样操作的？

滚动交割，是指在合约进入交割月以后，由持有标准仓单和卖持仓的卖方客户主动提出，并由交易所组织匹配双方在规定时间完成交割的交割方式。滚动交割由客户提出交割申请，会员代客户办理。办理时间为交割月第一个交易日至交割月最后交易日前一交易日。滚动交割的交割结算价采用该期货合约滚动交割配对日的当日结算价。具体流程如下：

滚动交割流程的第一日是配对日。

一是卖方申报交割。进入交割月后，同时持有标准仓单和交割月单向卖持仓的客户可以通过会员提出交割申请，会员在交割月第一个交易日至最后交易日前一交易日闭市前，均可向交易所申报交割。提出交割申请的相应持仓和仓单予以冻结，其卖持仓对应的交易保证金不再收取。

二是买方申报意向。持有交割月单向买持仓的买方在交割月第一个交易日至最后交易日前一交易日闭市前可以向交易所申报交割意向。

配对日闭市后，交易所通过系统，按照“申报意向优先、含有建仓时间最早的持仓优先”原则，确定参与配对的买方持仓。对于选取的买卖双方，交易所先以仓库为单位汇总卖方申报交割的仓单数量，在买方和仓库之间按照“最少配对数”原则进行配对，确定买方交割对应的仓库和在该仓库交割的数量；再将配好仓库的买方与申请交割且持有该仓库仓单的卖方以“最少配对数”原则进行配对，确定交割对应的买卖双方。配对结果一经确定，买卖双方不得变更。对于集团交割仓库的标准仓单，以分库为单位申报交割意向，进行交割配对。

配对日闭市后，买方会员的配对买持仓的交易保证金转为交割预付款，配对持仓从交割月合约的持仓量中扣除，不再受持仓限额限制。交割通知单和配对结果等滚动交割信息随配对日结算单通过会员服务系统发送给买卖双方会员，会员服务系统一经发送，即被视为已经送达。配对结果等信息通过相关公共媒体和信息商对社会公众发布。

配对结果确定后，买方应及时向卖方提供有关增值税专用发票开具内容的事项，卖方在配对日后7个交易日内将增值税专用发票交付买方。交割增值税专用发票由交割的卖方客户向相对应的买方客户开具，客户开具的增值税专用发票由双方会员转交、领取并协助核实。会员迟交或未提交增值税专用发票的，按《大连商品交易所结算管理办法》有关规定处理。

配对日后（不含配对日）第二个交易日为交收日。交收日闭市之前，买方会员须补齐与其配对交割月份合约持仓相对应的全额货款，办理交割手续。交收日闭市后，交易所将卖方会员提交的标准仓单交付买方会员，将货款的80%付给卖方会员，余款在卖方会员提交了增值税专用发票后结清。

滚动交割违约，是指在规定期限内，买方未能如数解付货款。构成交割违约的，按《大连商品交易所交割管理办法》的有关规定处理，其中违约合约价值按配对日结算价计算，交割违约处理在滚动交割的交收日后进行。

增值税专用发票的流转过程为：交割卖方客户给对应的买方客户开具增值税发票，客户开具的增值税发票由双方会员转交、领取并协助核实，交易所负责监督。会员迟交或未提交增值税专用发票的，按交易所有关规定处理。

## 十一、玉米期货一次性交割流程是怎样操作的？

一次性交割，是指在合约最后交易日后，交易所组织所有未平仓合约持有者进行交割的交割方式。一次性交割在3个交易日内完成，分别为标准仓单提交日、配对日和交收日（最后交割日）。在合约最后交易日后，所有未平仓合约的持有者须以交割履约，同一客户号买卖持仓相对应部分的持仓应被视为自动平仓，不予办理交割，平仓价按一次性交割的交割结算价计算。一次性交割的交割结算价采用该期货合约自交割月第一个交易日起至最后交易日所有成交价格的加权平均价。最后交易日闭市后，交易所将交割月份买持仓的交易保证金转为交割预付款。

一次性交割流程第一日是标准仓单提交日。最后交易日后第一个交易日闭市前，卖方会员应当将与其交割月份合约持仓相对应的全部标准仓单交到交易所，最后交易日后第一个交易日闭市后，交易所公布各交割仓库或分库交割品种与标准仓单数量信息。

一次性交割流程第二日是配对日。最后交易日后第二个交易日闭市前，买方可以根据交易所公布的信息，提出交割意向申报。买方可以申报两个交割意向，包括第一意向和第二意向。意向优先性顺序为：对任一买方，先考虑其第一意向，第一意向未得到满足或未全部得到满足，再考虑其第二意向；对任一交割仓库，先考虑将该仓库作为第一意向的买方，若有剩余仓单，再考虑将该仓库作为第二意向的买方。

配对日闭市后，交易所按照如下原则和步骤进行交割配对：

第一步：汇总标准仓单。交易所以仓库为单位汇总卖方的标准仓单；

第二步：匹配买方和交割仓库。对任一交割仓库，若提出交割意向买方持仓数量合计小于其标准仓单数量，则所有买方意向均满足；若提出交割意向买方持仓数量合计大于其标准仓单数量，则按照“平均持仓时间长优先”的原则确定参与交割配对的买方。

其中，平均持仓时间是以“天”为单位，每手持仓时间的加权平均数。平均持仓时间相同的，持有建仓时间早的买方优先。具体公式为：

$$\text{买方平均持仓时间}=\frac{\sum \text{买方每手持仓时间}}{\text{买方总持仓量}}$$

交易所将满足买方意向后剩余的仓库仓单，与未提交割意向和所提交割意向未被满足的买方持仓，按照“最少配对数”原则进行配对，确定买方交割对应的仓库和在该仓库交割的数量。

第三步，匹配买卖双方。交易所将配好仓库的买方与持有该仓库仓单的卖方以“最少配对数”原则进行配对，确定交割对应的买卖双方。

对于集团交割仓库的标准仓单，以分库为单位申报交割意向，进行交割配对。

配对结果一经确定，买卖双方不得变更。配对结果等信息通过会员服务系统发送给买卖双方会员，会员服务系统一经发送，即被视为已经送达。

配对结果确定后，买方应当在配对日后一个交易日内，按照税务机关的规定将开具发票的具体事项，包括购货单位名称、地址、金额、纳税人登记号等信息通知卖方。

一次性交割流程第三日是交收日，即最后交割日（最后交易日后第三个交易日）。最后交割日闭市前，买方会员应当补齐与其交割月份合约持仓相对应的差额货款。最后交割日闭市后，交易所将卖方会员提交的标准仓单交付买方会员，将货款的80%付给卖方会员，余款在卖方会员提交了发票后结清。

卖方会员应当在配对日后7个交易日内将发票交付买方会员。发票由交割的卖方向相对应的买方开具，并由双方会员转交、领取并协助核实。会员迟交或未提交交易所规定的发票的，按《大连商品交易所结算管理办法》有关规定处理。

## 十二、交割过程中企业和期货公司分别需要做哪些事情?

在交割过程中，标准仓单转让人和受让人（提货方）均为企业。标准仓单转让人应做好交割的准备，包括检查仓单凭证数量与转让数量相符，将已经付清仓储费用的标准仓单及增值税专用发票交给交易所。

仓单受让人（提货方），应按照交易所的规定，按期拨付承接仓单的资金，向交易所提交所需商品的意向书。内容包括品名、牌号、数量以及指定交割仓库名等。买方需要在规定的时间内到交易所交付货款，交款后取得标准仓单，而后做好货物出库后的检验及运输准备工作，完成货物的接受过程。

对于期货公司，可以协助企业进行套期保值方案的设计，协助标准仓单转让人或受让人向交易所进行实物交易的申报事宜，为企业现货发运、到站接货、仓储安排、申请仓单、抵押贷款、实物交割提供全程的咨询服务。

## 十三、出现玉米期货交割争议和违约风险该怎么办？

玉米在交割的过程中可能会遇到以下问题：一是对交割品的质量争议；二是买卖双方不履行交割承诺，出现违约的风险。

### （一）质量争议

货主对仓库出库商品质量有异议的，首先与仓库协商解决。协商不成的，货主应当在标准仓单注销之日起10个工作日内且货物未出库的情况下，以书面形式向交易所提出复检申请。复检申请应当说明仓库名称和需要复检的商品垛位、数量、质量指标等，留存联系方式，并加盖货主公章。未在规定时间内以规定方式提出申请的，视为货主对出库商品质量无异议。交易所委托指定质量检验机构进行复检，复检结果为解决争议的依据。复检费用由货主先行垫付。复检结果与仓库认定的检验结果相符的，由此产生的相关费用（检验费和差旅费等）和损失由货主负担；否则，由此产生的相关费用（检验费和差旅费等）和损失由仓库负担。

货主对厂库出库商品质量有异议的，先与厂库协商解决。协商不成的，货主应当在发货日起10个工作日内以书面形式向交易所提出复检申请。交易所委托指定质量检验机构对封存的样品进行复检，并以该样品检验结果作为解决争议的依据。

买方或者卖方与指定交割仓库之间产生交割纠纷，先由双方自行协商解决，达不成一致意见的，应当在发生交割纠纷后15日内以书面形式提请交易所调解，逾期交易所不再受理调解申请。调解不成的，可通过法律途径解决。

### （二）交割违约

具有下列行为之一的，构成交割违约：

（1）在规定期限内，卖方未能如数交付标准仓单的；

（2）在规定期限内，买方未能如数解付货款的。

卖方交割违约合约数量的公式为：

卖方交割违约合约数量（手）＝应交标准仓单数量（手）－已交标准仓单数量（手）

买方交割违约合约数量按以下公式计算：

买方接到的是完税标准仓单的：买方交割违约合约数量（手）＝［应交货款（元）－已交货款（元）］÷［交割结算价（元/吨）×（1－20%）＋非基准交割仓库与基准交割仓库的升贴水（元/吨）］÷交易单位（吨/手）

发生交割违约后，交易所于合约最后交割日（滚动交割的交收日）结算后通知违约方和相对应的守约方。违约通知会通过会员服务系统随当日结算数据发送，会员服务系统一经发送，即被视为已经送达。

构成交割违约的，由违约方支付违约部分合约价值20%的违约金给守约方，买卖双方终止交割。

若买卖双方都违约的，交易所按终止交割处理，并对双方分别处以违约部分合约价值5%的罚款。

会员发生部分交割违约时，违约会员所接标准仓单或所得货款可用于违约处理。会员在实物交割环节上蓄意违约的，按《大连商品交易所违规处理办法》规定执行。

**小贴士**

### 玉米期货交割费用如何计算？

玉米的交割费用分为交割手续费，入库、出库费用，仓储损耗费（包括现货及期货仓储费用）以及检验费。玉米交割费用见表15－1。

**表15－1　玉米交割费用**　（单位：元/吨）

| 项目类别 | 合计 | 备注 |
|---|---|---|
| 入库费用 | 20元/吨（火车） | 交割的各项费用为目前大商所的费用标准，这个费用不是一成不变的，大商所会根据实际情况有所调整，而且每个期货公司的费用规定也不一样，该费用仅作为参考。具体还需以大商所以及各期货公司的具体规定为准 |
| 检验费 | 1元/吨 | |
| 交割费 | 1元/吨 | |
| 现货仓储费用 | 0.2元/吨·天 | |
| 期货仓储费用 | 5月1日—10月31日，0.6元/吨·天<br>其余时间0.5元/吨·天 | |

# 自测题

## 一、判断题

1. 期货市场得以发挥价格晴雨表的作用正是由于实物交割制度的存在。（　）

2. 玉米集团交割仓库分库分为东北地区分库和非东北地区分库，东北地区分库采用动态升贴水，非东北地区分库采用固定升贴水。（　）

3. 交割仓库是指经大连商品交易所指定的，在指定交割地点为期货合约履行实物交割提供服务的法人。交割仓库分为仓库和厂库。（　）

4. 进口玉米不能进行国内期货交割，只有国内检验合格的玉米才可以进行国内期货交割。（　）

5. 期货转现货是指持有同一交割月份合约的交易双方通过协商达成现货买卖协议，并按照协议价格了结各自持有的期货持仓，同时进行数量相当的货款和实物交换。（　）

6. 在交易所规定的交割期限内，买方未能如数解付货款的，属于交割违约。（　）

7. 标准仓单转让应当由持有人直接提交标准仓单转让申请，办理过户手续，同时结清有关费用。（　）

8. 滚动交割由客户提出交割申请，会员代客户办理。办理时间为交割月第一个交易日至交割月最后交易日前一交易日。（　）

9. 在合约最后交易日后，所有未平仓合约的持有者须以交割履约，同一客户号买卖持仓相对应部分的持仓被视为自动平仓，不予办理交割，平仓价按前一日结算价计算。（　）

10. 买方或者卖方与指定交割仓库之间产生交割纠纷，先由双方自行协商解决，达不成一致意见的，应当在发生交割纠纷后7日内以书面形式提请交易所调解，逾期交易所不再受理调解申请。（　）

## 二、不定项选择题

1. 玉米期货交割方式有（　　）。

A. 一次性交割　B. 滚动交割　C. 期货转现货　D. 现金交割

2. 标准仓单的生成信息包括（　　）。

A. 交割预报　B. 商品入库、验收

C. 指定交割仓库签发　D. 交易所注册

3. 交割违约的情况有（　　）。

A. 在规定期限内，卖方未能如数交付标准仓单的

B. 在规定期限内，买方未能如数解付货款的

C. 在规定期限内，卖方未能如数交付标准仓单，且买方未能如数解付货款的

D. 在规定期限内，卖方未能如数交付标准仓单，但买方如数解付货款

4. 交割仓库的日常业务分（　　）阶段。

A. 商品入库　B. 商品保管

C. 商品出库　D. 商品运输

5. 玉米期转现交易的流程包括（　　）。

A. 寻找对手

B. 商定平仓和现货交收价格

C. 向交易所申请

D. 交易所批准后办理结算

6. 期转现交易的优越性包括（　　）。

A. 有利于降低交割成本

B. 买卖双方可以灵活地选择交货地点、时间和品级等

C. 期转现可以提高资金的利用效率

D. 远期合同交易和期货交易更有利

## 三、填空题

1. 玉米的交割费用包括（　　）、（　　）、（　　）。

2. 标准仓单注销申请包括（　　）、（　　）、（　　）、（　　）、

(　　)、(　　)、(　　)。

3. 套期保值的申请必须在（　　）之前提出，逾期交易所不再受理该交割月份的套期保值申请。

4. 为保证和提高交易所指定交割仓库为会员、客户的服务质量，切实改进仓库管理水平，交易所对交割仓库实行（　　）、(　　)、(　　)。

## 参考答案

### 一、判断题

1. √　2. √　3. ×　4. √　5. √　6. √　7. ×　8. √　9. ×　10. ×

### 二、不定项选择题

1. ABC　2. ABCD　3. ABCD　4. ABC　5. ABCD　6. ABCD

### 三、填空题

1. 交割手续费；入库、出库费用；仓储损耗费；检验费

2. 会员名称；会员号；客户名称；客户码；注销品种；数量；提货仓库意向

3. 套期保值合约交割月份前一月份的第一个交易日

4. 仓库自查；交易所抽查；年审制度

# 后　记

本书是专为期货交易者编写的一本普及性读物，适合于玉米产业链企业和普通交易者阅读。

本书注意实用性、趣味性，以通俗易懂的语言、鲜明生动的案例将理论知识简单化，避免了理论知识阐述过程中的呆板僵硬。对玉米产业链企业而言，本书具有指导实务操作的作用，书中包含了大量套期保值、套利、风险管理的应用型案例，对企业应用玉米期货和期权有一定借鉴意义。对于普通交易者而言，本书通过一问一答的形式，由浅入深地剖析了玉米的基本面和技术面，有助于交易者快速了解玉米市场。

与证券、债券等金融工具相比，期货作为风险管理工具，专业性强，杠杆率高，风险大，这在客观上要求交易者具备一定的专业投资知识、经济实力以及风险承受能力。“期市有风险，入市需谨慎！”

本书由于篇幅限制，无法尽述相关实体企业及交易者在期货市场上可能面临的所有具体情况，不管是实体企业还是普通交易者，参与期货市场，都务必结合自身需求，制定科学合理的交易策略。企业参与套期保值要避免变成投机，普通交易者要严格评估自身能力，尽可能地熟悉并掌握交易品种的市场特点及操作技巧，并严格控制交易规模，避免遭受不必要的损失。

作为《期货交易者教育系列丛书》之一，本书由中国期货业协会组织编写，方正中期期货有限公司期货研究院王骏、侯芝芳、王亮亮、王一博、宋从志等同志承担了具体编写任务。大连商品交易所对本书书稿进行了审阅并提出了宝贵建议。

本书在之前出版的《玉米》的基础上修订而来，在此感谢之前的编写人员原北京中期期货有限公司王骏、王玉红、杨莉娜、马兵、张向军、吴峥峥、曹洁、许晶、陈黎、郭长坤、任璀平、陈旭、陈越强等同志在之前图书编写过程中作出的杰出贡献。本书在编写过程中还得到了中国证监会期货部、大连商品交易所和方正中期期货有限公司领导的指导和帮助，在此表示衷心的感谢！书中的错误之处，敬请批评指正。

**中国期货业协会《期货交易者教育系列丛书》编委会**

2024 年 1 月

# 书单

FUTURES

## 一、系列

| 序号 | 系列 |
|---|---|
| (一) | 期货交易者教育系列图书 |
| (二) | 金融衍生品系列丛书 |
| (三) | 中国期货业发展创新与风险管理研究 |
| (四) | 中国期货市场年鉴 |
| (五) | “讲故事　学期货”金融国民教育丛书 |
| (六) | 全国期货从业人员资格考试参考用书 |
| (七) | 服务实体经济系列 |
| (八) | 期货投资者保护丛书 |
| …… | …… |

## 二、明细

### (一) 期货交易者教育系列图书

| 序号 | 书名 | 书号 |
|---|---|---|
| 1 | 铜期货 | 978-7-5223-0293-5 |
| 2 | 精对苯二甲酸（PTA）期货 | 978-7-5223-1405-1 |
| 3 | 玉米期货 | 978-7-5223-2467-8 |
| 4 | 铝 | 978-7-5095-3181-5 |
| 5 | 小麦 | 978-7-5095-3183-9 |
| 6 | 锌 | 978-7-5095-3190-7 |
| 7 | 线型低密度聚乙烯（LLDPE） | 978-7-5095-3184-6 |
| 8 | 早籼稻 | 978-7-5095-3076-4 |

续表

| 序号 | 书名 | 书号 |
|---|---|---|
| 9 | 棉花期货 | 978-7-5223-2276-6 |
| 10 | 燃料油 | 978-7-5095-3034-4 |
| 11 | 菜籽油 | 978-7-5095-2025-3 |
| 12 | 聚氯乙烯 | 978-7-5095-2592-0 |
| 13 | 棕榈油 | 978-7-5095-2589-0 |
| 14 | 黄金 | 978-7-5095-2532-6 |
| 15 | 白糖期货 | 978-7-5095-8814-7 |
| 16 | 豆类期货 | 978-7-5095-8815-4 |
| 17 | 焦煤焦炭期货 | 978-7-5223-2286-5 |
| 18 | 乙二醇期货 | 978-7-5223-1645-1 |
| 19 | 铅 | 978-7-5095-4086-2 |
| 20 | 鸡蛋期货 | 978-7-5095-5803-4 |
| 21 | 铁矿石期货 | 978-7-5095-5809-6 |
| 22 | 纤维板、胶合板期货 | 978-7-5095-5810-2 |
| 23 | 石油沥青期货 | 978-7-5095-5816-4 |
| 24 | 菜籽系期货 | 978-7-5095-5743-3 |
| 25 | 白银期货 | 978-7-5095-5955-0 |
| 26 | 玻璃期货 | 978-7-5095-5697-9 |
| 27 | 动力煤期货 | 978-7-5095-5802-7 |
| 28 | 稻谷期货 | 978-7-5095-5826-3 |
| 29 | 原油期货（第二版） | 978-7-5223-2342-8 |
| 30 | 苹果期货 | 978-7-5223-0455-7 |
| 31 | 花生期货 | 978-7-5223-0967-5 |
| 32 | 生猪期货 | 978-7-5223-0851-7 |
| 33 | 天然橡胶期货 | 978-7-5223-1184-5 |
| 34 | 钢材期货 | 978-7-5223-1175-3 |
| 35 | 甲醇期货 | 978-7-5223-1295-8 |
| 36 | 纸浆期货 | 978-7-5223-1277-4 |
| 37 | 纯碱期货 | 978-7-5223-2285-8 |
| 38 | 镍与不锈钢期货 | 978-7-5233-2488-3 |
| …… | …… | …… |

## （二）金融衍生品系列丛书

| 序号 | 书名 | 书号 |
|---|---|---|
| 1 | 股指期货（第二版） | 978-7-5095-9432-2 |
| 2 | 场外衍生品（第二版） | 978-7-5095-9596-1 |
| 3 | 国债期货（第二版） | 978-7-5095-9601-2 |
| 4 | 金融期权（第二版） | 978-7-5095-9598-5 |
| 5 | 外汇期货（第二版） | 978-7-5095-9597-8 |
| 6 | 结构化产品（第二版） | 978-7-5095-9600-5 |
| 7 | 金融衍生品习题集（第二版） | 978-7-5095-9599-2 |

## （三）中国期货业发展创新与风险管理研究

| 序号 | 书名 | 书号 |
|---|---|---|
| 1 | 中国期货业发展创新与风险管理研究（8） | 978-7-5095-6907-8 |
| 2 | 中国期货业发展创新与风险管理研究（9） | 978-7-5095-7523-9 |
| 3 | 中国期货业发展创新与风险管理研究（10） | 978-7-5095-8144-5 |
| 4 | 中国期货业发展创新与风险管理研究（11） | 978-7-5223-0213-3 |
| 5 | 中国期货业发展创新与风险管理研究（12） | 978-7-5223-1483-9 |
| 6 | 中国期货业发展创新与风险管理研究（13） | 978-7-5223-2215-5 |
| …… | …… | …… |

## （四）中国期货市场年鉴

| 序号 | 书名 | 书号 |
|---|---|---|
| 1 | 中国期货市场年鉴（2015年） | 978-7-5095-6924-5 |
| 2 | 中国期货市场年鉴（2016年） | 978-7-5095-7503-1 |
| 3 | 中国期货市场年鉴（2017年） | 978-7-5095-8331-9 |
| 4 | 中国期货市场年鉴（2018年） | 978-7-5095-9079-9 |
| 5 | 中国期货市场年鉴（2019年） | 978-7-5095-9869-6 |
| 6 | 中国期货市场年鉴（2020年） | 978-7-5223-0640-7 |
| 7 | 中国期货市场年鉴（2021年） | 978-7-5223-1500-3 |
| 8 | 中国期货市场年鉴（2022年 中文版） | 978-7-5223-2380-0 |
| 9 | 中国期货市场年鉴（2022年 英文版） | 978-7-5223-2381-7 |
| …… | …… | …… |

## （五）“讲故事 学期货”金融国民教育丛书

| 序号 | 书名 | 书号 |
| --- | --- | --- |
| 1 | 走进期货 | 978-7-5095-7095-1 |
| 2 | 如何进行期货交易 | 978-7-5095-7092-0 |
| 3 | 期货的套保和套利 | 978-7-5095-7093-7 |
| 4 | 期货交易中的“规矩” | 978-7-5095-4355-9 |
| 5 | 金属期货 | 978-7-5095-7087-6 |
| 6 | 农产品期货 | 978-7-5095-7104-0 |
| 7 | 能化期货 | 978-7-5095-7088-3 |
| 8 | 金融期货 | 978-7-5095-7094-4 |
| 9 | 期权 | 978-7-5095-7217-7 |
| 10 | 场外衍生品 | 978-7-5095-7091-3 |

## （六）全国期货从业人员资格考试参考用书

| 序号 | 书名 | 书号 |
| --- | --- | --- |
| 1 | 期货及衍生品基础（第三版） | 978-7-5223-1005-3 |
| 2 | 期货法律法规与职业道德 | 978-7-5223-0997-2 |
| 3 | 期货及衍生品分析与应用（第四版） | 978-7-5223-0998-9 |

## （七）服务实体经济系列

| 序号 | 书名 | 书号 |
| --- | --- | --- |
| 1 | 期货行业主力复工复产案例集 | 978-7-5223-0168-6 |
| 2 | 期货服务实体经济案例集 | 978-7-5095-8029-5 |
| …… | …… | …… |

## （八）期货投资者保护丛书

| 序号 | 书名 | 书号 |
| --- | --- | --- |
| 1 | 期海导航——期货投资常识与基础知识 | 978-7-5223-1045-9 |
| 2 | 期海护航——期货交易者合法权益保护 | 978-7-5223-1531-7 |

咨询电话：010-88190912

咨询邮箱：jiayanping@cfemg.cn